LES VAINQUEURS
DU
TOUR

« LES MEILLEURS »
Collection dirigée par Michel Sutter

Déjà parus :
Les meilleurs du Football. *C. Collin et M. Sutter*
Les meilleurs du Tennis. *M. Sutter*
Borg Story. *M. Sutter*
Les meilleurs de la Formule 1. *P. Hazan*
Jean-Pierre Rives : le Rugby comme il vient. *Didier Beaune*
Les meilleurs du Rugby. *C. Collin et J. Gaudichau*
Les meilleurs de la Moto. *J. Boully et P. Debarle*

ROGER BASTIDE
ET
JEAN CORMIER

LES VAINQUEURS DU TOUR

Olivier Orban

AVANT-PROPOS

Le Tour de France a ceci de merveilleux entre autres choses, qu'il crée des héros comparables à ceux de l'Histoire (de France). On n'imagine pas Maurice Garin (premier vainqueur en 1903) ou Gustave Garrigou (vainqueur en 1911) autrement qu'avec des moustaches à la Vercingétorix. Et Eugène Christophe n'était-il pas le « Vieux Gaulois » ? Au fil des ans, le Tour de France nous offre des Rois-Soleil, des Napoléon, des Henri IV, « ralliez-vous à ma roue arrière au plus fort de la bataille ». Il a ses intrigues et ses complots, ses révoltes de chouans et de camisards. Il arrive même que le faible, l'opprimé l'emporte, ce dont on trouve trace bien rarement dans les manuels scolaires d'histoire traditionnelle. « Il a dû être bien malheureux, écrivait Jacques Grello, le petit garçon qui n'a pas rêvé un jour de gagner le Tour de France. »

Après son époque héroïque, le Tour avait adopté un tracé que l'on pouvait croire définitif. On apprenait ses étapes par cœur, cela venait tout naturellement : Paris-Le Havre, Le Havre-Cherbourg, Cherbourg-Brest (les marins à l'arrivée avec leurs bérets à pompon), etc. La première dérobade sérieuse, inquiétante, s'est produite en 1926. Le Tour reniait Paris, il partait d'Evian : Evian-Mulhouse, Mulhouse-Metz, Metz-Dunkerque... Tout était à réapprendre. On aurait dû, déjà, se méfier.

Nous allons désormais vers des échanges internationaux sans cesse amplifiés. Il faut bien suivre le mouvement et le Tour a changé ses contours. Il multiplie les visites aux points cardinaux de l'hexagone et à l'intérieur. Il déborde des « frontières naturelles ». Restent quelques points fixes : Aubisque, Tourmalet, l'Izoard. On ne peut décemment les abandonner.

Jean Leulliot, un pionnier des organisations cyclistes, lançait en 1955-1956 le Tour d'Europe. C'était un brin prématuré. On parle aujourd'hui du Tour du Monde cycliste. Et c'est dans le sens de l'Histoire. Les *sponsors* ne manqueront pas. La bicyclette, pardon le vélo, rectifierait René Fallet, ne véhicule plus seulement le coureur mais le produit. Une étape en Chine. Le tour de la Muraille de Chine, contre la montre, serait fascinant.

Une étape en Afrique. Eviter l'Afsud, attention danger ! Ce sera un autre cyclisme. Les géants de la route deviendront vélonautes. Les transferts de 4 000 km en avion s'inscriront dans les usages. La grève de Valence d'Agen en 1978 paraîtra dérisoire mais vous verrez que les concurrents trouveront encore matière à protester contre les conditions de climatisation de l'avion ou contre la couleur des yeux de l'hôtesse.

Et le petit garçon dont parlait Jacques Grello ? Il ne rêvera plus de le gagner, il s'organisera pour le gagner. Le regard glacé, la mâchoire crispée, il se préparera techniquement dès l'âge de 10 ans. Il ne perdra pas son temps à imaginer la forme des moustaches de Petit-Breton ou la marque de champagne préférée de Jacques Anquetil, il se renseignera sur le « produit biologique » (il n'y aura sans doute plus de « topette ») du Merckx ou du Hinault du moment. Ce sera un autre cyclisme, les géants de la route seront devenus vélonautes.

Viendra aussi le jour où le Tour de France ne sera plus « la plus grande épreuve cycliste du monde ». Mais il restera la plus chaleureuse. Ce que nous nous sommes efforcés d'exprimer à travers la personnalité de ses vainqueurs.

Nous nous sommes plus particulièrement attardés sur le Tour 1947 parce qu'il marquait le retour, après la guerre, l'occupation, les restrictions, vers des temps plus heureux et parce qu'il a été, dans ce contexte, le plus désordonné, le plus passionné et le *plus désintéressé*.

Quand l'épopée change de braquet, il n'est pas sans enseignement de revenir aux sources du folklore.

1947

JEAN ROBIC

Le Coq de combat

Garin, Petit-Breton, Faber, Garrigou. Moustaches à la gauloise, sacoche au guidon, casquette de *sportsman* et pneumatiques entortillés autour des épaules ... Dans les années 1930, ces vénérables ancêtres d'avant la guerre (celle de 14-18) paraissaient appartenir à une autre planète.

Jean Robic a gagné le premier Tour de France de l'après-guerre, celle de 39-45. Trente-deux ans déjà et nous le sentons pourtant, aujourd'hui encore, proche de nous. La cinquantaine alerte et burinée, 60 kilos comme au temps de sa forme, l'œil agressif, il honore encore, mais oui ! des contrats dans les courses d'anciennes gloires devenues à la mode. « Biquet », dans ce peloton attendrissant, reste celui que l'on reconnaît et que l'on acclame en premier :

« Robic ! ... Allez Biquet ! ... »

Personnage hors du commun, il reste, d'une génération à l'autre, aussi ... discuté mais aussi populaire, premier vainqueur du Tour qui ait arraché la décision le dernier jour, seul contre tous ou presque, sans jamais avoir porté le maillot jaune en cours de route. Et ce Tour de 1947 était celui de la reprise après huit longues années d'interruption.

Sans doute les compétitions cyclistes professionnelles s'étaient-elles poursuivies, pendant la guerre, dans les territoires occupés. Paris-Tours avait été repris en 1941 et Paris-Roubaix en 1943. Le Tour des Flandres n'avait même subi aucune interruption. Mais il n'y avait plus eu de Tour de France depuis 1939. A la libération, le journal *L'Auto*, organisateur de l'épreuve, a été interdit pour faits de collaboration, assez discutables, il faut bien le dire, et placé sous séquestre, mais l'administration des domaines a transmis la licence d'organisation à la direction du Parc des Princes. La Fédération française de cyclisme interdisait encore, en 1946, les épreuves de plus de cinq étapes. La direction du Parc des Princes a décidé alors de créer, avec le concours du *Parisien Libéré*, une épreuve de transition dite « Course du Tour de France » et bientôt baptisée « Petit Tour de France » en cinq étapes, entre Monte-Carlo et Paris.

La vedette toute puissante, pur produit d'avant-guerre, est René Vietto, le « Roi René ». Sa foudroyante révélation, en 1935, à 20 ans, dans les cols alpestres, a plongé la France entière dans le ravissement. Il a eu ensuite des hauts et des bas mais ses échecs mêmes ont contribué à sa légende. En 1939, il s'est classé second derrière Sylvère Maës. Peut-être l'eut-il emporté sans une méchante bronchite contractée dans les Alpes... En 1946, à 32 ans, il poursuit son rêve avec une pathétique ténacité : gagner un Tour, fût-ce un « Petit Tour ». L'expression « mini-tour »n'était pas encore à la mode.

Le Roi René a sa cour, naturellement, soumise à ses humeurs changeantes. Son dauphin d'abord, Jean-Apôtre Lazaridès, 20 ans, l'« Enfant grec » et ses sujets azuréens et provençaux, subjugués par la sombre autorité et la richesse du verbe de ce prestigieux ancien.

Le Roi René applique, sans le savoir, le précepte de Capus (Alfred avec un S, et non « P'tit » Louis avec un T, naturellemnt plus connu dans les milieux cyclistes) : « Je bâtis mes pièces en drames et je les écris en comédies. » Ce qui donne des formules et tendances d'inspiration pagnolesque hautement savoureuses.

Vietto leader de l'équipe de France dans ce Monaco-Paris a pour lieutenants les deux azuréens, Apo Lazaridès et Lucien Teisseire et aussi un Breton qui est un ancien de sa génération, Pierre Cogan.

Robic fait partie de l'équipe régionale de l'Ouest. Il n'a pas encore eu l'occasion, à 24 ans, de faire véritablement ses preuves. L'homme qui croit le plus en lui est Maurice Evrard, directeur sportif de son équipe de marque Génial-Lucifer. Mais on a une fâcheuse tendance à croire que l'extrême myopie du père Evrard nuit à la clairvoyance de son jugement. Et tout, au départ, oppose Robic à Vietto. La ligne de démarcation. même supprimée (les difficultés de communications ont continué d'exister) a provoqué au cours de ces années une guerre de sécession dans les compétitions cyclistes : Nord-Ouest contre Sud-Est. Bretagne contre Côte d'azur. Et dans le cas qui nous occupe, un petit soldat sans fortune et sans protection dressé contre le seigneur puissant et bien en cour.

« Et pourtant c'est moi qui aurais dû gagner ! affirme Robic avec une indignation qui n'a rien perdu de son souffle au fil des années. Seulement je ne faisais pas l'affaire. On souhaitait en haut lieu la victoire d'un nom plus ronflant et on a favorisé Vietto de toutes les façons. J'en ai eu les preuves un peu plus tard. Il était maillot jaune. Vainqueur de l'étape des huit cols, Briançon-Aix-les Bains, je lui reprenais, bonifications comprises, plus de 18 mn ! Je me rapprochais à 2 mn 36 s au classement général. Je le tenais, j'en étais sûr, et pourtant on ne me faisait guère de cadeaux. Dans l'équipe de l'Ouest même, certains couraient contre moi.

» Le lendemain, journée de repos, Jacques Goddet, directeur de la course, est venu me rendre visite dans ma chambre. J'ai gardé un souvenir très précis de cette entrevue. Mon soigneur, Jean Libeaux, attendait patiemment pour me masser. J'étais en train de me raser quand Jacques Goddet est entré : « Félicitations, vous marchez très bien et vous êtes belliqueux », a-t-il complimenté, mais ... il ajoutait aussitôt en scandant bien chaque syllabe : « Mais vous ne pourrez pas gagner ! » Et devant mon air stupéfait, il précisait encore avant de se retirer : « Rassurez-vous, ceux qui courent contre vous aujourd'hui seront avec vous l'an prochain dans le vrai Tour de France car vous ferez partie de l'équipe nationale. »

» Je ne pouvais pas gagner ? Cela m'a donné à penser. Certains détails me sont revenus à l'esprit. Nous avions roulé longtemps côte à côte, avec Vietto, au cours de cette étape Briançon-Aix-les-Bains. A un certain moment il s'était arrêté pour baisser sa selle. J'avais ralenti pour l'attendre car je ne me croyais pas capable de poursuivre seul si loin du but ... vous voyez que je suis moins prétentieux qu'on veut bien le dire. Pourtant j'étais arrivé à faire la décision un peu plus loin, à la régulière. Le soir, on m'avait appris que Vietto avait changé de vélo avec son équipier Pierre Cogan, ce qui était formellement interdit. Mais Vietto, malgré le témoignage formel d'un commissaire international, n'avait pas été pénalisé de 5 mn, ainsi que cela aurait dû être décidé en stricte application du règlement. Je devais apprendre encore, d'un ami sûr, que j'aurais dû être maillot jaune à Aix-les-Bains. J'avais pris en réalité, 21 mn d'avance à Vietto et non 18 ... mais on avait pris mon temps avec un chronomètre en bois et on m'avait fait sauter 3 mn ! Robic n'était pas assez bon, ni assez beau pour faire un vainqueur du Petit Tour de France. Et dans la dernière étape, Dijon-Paris, ce fut une véritable corrida contre moi ! Vietto était visiblement à bout, il ne me restait plus qu'à le « cueillir ». Les Italiens me font des avances : « Tu es le plus fort, tu vas finir premier du classement général, me susurre le bel Adolfo Leoni en me cajolant l'épaule, laisse-moi gagner cette dernière étape ! » Sur ces paroles flatteuses, il a été le premier à me démarrer sous le nez en emmenant Apo Lazaridès avec lui ! Et je n'ai trouvé personne, absolument personne, pour m'aider dans la poursuite. C'est comme cela qu'Apo a finalement gagné en se substituant à son seigneur et maître, le Roi René complètement défaillant. Une belle *combinazione*, je vous le dis ... Tout cela a germé et mûri dans ma tête. »

Il avait été le cocu de la farce le gentil Robic qui n'aurait pas fait de mal à une mouche ... et il l'a prise, la mouche. Il a changé : « Le brave toutou a décidé de mordre ! »

Jean Robic allait devenir l'empêcheur de pédaler en rond et ne plus cesser de l'être jusqu'à la fin de sa carrière.

« Tout cela, a-t-il repris du même ton agressif, pour bien vous faire comprendre quel était mon état d'esprit un an plus tard à la veille du départ du Tour de France 1947. Là, je voulais faire des ravages, croyez-moi. Je venais de me marier quatre jours à peine avant le départ mais j'avais été, pendant trois nuits, d'une sagesse exemplaire et ... assez déconcertante pour Raymonde, mon épouse, pour ne pas me fatiguer. Ma lune de miel, j'allais la passer seul, pendant vingt-cinq jours, à pédaler sur les routes de France. J'avais eu une conversation avec le beau-père : « Si tu fais dans les dix premiers ce sera formidable », m'avait-il assuré. Et j'avais répondu : « Non monsieur, c'est dans les cinq premiers que je compte terminer, cela ne vaudrait pas la peine autrement de prendre le départ. » Il avait écarquillé les yeux, le beau-père, ne sachant plus trop quoi penser. Peu importait, moi je savais ce que je voulais.

» Ce Tour, je l'avais préparé à ma façon. Alors que tous s'entrebattaient à fond sur le bec de selle durant toute la saison, j'appuyais pendant 100 km puis j'abandonnais. Je me la fignolais la forme en accumulant des réserves. Je poussais ensuite jusqu'aux 150 km puis je me suis offert, en juin un Critérium du « Dauphiné Libéré » sérieux, histoire de faire le point. J'ai dû terminer troisième ou quatrième, peu importe. Ce qui comptait, c'était de me sentir moelleux à souhait, prêt à leur rentrer dans la paillasse à tous !

» Ce que je n'avais pas prévu, c'est ce que Monsieur Léo Véron, directeur technique de l'équipe de France du Tour, allait me balancer dans les gencives : « Vous ne marchez pas, Robic, je ne peux vraiment pas vous sélectionner ... »

» Il était imposant, m'sieur Véron, tiré à quatre épingles, onctueux et phraseur : « Mais je me prépare sérieusement, avais-je rétorqué, faites-moi confiance. » Ce dialogue s'était échangé lors du circuit des Villes d'eaux d'Auvergne, en mai. Moi qui n'ai jamais tellement apprécié l'eau, ce n'était guère de nature à me faire changer d'avis. Léo Véron non plus.

» Ainsi la première prédiction de Jacques Goddet, je ne gagnerais pas Monaco-Paris, s'était vérifiée, mais pas la seconde : ma sélection en équipe de France. J'en étais viré avant même d'y être entré ! Sale coup sur le moment, mais, à la réflexion, bénéfique pour la suite : je ne serais pas, du moins, un larbin du « Roi René ». Et je m'étais juré : « Que n'importe qui gagne, mais surtout pas un gars de l'équipe de France ! »

» Je me retrouvais donc encore dans l'équipe de l'Ouest. Pareil que l'année précédente : j'étais loin de faire l'unanimité. Ou peut-être que si, mais ... contre moi ! Pierre Cogan, rétrogradé au rang de régional, annonçait qu'il voulait terminer premier de l'équipe. Eloi Tassin, autre contemporain de Vietto, était avec lui, ostensiblement. Ceux qui n'étaient pas contre moi, des braves gars sans doute, ne valaient pas un coup de cidre pour tenir le marathon. Pierre Clorec, notre directeur technique, « Cloclo » très populaire en Bretagne, solide gaillard pour tenir la chopine, était travaillé au corps par le clan des anciens. Mais ancien coureur lui-même, et pas aveugle du tout, il se rendait bien compte que le costaud de l'équipe, c'était moi ! Mais il ne savait plus très bien quelle attitude adopter.

» Dès la première étape, Paris-Lille, ça bombarde. Plus que quatre en tête : Ferdi Kubler, André Mahé, Emile Idée et mézigue. Kubler qui gagnera un Tour de France et un championnat du Monde, Idée considéré comme le routier français numéro un jusqu'à l'avènement de Bobet et André Mahé qui épinglera à son palmarès un Paris-Roubaix et un Paris-Tours. Excusez du peu. Et l'on vous dira après cela qu'il n'y avait pas grand monde au départ de ce Tour 1947 ! J'ai lâché prise dans les faubourgs de Wattignies, Idée avait été décroché avant moi. Mais, trois jours plus tard, je gagnais l'étape Luxembourg-Strasbourg après les avoir largués dans le col de Saverne. Ne restait plus avec moi que Kubler. J'avais observé qu'il talonnait du boyau arrière et il fallait que je me débarrasse de lui avant le sprint. Alors... j'ai tout fait pour qu'il se casse la margoulette ! Attention, à la régulière ! Je suis parti en slalom sur les rails de tramway dans la traversée de Strasbourg... Et ce qui devait arriver arriva : Ferdi s'est retrouvé le cul par terre avec les semelles de ses chaussures pointées vers le ciel. La voie était libre... j'empochais ma première étape. Important !

» Je me suis maintenu ensuite, tant bien que mal, en bonne position au classement général. Arrive la journée de repos à Luchon, après la quatorzième étape. Sous un soleil matraqueur, pas un coureur dans les rues. Tout le monde se reposait. Sauf moi. Passe monsieur Véron qui me lance : « Alors, monsieur Robic, vous ne faites donc pas la sieste comme les autres ? » Et je lui ai répondu : « Je préfère rester dans le bruit à regarder les motards, cela me distrait. En me couchant ce soir, je vais m'offrir une belle nuit sans problèmes alors que tous ceux qui dorment en ce moment n'auront plus sommeil et gambergeront ! » A la table commune de l'équipe de l'Ouest, le soir, les gars se sont mis à m'asticoter. Pour eux j'étais un prétentieux, un bluffeur, un orgueilleux. Quand je pense que ces vicelards, les anciens, ramenaient Vietto sur moi en hypocrites... Le ton monte, je finis par en avoir marre de prendre des vannes plein le nez avec le pauvre Cloarec au milieu, pris entre les deux feux. C'était Eloi Tassin, dit le bon Saint-Eloi, qui en remettait le plus : « Tu prends peut-être de l'avance à Vietto dans les montées, mais il te rattrape dans les descentes, alors à quoi ça sert ? » appuyait-il. Exaspéré, je me suis levé et j'ai pris une bouteille par le goulot. Il a été debout, aussi vite et il a fait de même... les bouteilles ne manquaient pas sur la table. On s'est balancé encore quelques bordées d'injures en français et en breton, il est de Saint-Nazaire, Eloi. Les autres courageux, voyant que cela tournait au vinaigre, ont filé au lit. Et c'est le nom de Bartali qui a tout arrangé : « Pendant que tu y es, dis aussi que tu es plus fort que Bartali ! » a hurlé Eloi. Là c'était différent, je respectais Gino Bartali. Le ton a descendu, les bouteilles aussi. Car le gros rouge, on lui faisait un sort à la table de l'Ouest. Tous les soirs, avant le repas, je m'offrais un Byrrh qui me procurait un sommeil paisible. Et dire qu'avant ce Tour je ne buvais pratiquement pas d'alcool ! Mais avec les anciens, je m'y suis vite mis. Je voulais les battre sur tous les tableaux. Même à table !

» Il y avait aussi ce qu'ils appelaient le « biscuit du soldat ». Vitaminé. C'est nous les gars de l'Ouest qui l'avons expérimenté. Nous n'étions encore que de timides apprentis dans le domaine de la « préparation spécifique ». C'était l'époque où nous lavions nos socquettes et montions nos valises dans les chambres nous-mêmes.

» Mais revenons à Luchon. L'orage de la table ne m'a pas empêché de dormir puisque je m'étais fatigué sans excès, dans la journée. Le lendemain matin, je vais signer une feuille de contrôle, frais comme une truite de torrent. Le téléphone arabe avait fonctionné, toute la caravane était au courant de la tumultueuse séance de la veille à la table de l'Ouest. Georges Speicher, le vainqueur du Tour de France 1933, vient me demander, avec un brin d'ironie supérieure : « Alors, Robic, que vas-tu faire aujourd'hui ? » Et je lui ai répondu à haute et intelligible voix, de façon à être entendu par le plus grand nombre possible de personnes : « Je pars dès le début et j'arrive seul ! »

» Dès le bas du premier col, Peyresourde, Apo Lazaridès, l'Italien Primo Volpi, Vietto bien sûr, placent quelques démarrages... Je laisse faire un moment puis je passe aux choses sérieuses, je force et l'élastique se tend. Au bout de 4 km d'ascension, je n'ai plus que Brambilla, un ami celui-là, dans ma roue. Et 4 km plus loin, il me prie de ne pas rouler si fort, mais je ne veux pas casser ma cadence et je lui oppose qu'il me rejoindra dans la descente... J'ai continué à la même allure et quand je l'ai vu, deux lacets plus loin, à la cravache, debout sur ses pédales, j'ai décidé définitivement, de mettre tout le paquet !

» Aspin, Tourmalet puis Aubisque, quatrième et dernier col de la journée : je comptais 8 mn 30 s d'avance au sommet. Je tirais un 48 X 14, soit 7,32 m de développement, braquet considérable pour l'époque. Je prenais des repères successifs. Une branche qui dépassait et hop ! un sprint pour parvenir à sa hauteur... Puis, là-bas, la bonne femme au chapeau de soleil, même chose, un sprint... et ainsi de suite... Je pensais à Raymonde, mon épouse, et à ma petite mère. Je me les représentais au bord de la route, m'encourageant au pied d'un arbre, là-bas, au bout de la ligne droite et je sprintais vers elles. Puis je me disais : non, elle sont encore plus loin ! et ce jeu de mon imagination se prolongeait indéfiniment, m'obligeant à aller toujours plus vite. Deux grands vainqueurs du Tour, André Leducq et Sylvère Maës, dans les voitures suiveuses, ont retiré leur casquette au passage en me saluant d'un « Monsieur Robic ! » plein de considération. Dans la traversée de Pau, au milieu des populations en délire, je n'ai pas relâché mon effort et j'ai franchi la ligne littéralement au sprint. Le public ne comprenait pas pourquoi je finissais ainsi, plein pot, alors que j'étais seul et avec une avance considérable. C'est que je me souvenais de l'embrouille de l'année précédente à l'arrivée à Aix-les-Bains où l'on m'avait volé Monaco-Paris ! Sitôt descendu de vélo, je me suis assis sur le trottoir dans le prolongement de la ligne et je n'ai plus quitté de l'œil les aiguilles de ma montre-bracelet. Je ne voulais surtout pas que la moindre seconde me fût chapardée. Et oui, moi aussi je sais causer ! On se précipitait pour m'entourer, me féliciter, m'envelopper dans des vêtements chauds et j'envoyais bouler tout le monde, concentré que j'étais sur les aiguilles. Alors là, cramponnez-vous et écoutez bien le résultat des courses. Je comptais le matin 23 mn de retard sur Vietto maillot jaune depuis Bruxelles, le second jour. Je lui prenais 10 mn 53 s, au père Vietto, plus 4 mn de bonification dans les cols et une minute à l'arrivée. Total plus d'un quart d'heure récupéré à la régulière, sur des cols en terre, devant un public qui ne voyait que moi. Du grand spectacle, du grand art. Je revenais, au classement général, à 8 mn 8 s du « Roi René »... Et je remerciais Eloi Tassin de m'avoir remonté de la sorte avec ses réflexions à la godille. Il fit d'ailleurs amende honorable après la bataille : « Ce que tu prétendais n'était pas une fanfaronnade, reconnut-il, tu es vraiment le plus fort. »

» De plus, je m'étais mis dans la tête de remporter le classement par points, car il existait déjà sur ce Tour, patronné par les « Cachous Gallus », mais sans attribution du maillot vert au leader. Je disputais, dans ce dessein, tous les sprints d'arrivée, même dans un second groupe pour une simple place d'honneur.

» Vous allez voir à quel point cet Eloi Tassin m'a marqué. C'est de lui que me vient le surnom de « Biquet ». Au début, il m'appelait : « Robiquet ». Ce sont les journalistes qui ont supprimé la première syllabe et c'est ainsi que je suis devenu, pour toute la France, « Biquet ». Mais ne nous égarons pas. Le Tour se pointe à Vannes, dix-neuvième étape, vainqueur Tarchini, lanterne rouge. Tout le monde s'observe. A l'étape, je reçois la visite de Raymonde, ma jeune épouse, et de ma grand-mère venue en voisine de Roc-Saint André. Celle aussi de nombreux copains venus de Radenac. Je suis vraiment chez moi ! Et je dors auprès de mon épouse. Quoi de plus normal et de plus sage... dans une chambre à deux lits, je tiens à le préciser. Nous avions une journée de repos le lendemain avant la terrible étape contre la montre Vannes-Saint-Brieuc, 139 km avec escalade du Mur de Bretagne. Un rien. La perspective de ce menu chargé ne m'a pas empêché d'aller rouler pendant cette journée de repos derrière la Motobécane de mon pote, Marcel Brunet, qui tient toujours le café-tabac de la rue du Pilier-Rouge, au Mans. Et, sur mes injonctions, il ne me ménageait pas. Le nez dans le cintro, jo me payais des sprints en utilisant la même méthode d'imagination que dans les cols pyrénéens. Le soir, voilà mon beau-père qui débarque à l'improviste dans notre chambre et se met à pousser de grands cris. « Comment ! Tu vas coucher avec ma fille en plein Tour ? Pas question ! C'est moi qui vais dormir dans le second lit ! » La moutarde m'est montée au nez : « Guy ! c'était son prénom, il s'appelait Fraboulet mais tout le monde l'avait oublié depuis qu'il était mon beau-père; Guy tu te débrouilles comme tu veux, mais ce lit est pour Raymonde, pas pour toi ! »

» Et il est parti, comprenant que mieux valait ne pas insister. J'éteins la lumière, Raymonde rallume. Je lui ordonne d'éteindre. Elle finit par s'incliner mais elle se met à siffler avec des roulades de gorge de tourterelle énamourée... C'en était trop ! J'explose, je hurle : « Tu vas arrêter, oui ? » et je lui délivre une bourrade qui excluait toute perspective de tendresse. Elle a fini par s'endormir de son côté. Et moi du mien. Le maillot jaune d'abord. A Paris, après l'arrivée, nous aurions tout le temps pour la bagatelle.

» Donc me voilà au départ du contre la montre Vannes-Saint-Brieuc, sur mon terrain breton, porté par la foule qui ne voit que moi. Je parcours les vingt derniers kilomètres sur le quatorze dents. A fond, à en péter la mécanique ! Je pleurais sur mon cadre, les nerfs tendus à craquer tellement je voulais rouler plus vite encore. Il faut que je vous dise à quoi je carburais, un bidon plein à ras bord : deux tiers d'orge grillée et un tiers de calva à 60°. C'était plus sain, assurément, que les savantes et dangereuses compositions des alchimistes actuels. Et ça y allait !

» Je me suis classé second de l'étape derrière Raymond Impanis, le super-spécialiste belge. Vietto a coincé. C'est « La Brambille » qui prend le paletot de leader. Aldo Ronconi son équipier est second à 53 s. Je suis remonté en troisième position, à 2 mn 58 s avec, juste derrière moi, Edouard Fachleitner, de Manosque, premier représentant de l'équipe de France de M. Véron.

» Et cela repart avec Saint-Brieuc-Caen, vingtième et avant dernière étape, 233 km encore, une paille ! Je fais le forcing pour m'échapper : sept, huit, dix fois... et « La Brambille », avec son beau maillot jonquille, vient régulièrement me chercher. Il était costaud, l'animal ! Tellement qu'il se porte à ma hauteur et me glisse, le regard flambant de convoitise : « Écoute, on insiste tous les deux et on les largue tous ! » Je l'ai dissuadé d'une telle entreprise. C'était cuit pour la journée. Il ne restait plus qu'à attendre le lendemain. Plus qu'un jour, plus que 263 km et pourtant j'y croyais plus que jamais.

» Caen-Paris... Pierre Cloarec, mon directeur technique, est venu me réveiller. « C'est quand même beau, me dit-il dans un bon sourire.

Tu vas terminer troisième. J'aurais bien aimé, dans ma carrière, faire une fois troisième du Tour de France... »

» Il pensait me faire plaisir et je l'ai très mal pris. Ce qu'il a bien pris, en revanche, sur le sommet du crâne, c'est l'une de mes chaussures lancée à toute volée. Je ne me contrôlais plus, j'étais devenu une sorte d'illuminé, possédé, dans le sens démoniaque du terme, par la hantise du maillot jaune. Plusieurs équipes étaient réunies dans cet hôtel de Caen et Marcel Bidot, qui dirigeait celle du Nord-Est-Centre, fut le seul à m'encourager à attaquer : « Tu as raison ! Il faut leur rentrer dedans jusqu'au bout. On ne sait jamais... » Et je fus à deux doigts de l'insulter, le brave Marcel, en dépit de ses encouragements, parce que ce : « on ne sait jamais... » était de trop. Il laissait planer un doute qui n'était pas dans mon esprit. Et pourtant personne n'aurait misé un petit sou sur moi.

» Et l'étape est lancée. Cela fuse de partout. Moi j'attends comme dans un fauteuil. Curieusement, une fois le départ donné, j'ai retrouvé d'un coup tout mon calme, je suis redevenu lucide et attentif avec une parfaite maîtrise de mes nerfs. Pas un coup de pédale. J'observe en fumant la pipe dans les roues. Et je gamberge. Je repense à Maurice Diot qui m'avait crûment répété que je ne pourrais gagner. Ce genre de vexation salutaire qui met l'orgueil à vif et stimule au suprême degré. Et quand Brambilla, après une heure et demi de course, est venu me proposer sur le mode confidentiel : « Veux-tu m'aider à gagner ? » je n'ai pu que lui répondre, avec un petit pincement au cœur car je l'aimais bien, cette bonne vieille « Brambille » : « Impossible, moi aussi je cours pour gagner. »

» On s'est serré la main, chacun sachant à quoi s'en tenir. J'ai alors engagé un brin de conversation avec Albert Bourlon, le Berrichon qui avait gagné tout seul l'étape de Luchon, un rouleur terrible, le derny idéal. Je pensais à m'en faire un allié : « Trop tard, m'a-t-il révélé, j'ai donné ma parole à Brambilla... »

» Et je me retrouvais seul comme devant. Au ravitaillement de Rouen je me fais oublier, je prends ma musette dans les derniers, pour bien assurer le casse-croûte, et tout va très vite.

» Après Rouen, des rails de tramway à droite et à gauche. Le peloton somnolait, chacun faisait l'inventaire de sa musette. Un mur se profile. Dans un premier temps je me dis : c'est un château. Non, c'était le mur d'une côte en lacets, la côte de Bon-Secours, je ne devais apprendre son nom qu'à l'arrivée au Parc. Devant moi, tous les gars en danseuse, une infinité de têtes qui s'agitaient et j'aperçois Brambilla enfermé au milieu d'un groupe. Alors le réflexe a joué, j'ai débouché sur ces pavés lisses comme de la mosaïque. Le temps que Brambilla se dégage du paquet et j'ai pris avec mon 49 X 18 (5,81 m de développement) une cinquantaine de mètres. Mais il réussit à revenir. Seul. Je me relève, il se relève. Il a pensé que je cassais mon effort mais aussi sec, pan ! je remets ça et je reprends une quarantaine de mètres. Il est revenu, encore, me chercher. A l'agonie. Nous en étions, lui et moi, au même point. Asphyxiés, cuits. On s'observe. Derrière nous trois coureurs se rapprochent : Fachleitner, Ronconi et Impanis. Et Fach, sur sa lancée s'en va en facteur. A son habitude. Car il n'était pas homme à violenter sa nature pour forcer le destin. D'ailleurs, je l'appelais « Panurge », le gars qui suit. Donc Panurge, pour une fois, passe devant. En facteur, j'insiste car nous ne roulions pas très vite à ce moment. Et c'est là que Brambilla, mon ami au cœur généreux, à l'énergie surhumaine, a commis l'erreur qui allait lui coûter le Tour. Il a constaté que je ne bougeais pas et il a paniqué. Il s'est lancé *tout de suite* à la poursuite de Fachleitner. Il a trimé comme un galérien pour ramarrer alors qu'il n'avait pas encore récupéré des précédents efforts que je lui avais imposés. Il s'est rapproché à 10 m, moi dans sa roue, et il en a perdu 20, puis 30. Et d'un coup, il a craqué dans un rugissement d'impuissance déchirant. Mon moment était venu. « A toi ! » me suis-je encouragé. J'ai déposé la pauvre Brambille et j'ai rejoint Panurge. J'étais vidé au moins autant que Brambilla. Je ne saurais plus définir ce que je ressentais, je n'étais plus qu'un bloc de souffrance, mais résolu toujours, plus que jamais, à mourir sur le vélo plutôt que de céder. Fach s'est retourné pour m'inviter à prendre le relais. Et je suis passé car il fallait bien bluffer. Quand je me suis écarté à mon tour, l'effort a été plus atroce encore pour arriver à me remettre dans son sillage. Et il ne s'est pas rendu compte de mon degré d'épuisement, du moins pas tout de suite.

» Bon, nous y voilà, je vais vous raconter toute la vérité sur mes tractations avec Fachleitner à propos de ces fameux 100 000 F. Fach a tout de même fini par s'apercevoir que je n'étais pas très fringant et il a annoncé la couleur : « Tu me donnes 50 000 F et je roule pour toi ! »

» Ce qui équivalait à deux contrats d'après-Tour. Mais il fallait bien lâcher du lest et j'ai répondu O.K. Quelques coureurs s'étaient détachés dans la matinée, dont aucun ne représentait une menace au classement général et ils nous précédaient avec une avance confortable. Parmi eux, le Belge Brik Schotte, qui allait gagner l'étape, des régionaux : Bernard Gauthier, Edouard Muller, Pawlisiak, de l'équipe du Nord-Est-Centre, décramponné de ce groupe. Il s'accroche, au passage, à notre wagon. En fait, nous traînions un poids mort. Fach, qui faisait fonctionner la machine à calculer dans sa petite tête, me relance : « Je veux 100 000 ! »

» Je lui donne ma parole qu'il les touchera. Pawlisiak était cuit mais pas sourd : « Et moi ? Et moi ? » se met-il à quémander.

» On n'avait pas de temps à perdre en discussions et je lui lance : « Toi, tu t'arranges avec Fach ! Cela ne me concerne plus ! »

» C'est alors Fach qui devient sourd et Pawlisiak disparaît un peu plus loin. Sur crevaison paraît-il... mais il allait vider sa rancœur à l'arrivée en répandant partout que j'avais acheté le Tour de France pour 100 000 F !

» Cette affaire de gros sous réglée aux alentours de Pontoise, je pense que c'est dans la musette. Pas du tout ! André Leducq qui suivait le Tour en qualité de journaliste a cru bon de rallier le groupe de tête, à moto, pour conseiller à Teisseire de décrocher afin d'attendre Fachleitner pour l'aider à me décramponner. Dans son esprit, un Tour de France ne devait pas échapper à un coureur de l'équipe de France. Pour le prestige du drapeau. Nous en reparlons encore, avec André, et je ne lui en veux surtout pas. De toute façon, il ne pouvait prévoir la suite...

» Donc Teisseire décroche et nous attend. Et il commence son cirque : placer des coups de boutoir pour me larguer. Mais je ne m'occupais pas de lui : je faisais toujours en sorte, dans nos relais, de me replacer dans la roue de Fachleitner, en gardant Lucien derrière moi. Jamais Lucien ne fut *entre nous*.

» Nous traversons Saint-Germain. Nous sommes sur les pavés de Marly-le-Roy, dans la ligne droite qui monte légèrement en direction du

Cœur-Volant, près de l'Abreuvoir. Dans moins d'une heure nous dévalerons sur le Parc des Princes. Soudain, sans crier gare, Lucien Teisseire, à ce moment en troisième position derrière moi, accroche ma roue arrière et on se panne tous les deux. Pendant ce temps Fach s'en va. Seul...

» Rien de cassé pour moi et je n'ai pas eu une seconde d'affolement. Mon dérailleur est hors d'usage. Pierre Cloarec, « Cloclo », qui avait supprimé la portière de gauche de sa voiture pour pouvoir intervenir me dépanne sans histoire. Je repars sans m'occuper de Teisseire. Quelques gorgées de mon bidon magique et me voilà revenu sur Panurge qui avait gardé son allure de facteur... Je le devance au sommet du Cœur-Volant et je lui propose d'attendre Teisseire ! Car il commençait à s'inquiéter du retard de son copain. Enfin Lucien arrive. Une seule reprise et... il perd contact. Sans un mot, je le saisis par son cuissard et lui donne une vigoureuse poussée de relais à l'américaine pour le placer dans la roue de Fach. Afin de bien leur faire comprendre à tous les deux, et à tous les suiveurs, que je ne les craignais plus !

» Je me reverrai toujours en Picardie, dans Ville-d'Avray. J'avais beau m'interdire de rêver, j'étais déjà en train de faire mon tour d'honneur avec le bouquet à bout de bras. Je me dressais sur les pédales, me pinçais le bras, les cuisses, en me répétant : « C'est toi qui vas gagner ! »

» Et pour la première fois, sur la piste du Parc des Princes, je n'ai pas forcé pour remporter le sprint de mon groupe. J'ai levé les bras bien avant la ligne :

J'AVAIS GAGNÉ !

» Une dizaine de minutes plus tard, Brambilla est entré sur la piste. J'ai eu les larmes aux yeux quand on lui a enlevé le maillot jaune pour me le remettre. Vingt-cinq ans plus tard, à Charlieu, lors d'une course d'anciens, La Brambille m'a appris que Lucien Teisseire s'était jeté volontairement dans ma roue arrière, à Marly-le-Roy, pour que je reste sur le pavé.

» La Brambille, lui, l'avait su le soir même. Il a toujours été mon ami car nous avions les mêmes problèmes. Nous devions nous battre seuls. En 1947 ses compatriotes de la « squadrà » italienne, Ronconi le premier, couraient contre lui. Ils ne lui pardonnaient pas de vivre en France et d'avoir sollicité, en vain, la nationalité française. Il n'avait qu'un véritable équipier : Joseph Tacca, Italien de France comme lui. Vous le voyez, tout n'est pas toujours très beau dans le vélo, mais il aura quand même été la passion de toute ma vie. »

Ainsi, Jean Robic se livre sans aucune arrière pensée. Il n'a rien à cacher. Tous ces événements restent gravés à jamais dans sa mémoire avec une extraordinaire précision. Et sa sincérité a les mêmes furieux élans qui le faisaient se surpasser dans l'action. Rendons-lui justice, une bonne fois, à propos de cette « affaire des 100 000 F » qui lui est, aujourd'hui encore, reprochée par certains détracteurs. Comment Fachleitner aurait-il pu vendre ce qu'il ne possédait pas, c'est-à-dire le maillot jaune à ce moment sur les épaules de Brambilla ? Fach, faut-il donc le rappeler, comptait 3 mn 38 s de retard sur Robic au classement général. Brambilla distancé, c'est contre Robic qu'il devait lutter pour gagner le Tour. Il a préféré composer, il lui a loué ses services, comme un ouvrier à la journée ce qui est très différent. Il n'a pas cru en ses propres chances, il les a reniées, il s'est condamné lui-même. C'est la foi qui a sauvé Jean Robic et non l'argent. C'est l'argent qui a perdu Fachtleiner. Ainsi la conclusion de ce Tour 1947 est-elle très morale.

Robic irréductible, Robic indomptable, est-ce à dire qu'il ne trembla jamais, qu'il ne fut pas parfois assailli par le doute ?

« J'ai essuyé deux sévères défaillances, reconnaît-il. Dans la huitième étape Grenoble-Besançon et dans la dixième, Digne-Nice-Sospel-Nice. Seulement... le lendemain de mon fléchissement dans le col du Télégraphe, je suis passé en tête au sommet de l'Izoard. Apo Lazaridès démarrait sans cesse, dans le dernier kilomètre, dans son style de sauterelle. Il m'énervait. Je le lui ai dit. Il s'est jugé offensé : « Parions 1 000 F que je te lâche avant le sommet » m'a-t-il défié. J'accepte. On se serre la main et j'ajoute : « Non seulement tu ne me battras pas, mais tu termineras troisième et non second. » Ne restait avec nous que « La Brambille ». Je lui ai soufflé de démarrer pendant qu'Apo était occupé à me surveiller. Je n'ai plus eu, ensuite, qu'à rattraper « La Brambille » et « l'Enfant grec » s'est bel et bien retrouvé troisième comme je le lui avais prédit. Et je lui en avais, en même temps, flanqué un bon coup au moral ! De même, le lendemain de mon passage à vide dans la col de Braus, je reprenais 2 mn 14 s à Vietto dans l'étape de Marseille. »

Tout Robic était là : réagir sans plus tarder après une défaillance, autant pour se ressaisir, se stimuler soi-même, que pour bluffer l'adversaire. Lui souffler dans la moustache : « Tu ne m'as pas fait aussi mal que tu croyais et c'est moi maintenant qui vais te faire souffrir. » La méthode a souvent payé. Jean Robic n'a pas été uniquement l'homme du « Miracle de Bon-Secours », il a traité d'égal à égal, en maintes autres circonstances, avec les plus grands d'une époque qui a été, par la qualité d'ensemble, la plus prestigieuse de l'histoire des compétitions cyclistes.

Et il est certainement l'un des anciens combattants les plus couturés de cicatrices glorieuses, un recordman de la chute et de la fracture. Les deux plus graves dans Paris-Roubaix en 1944 et 1946. Fracture à la base du crâne puis traumatisme crânien. En 1949, fracture de la main dans un critérium d'après-Tour. Deux clavicules brisées la même année, en 1952 : chute dans un cyclo-cross à Buc et deuxième chute qui l'empêcha de participer à Bordeaux-Paris, dans une réunion sur piste à Ancenis. En 1953, chute dans l'étape Albi-Béziers du Tour, trois vertèbres déplacées, alors qu'il restait en course pour la victoire après avoir porté le maillot jaune dans les Pyrénées. En 1954, Robic percute un cameraman dans le sprint d'arrivée de la 4e étape du Tour à Caen : nouvelle fracture de la clavicule. En 1955, il tombe au cours de la 7e étape Colmar-Zurich mais s'obstinera pendant 1 000 km, jusqu'à Sainte-Maxime (11e étape, Marseille-Avignon) avec un bras plâtré pratiquement inutilisable ! En 1956, une chute à l'entraînement le met hors de combat dans la semaine même qui précédait le départ du Tour. Mais quelle résistance au mal, ou plutôt, quel mépris superbe !

« En 1955, évoque le docteur Pierre Dumas alors médecin du Tour, Robic me fait venir à son hôtel, un soir d'étape, pour vérifier, après une chute, s'il a besoin d'une radio. J'entre dans le hall, je le vois apparaître en haut de l'escalier. En descendant, il se prend les pieds dans une boîte à chaussures et dévale les marches sur les fesses. Horreur, ses pauvres reins, ai-je pensé, ce n'est pas à la radio que je vais devoir l'emmener, mais à l'infirmerie ! Surpris, mon Biquet, affalé à mes pieds, se relève, s'ébroue, se tâte le dos et... me rassure : « Cela va mieux, toubib, je vais pouvoir repartir demain. » Ce qu'il fit avec sa hargne habituelle !

Robic refusait la souffrance comme il ignorait la défaite. Il l'effaçait de son horizon, la niait même quand elle devenait évidente. Cette sorte de mysticisme lui a fait accomplir des prodiges. Elle l'a aussi parfois rendu vulnérable.

Pour le public, Biquet est et restera le symbole du « petit qui n'a pas peur des gros », du « râleur » qui sait élever la voix quand il le faut mais qui n'a pas mauvais cœur. Ensemble de qualités... et défauts qui plaisent énormément.

« Il me semble, estime Robic, que j'ai su prendre mes responsabilités en toutes circonstances, et que je me suis le plus souvent conduit en homme. Or le public, masculin et féminin, aime les vrais hommes, ceux qui ne craignent pas d'appeler un chat un chat et une injustice une injustice. »

Jean Robic a le culte de la famille. Ce fut une joie profonde, pour lui, de fêter les 80 ans de sa « petite mère » en mars 1979 dans un établissement de l'Ile Verte où étaient accourus une cinquantaine d'enfants et petits-enfants, oncles et tantes, cousins et cousines en ligne directe ou collatérale. Le père de Jean a connu une mort tragique à 50 ans, en 1945, écrasé par un arbre qu'il était en train de scier. « Victime de son honnêteté, précise son fils, car l'arbre menaçait de s'abattre dans le champ du voisin. »

Le seul vrai reproche que s'adresse Jean Robic est son lieu de naissance, à Condé-les-Vouziers, dans les Ardennes, où son père était, en 1921, chef de chantier à la Reconstruction :

« Mais trois ans plus tard, s'empresse-t-il de préciser, nous étions tous retournés dans notre pays d'origine à Radenac, près de Pontivy, dans le Morbihan.

Là où il rêve de finir ses jours. Mais il estime avoir tout son temps. Les Robic sont bâtis dans le granit. L'une des grands-mères de Jean s'est éteinte à 98 ans.

En attendant il tire profit de son habileté manuelle développée dans l'exercice de son premier métier, charron-tonnelier. Il est conseiller technique en montage de meubles dans la florissante entreprise de déménagement de son compère Gégène Letendre.

1948

GINO BARTALI

Il Vecchio

Ce Tour de France de la reprise, en 1947, avait donné lieu à une course follement débridée. Le peloton dérivait comme un navire dont le capitaine aurait perdu la boussole. On attaquait tous azimuts, selon ses ressources du jour bien plus qu'en fonction de plans savamment élaborés. Et cette course folle avait été gagnée par le plus fou, nous voulons dire le plus impétueux : Jean Robic.

L'année suivante, le 30 juin 1948, Place du Palais-Royal à Paris, un champion de haut prestige est au départ : Gino Bartali. Il revient sur le Tour, dix années exactement après l'avoir gagné dans d'irrésistibles envolées de grimpeur. Il a également inscrit à son palmarès quatre Tours d'Italie, deux Tours de Suisse, trois Milan-San-Remo et deux Tour de Lombardie. Mais il a maintenant 34 ans...

Dès le premier jour, le voici vainqueur de l'étape sur la piste de Trouville ! On pense à une prise de pouvoir mûrement préméditée, or Bartali n'a fait que s'inspirer des circonstances. La majorité de ses adversaires, il ne les connaissait pas ! Il s'était appliqué, la nuit précédant le départ, à apprendre par cœur les dossards de ceux qu'il devrait surveiller plus particulièrement. Mais un violent orage avait éclaté aux environ de Mantes et les imperméables avaient dissimulé les dossards ! Par pur hasard Gino s'est retrouvé au côté de Brik Schotte; l'un des rares coureurs dont la silhouette lui était familière car il avait disputé, l'année précédente, une épreuve en cinq étapes en Belgique. Brik Schotte, dit « le dernier des Flandriens », laborieux mais inusable, c'était exactement la roue à suivre sous la pluie. Ils sont arrivés ensemble, Lucien Teisseire de l'équipe de France avec eux, et Gino a enlevé le sprint sur la piste de Trouville. Il a été le premier surpris de la facilité de cette entrée en matière, mais il ne s'obstinera pas à défendre ce providentiel maillot jaune. On va découvrir, jour après jour, le modèle d'organisation de la « squadra » sous la direction technique de l'ancien « campionissimo » Alfredo Binda. Tous les mouvements sont orientés au service d'un seul leader : Gino Bartali. Ce que l'on appellera la « course à l'Italienne » amèrement critiquée... avant d'être adoptée par tous. Les Français, dont le directeur technique est Maurice Archambaud, ancien recordman de l'Heure, sont encore sous l'influence de René Vietto.

Le Roi René déclinant devenu Roi Saül. Il a 34 ans, l'âge de Bartali, mais plus la même verdeur athlétique. Robic, toujours combatif et volontaire, n'est plus dans son état de grâce de l'année précédente. Un jeune breton, Louison Bobet, 23 ans, attaque avec beaucoup de panache. Il redevient maillot jaune à Biarritz (6ᵉ étape), mais n'arrive pas, c'est le moins qu'on puisse dire, à convaincre ses équipiers de sa valeur. Bartali accuse un fléchissement dans le col de Turini (12ᵉ étape, San-Remô-Cannes). Va-t-il payer le prix des ans ? Il compte 21 mn 28 s de retard sur Bobet !

Le lendemain l'étape Cannes-Briançon est courue par un temps épouvantable, brume et neige glacée. Des voitures restent engluées dans la boue car il est bien vrai que les routes de montagne n'étaient pas ce qu'elles sont aujourd'hui. Or « Il Vecchio » n'est jamais aussi beau que dans les éléments déchaînés. Il écrase tout son monde, y compris Robic frigorifié et l'infortuné Bobet encore « tendre ». Et il récidive le lendemain dans des conditions atmosphériques pires que la veille tout le long de l'étape Briançon-Aix-les-Bains, 263 km avec une infinité de cols : Lautaret, Galibier, Télégraphe, Croix-de-Fer, Glandon, Porte, Cucheron et Granier. A la bonne vôtre ! Gino le Pieux a pris le maillot jaune, la messe est dite.

Il aura totalisé, dans ce Tour, sept victoires d'étape. Trouville, puisque l'affaire était à portée de pédales. Lourdes parce que c'est une cité bénite. Lausanne, le 18 juillet, pour fêter son 34ᵉ anniversaire. Liège, quarante-huit heures avant l'arrivée à Paris, en supplément au programme et... parce qu'il était le plus frais. Mais aussi et surtout : Toulouse, Briançon, Aix-les-Bains, points stratégiques d'étapes disputées en haute montagne. Sa victoire avait plus d'éclat encore que celle de 1938.

Le visage de Gino Bartali eut sans doute inspiré son compatriote Michel-Ange. Un visage tourmenté et couturé de vrai routier, dominé par un nez. Un nez, que dis-je ? Un cap, une péninsule mais qui aurait été soumise à une secousse sismique. Et ce visage, en effet, est un masque remodelé par un artiste. Gino Bartali est une gueule cassée. Il n'était pas encore professionnel quand il fut relevé tout ensanglanté, le visage en bouillie, sur la route de Grossetto, le 24 mai 1934, au cours d'une épreuve appelée Coppa Vecchioni. Il resta plusieurs jours entre la vie et la mort. Un mois plus tard, un grand chirurgien remodelait son visage, c'était le chirurgien personnel du maréchal Balbo.

Gino avait un style très personnel. Propulsant dans les montées des braquets considérables que d'autres réservaient pour les descentes, il pédalait par saccades, avec un temps de roue libre de deux ou trois secondes tous les 200 m environ. « Et on arrivait à cette conclusion effarante, note Jean Bobet, que Bartali lâchait ses adversaires en montant les cols en roue libre ! » Il était loin de posséder la vélocité d'un pur sprinteur aux arrivées mais il devenait plus rapide que les autres passé les 250 km de course et c'est ainsi qu'il gagna encore Milan-San-Remo en 1950, à 36 ans, devant un imposant peloton dans lequel figurait Rick Van Steenbergen en personne !

Gino Bartali, c'était la résistance et la santé réunies dans une carcasse d'aspect très ordinaire, avec même des jambes disgracieuses, sans mollets. Il était « l'Homme de fer » dont la supériorité s'accentuait dans des conditions atmosphériques extrêmes : tempête de neige ou canicule. « Je ne l'ai jamais vu rouler avec un imperméable sur le dos », assure Edouard Fachleitner. Ce qui est tout de même un tantinet exagéré, mais conforme, somme toute, à sa légende. « Il Vecchio » mettait les « tifosi » en transes. Il était, pour eux, un dieu de l'Olympe. Il aurait même, sauvé l'Italie de la révolution.

En ce mois de juillet 1948, un attentat a été commis contre M. Palmiro Togliatti, leader du Parti Communiste Italien. Son état inspire de vives inquiétudes. Le peuple gronde. Les pavés couvent l'émeute et les matraques policières sont prêtes à jaillir. La grève générale a été décrétée. Plus de journaux. Le 16 juillet, Bartali devient leader du Tour de France en gagnant l'étape d'Aix-les-Bains. Le lendemain, *L'Osservatore romano*, organe du Vatican, a décidé de reparaître, bravant l'opinion... pour mieux la juguler. Des vendeurs se répandent dans les rues de Rome en répercutant à tous les échos le titre en manchette : «Gino in giallo !» (*Gino en jaune*). Et une fantastique explosion d'enthousiasme balaie d'un coup toutes les préoccupations d'ordre politique. Gino est devenu le sauveur du gouvernement, sinon de la patrie !

Lui-même s'est défendu de cet excès d'opinion comme de bien d'autres.

« Il est faux, a-t-il répété maintes fois, que M. De Gasperi, chef du gouvernement, m'ait adressé un télégramme de félicitations parce que mes victoires dans les Alpes auraient ramené le calme en détournant l'attention. »

M. De Gasperi avait bien adressé un télégramme à Bartali, mais à Cannes, lors de la journée de repos du 14 juillet, donc avant l'attentat contre M. Togliatti, et il n'avait été question dans le texte que de compétition sportive, le chef du gouvernement exhortant Gino à se reprendre après sa défaillance du Turini.

A Mulhouse, cinq jours avant l'arrivée à Paris, Gino reçut également un télégramme de félicitation de S. S. le Pape Pie XII en réponse à celui qu'il lui avait adressé de Lourdes, cité bénie. L'Homme de fer, Il Vecchio mais aussi Gino le Pieux.

« Bartali possède la foi ingénue et profonde des toreros espagnols », a écrit feu Curzio Malaparte fier d'être, comme lui, né sur les bords de l'Arno. Oui, Gino le Pieux, mais sans ostentation et il déteste que l'on fasse état en public de cette piété, de cette foi sincère.

Gino avait un frère Julio, de deux ans et demi plus jeune que lui et qu'il vénérait. Julio qui venait juste de passer professionnel allait être tué en course, à 20 ans, sur la route de Florence, dans une collision avec une voiture qui arrivait en sens inverse.

– C'était en 1936, tout me réussissait, évoque Gino. Je venais de gagner mon premier Tour d'Italie après avoir été champion d'Italie l'année précédente. Je menais une existence libre et insouciante et je ne dédaignais pas les plaisirs frivoles. La griserie de la gloire commençait à me monter à la tête... la mort de Julio fut pour moi un choc terrible. Je suis resté plusieurs jours claustré. Et puis j'ai fait mon examen de conscience. Je n'étais que croyant... ce terrible rappel de notre vulnérabilité humaine a fait jaillir en moi une foi religieuse intense. Je me suis mis à prier avec fanatisme pour l'âme de Julio.

Cet foi ne s'est plus jamais démentie. Gino appartient au tiers ordre des carmes dont il revêt la robe blanche pour prier dans le secret de la chapelle dressée à l'intérieur de sa maison, à Florence. En course, il a toujours porté une petite médaille, relique de sainte-Thérèse de l'Enfant Jésus qui lui fut remise lors de son premier Tour de France en 1937, un Tour où il fut sauvé miraculeusement. Dans la 10e étape Grenoble-Briançon, sortant à folle allure d'une descente, il rata un virage et bascula, par-dessus le parapet d'un pont de bois, dans un profond torrent. Il fut relevé fortement commotionné mais indemne. Sainte-Thérèse avait veillé sur lui, et il put terminer l'étape. Mais il ne reprit pas la course le lendemain alors qu'il avait pris le maillot jaune la veille. Le pouvoir d'une sainte, même, a ses limites.

Gino, bon chrétien, est plus encore bon toscan. Il ne sombre pas dans la bigoterie, le jeûne et la macération. Ce serait même plutôt le contraire. Même du temps où il courait, son régime alimentaire n'avait rien d'ascétique. La charcuterie italienne, les pâtes et les fiasques de vin du pays eurent toujours place à sa table. Et il fut de tous temps grand fumeur devant l'Eternel, sa voix éraillée en témoigne. Gino, Toscan volubile, mais aussi malin et méfiant d'instinct, en homme de la terre (son père était métayer) vis-à-vis de « tutti lei dottore è avvocati in belle lettere» et gens de plume de tous horizons, et plus encore quand ils n'étaient pas italiens. « Brutto » Gino ! Rugueux et réticent. Et l'interview avec ce grand bavard n'était pas sans problème.

Je déambulais dans la chaleur ambiante, le soir d'étape à Avignon en 1952. Un groupe attire mon attention à la terrasse d'un petit café de la place de l'Horloge. Gino Bartali attablé pérorait devant un cendrier plein et une bouteille de valpolicella à moitié vide. Autour de lui, des compatriotes béats, quelques Français aussi, badauds locaux qui n'étaient pas du Tour, buvaient... ses paroles.

J'ai approché une chaise et me suis mêlé au cercle discrètement.

J'écoutai, comme les autres. Jamais je n'eus avec lui une interview aussi détendue et aussi riche de propos. Intarissable Gino ! Et lorsqu'il m'a identifié comme un suiveur du Tour, trop tard ! la communication était établie, le Toscan devient humain et fraternel quand tombe la nuit. Je m'autorisai même à l'interroger sur un point qui me tracassait depuis longtemps. Dans l'étape du Giro 1951 Naples-Foggia, Bartali assez attardé au classement général, s'était échappé avec Giovanni Corrieri, son équipier de la Legnano. Coppi était resté dans le peloton et la victoire de Gino ne faisait plus de doute. Ils entrent sur la piste en cendrée de Foggia, ils sprintent... et c'est Corrieri qui l'emporte avec un quart de roue d'avance sur la ligne ! Surprise et perplexité. Corrieri, c'était le lieutenant de Gino, son disciple préféré, son compagnon de chambre, mais tout cela l'autorisait-il à s'arroger la victoire ? Un an plus tard, dans la nuit avignonnaise du Tour nous posions la question à Gino.

– Bien sûr, dit-il, Giovanni était d'accord pour me laisser gagner. C'est moi qui lui ai répondu : « Non, ce sera toi, on croirait autrement que c'est de la complaisance de ta part. » Il n'était pas de mon avis, il protestait : « Non ! Tu viens de distancer Coppi, tu dois gagner ! Tes « tifosi » autrement seront déçus et furieux. Moi je ne compte pas, et d'ailleurs je ne vais pas sprinter ! »

Il Vecchio a eu alors un clin d'œil, avec cet air rusé tellement irritant en d'autres circonstances :

« Contre moi, Giovanni était perdant, a-t-il conclu. Il a bien été obligé de passer la ligne le premier car j'ai freiné plus que lui ! »

Cela, c'est tout Gino Bartali. Il considérait ses équipiers comme des compagnons de travail et non comme des vassaux. Jamais, par exemple, il n'exigea d'eux d'être poussé dans un col. Sa fierté le lui interdisait Ceux de ses adversaires même qui ne le portaient pas dans leur cœur peuvent en témoigner.

« Rien n'avait de prise sur lui, se remémore Fiorenzo Magni, son contemporain qui fut son équipier quelquefois, son rival le plus souvent et qui le tient en profonde estime. Dans les étapes de grosse chaleur, nous tirions tous la langue après avoir vidé le contenu de nos bidons et lui, nullement incommodé, avait encore de l'eau dans le sien. »

Hugo Koblet devait faire, à ce moment, une cuisante expérience dans le Tour de Suisse 1947. Tous deux en tête, avec Bartali, ils roulent dans le San Bernardino, le plus dur et le plus aride des cols du Tour de Suisse. Une seule voiture les suit dans ce site désolé, celle du directeur sportif de la marque Koblet, Helvetia. Les suiveurs officiels avaient l'autorisation de ravitailler leur coureur sur n'importe quel point du parcours, mais de pied ferme. Le directeur sportif de Koblet usait donc de ce droit pour tendre, de temps à autre, un bidon à son coureur qui s'empressait d'en partager le contenu avec son compagnon de route. Un peu plus haut la voiture Helvetia s'arrêta, le directeur sportif s'inquiétait des autres coureurs de l'équipe. La voiture de la marque Tebag, pour laquelle courait Bartali, vint alors se mettre dans le sillage des deux échappés et Gino se trouva être ravitaillé comme Hugo l'avait été précédemment. Mais il semblait ignorer totalement sa présence. Surpris, Koblet lui demanda courtoisement à boire. Gino fit mine d'acquiescer, mais quand Hugo tendit la main, il se mit à verser ostensiblement le contenu de son bidon sur la route en accompagnant le geste d'un grand rire de défi !

Brutto Gino ! Reconnaissons que le geste manquait de charité chrétienne. Fidèle à sa légende «Il Vecchio» était encore champion d'Italie en 1952 et il se classait onzième du Tour de France en 1953. A 39 ans. Ce record sur le plan longévité-qualité n'a été battu que par Raymond Poulidor, troisième en 1976 à 40 ans !

L'argent n'a jamais beaucoup compté pour Gino Bartali et il avoue ne plus en avoir beaucoup aujourd'hui.

« C'est l'être le plus désintéressé que je connaisse, précise encore Fiorenzo Magni qui lui, a fort bien réussi en affaire. Après son Tour 1948, un parti politique qui quêtait son approbation lui proposa la concession générale de la firme AGIP pour les provinces de Florence et Pistoïa. Une situation qui aurait assuré ses vieux jours. Gino ne s'en est même pas rendu compte, il a préféré continuer de courir. »

Selon la définition de Magni, Florentin comme lui bien qu'il soit fixé depuis de nombreuses année à Monza près de Milan, Gino est à la fois impulsif et ingénu. Il met longtemps à accorder sa confiance mais le fait alors sans limite aucune. L'ennui est qu'il manque souvent de discerne-

1. C'est le Tour de la reprise. Trois moyens de locomotion : avion, voiture et vélo.

2. Teisseire, Robic et Fachleitner dans Saint-Germain-en-Laye avant « l'incident » de l'abreuvoir de Marly. C'est la lutte finale pour Robic.

3. Trois baroudeurs de la montagne : Apo Lazaridès, Pierre Brambilla et l'inévitable Robic.

4. Danse de guerre autour d'un boyau crevé par Biquet et son mécano qui gonfle.

5. Allez hop ! un coup de bidon magique...

4

3

5

6

6

6. 6bis. 7. 8. L'hallucinant chassé-croisé des deux « campionissimi » dans ce Tour 1949 ou Coppi

7

8

ura le dernier mot.

9. Kubler, « l'homme-cheval » écumant au summum de son effort.

10. Kubler mène devant Geminiani.

11. Robic et Bobet ou la Bretagne aux avant-postes.

10

11

12

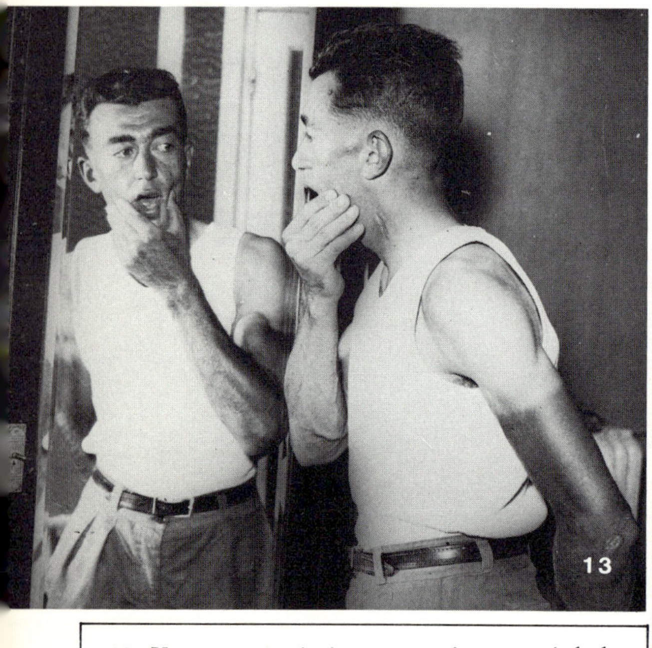

13

14

12. Un coureur qui vient « mourir » au pied du curé de campagne !

13. Et oui cher Louison « on décolle » sur le Tour !

14. Ferdi Kubler l'Hercule du peloton.

ment dans le domaine des affaires. Il a donné, toujours, avec discrétion, beaucoup d'argent à des œuvres de bienfaisance catholiques, pour l'enfance déshéritée et les aveugles notamment, et il lui est arrivé de tomber sur des escrocs. De prétendus hommes d'affaires à qui il avait confié une partie de ses capitaux pour les faire fructifier se sont évanouis dans la nature. Avec le magot. Il n'y avait pas de trace de signature. Pour Gino, une parole suffisait. Grugé, dépouillé, il n'est pas abattu pour autant :

« Ils étaient sept, dit-il, et deux sont déjà morts... de mort naturelle, s'empresse-t-il d'ajouter. »

Il n'y a point de rancune dans ce constat. Il ne s'agit pour Gino que d'une manifestation de la divine providence qui, elle, ne saurait le trahir. Il coule des jours paisibles auprès de son épouse Adriana. Leurs deux enfants, Andréa et Luigi, ont fait leur chemin.

« Je n'ai plus beaucoup d'argent, conclut Gino, mais je n'ai pas de dettes. C'est l'essentiel. »

Le soleil brille pour tout le monde. La vie vaut la peine d'être vécue. Sacré Toscan.

1949 – 1952

FAUSTO COPPI

«San Fausto »

« Celui qui survole les montagnes », « L'Insurpassable », « Le Pédaleur atomique ». Fausto Coppi était tout cela. Les « tifosi », agitant leurs pancartes et traçant leurs inscriptions sur l'asphalte des routes du « Giro », le clamaient et le proclamaient jusqu'au délire. Mais devait-on se laisser prendre à ces explosions du tempérament latin ? Toute la passion du monde dans l'instant. Qu'en resterait-il le lendemain ? Le campionissimo passe. La course continue, un autre le remplacera dans le cœur des foules et il est bien vrai que l'on a revu les mêmes pancartes avec les mêmes expressions dressées à la gloire de Felice Gimondi hier, de Francesco Moser aujourd'hui.

En 1953, au sommet de sa gloire, Fausto Coppi décrochait enfin le titre de champion du Monde sur route. Une quinzaine d'années plus tard surgit Eddy Merckx, champion du Monde dès le début de sa carrière professionnelle en 1967. Et Merckx, saison après saison, va voler de victoire en victoire, devenant le plus grand de tous et de tous les temps. Les « tifosi » atterrés essayaient bien d'élever des objections. Oui mais... il n'a pas, comme Fausto, gagné le « Giro » et le Tour de France dans la même année. Oui mais... il n'a pas battu le record de l'Heure. Hélas... la réponse ne se faisait guère attendre. Partout où il est passé, Merckx a saccagé sans pitié le palmarès de Coppi, en élevant la barre encore plus haut. Un barbare insatiable et impitoyable, ce « cannibale » ! Mais pas un iconoclaste. Le culte de Fausto Coppi demeure dans bien des cœurs en

Italie et aussi en France. Il n'est plus le plus grand, il reste le plus aimé.

On admire Merckx. On vénère Coppi.

Bartali est l'homme visité par la foi et c'est Coppi, paradoxalement, qui inspirait les comparaisons d'ordre religieux. C'était un personnage de vitrail d'église, tout en longueur et en maigreur; des bras et des jambes interminables avec des os de verre qui faisaient craindre le pire quand il tombait. Les traits du visage, tirés par la souffrance de l'effort consenti, étaient ceux d'un moine inspiré. Dans la défaillance (il en connut de mémorables) il devenait pathétique. On songeait irrésistiblement à une descente de croix. De pied ferme, raide et embarrassé, trop grand pour lui en quelque sorte, il était comme l'albatros aux ailes repliées sur le pont du navire. Il n'était lui-même que sur le vélo. Ses longs segments prenaient alors une harmonie de lignes incomparable. Et il avait là encore, dans les mouvements du pédalage, une sorte de légèreté, de fluidité d'essence céleste. Aucun champion de ce niveau ne donna pourtant une telle impression de fragilité, de vulnérabilité. De là sans doute venait son étrange rayonnement.

Nous avions proposé un reportage à notre rédacteur en chef le samedi, veille de Paris-Roubaix 1952. Le personnage central d'une pièce de Louis Ducreux, à ce moment à l'affiche, « L'Amour en papier » était un champion cycliste. Il nous avait semblé amusant (attention : amusant, pas génial !) de présenter ce Ulysse Pédalo, c'était le nom du héros de « L'Amour en papier » à Fausto Coppi favori de Paris-Roubaix.

L'idée est acceptée, nous prenons rendez-vous avec Fausto en le priant de nous excuser de le déranger la veille d'une course aussi importante. Ce ne sera pas très long, juste le temps de faire quelques photos, présumées originales, avec ce jeune comédien. « Venez donc, vous ne me dérangez pas du tout » a-t-il assuré.

Il nous reçoit dans sa chambre de l'hôtel Regina-Passy où il descendait lors de ses passages à Paris. A trois heures de l'après-midi, il est couché comme le Roi-Soleil. Ce n'était pas de la mise en scène : « Le coureur cycliste doit rester allongé le plus possible, les jambes dans la laine, quand il n'est pas sur le vélo », a-t-il rappelé en souriant.

Nous avons tiré les photos rapidement. Nous allions prendre congé pour respecter le repos du guerrier, mais c'est lui qui nous a retenus. Il a fait monter les consommations de notre choix, un thé léger pour lui, et nous voilà en grande conversation. Oh, pas du tout sur le cyclisme en général ou Paris-Roubaix en particulier. Fausto demande sur quelle scène est joué « L'Amour en papier », quel est le thème de la pièce et il s'informe auprès du jeune comédien : « Etes-vous content de votre rôle ? Vous apportera-t-il plus de notoriété ? Avez-vous d'autres projets ? J'espère pouvoir trouver le temps d'aller vous applaudir ». Une véritable interview par l'interviewé ! Le jeune comédien était Jean-Marc Thibault. Il est devenu ce jour-là un partisan inconditionnel de Fausto Coppi comme le sont devenus la plupart de ceux qui l'ont approché. La simplicité de Fausto, sa bonté naturelle empreinte de gravité établissaient d'entrée la communication. Elles abolissaient cette distance que tant de vedettes s'ingénient, au contraire, à maintenir entre leur glorieuse personne et le commun des mortels. Mais cet entretien avait permis aussi à Fausto de chasser pour un temps de son esprit l'obsession de la course du lendemain. Car Fausto Coppi était un grand inquiet.

« Et un méthodique en toute chose, complète Fiorenzo Magni. Il a beaucoup apporté au vélo par ses recherches personnelles. Le premier il a fait admettre la nécessité d'être suivi de façon permanente par un médecin. Il a contribué à faire accomplir des progrès considérables dans le domaine des soins et de l'alimentation.

Coppi s'est penché sur son propre cas non par narcissisme mais bien au contraire par humilité, par nécessité professionnelle, en quelque sorte, afin de tirer le meilleur rendement de l'exceptionnel mécanisme à pédaler dont la nature l'avait doté. Seulement, un seul rouage qui grippait, rappelle Fiorenzo Magni, et tout l'édifice s'écroulait. Et ce furent d'irrémédiables défaillances : le Grand Prix des Nations 1949 ou Carcassonne-Montpellier dans le Tour de France 1951.

Coppi, toujours, doutait. Bartali, lui, était toujours sûr de l'appui de la providence. Bon, nous y voilà : Coppi-Bartali inséparables dans la légende des cycles. Un grand écrivain, Curzio Malaparte, Toscan de surcroît, a fait l'analyse passionnée de cette rivalité. Et le sujet était digne, en effet, de l'auteur de *Technique du coup d'Etat*.

« Ah ! La chance ! Bartali ne croit pas à la chance, écrit-il. Pour lui, la chance, c'est la Providence. C'est elle qui règle tout sur la terre et, par conséquent, aussi sur les routes. Gino est un inspiré, Fausto un sceptique. (...). Fausto Coppi n'est pas protégé par une sainte. Il n'a personne, au ciel, pour s'occuper de lui. Son manager, son masseur, n'ont pas d'ailes. Il est seul. Seul sur sa bicyclette. Il ne pédale pas avec un ange perché sur son épaule droite. Il est un homme. Un " homme " dans le sens le plus moderne et le plus scientifique du mot.

« Bartali est un homme dans le sens ancien, classique, métaphysique aussi, du mot. C'est un ascète qui méprise et oublie à tout instant son corps, un mystique qui ne croit qu'à son esprit et au Saint-Esprit. Il sait qu'un seul raté dans le moteur de la providence peut lui valoir une défaite. Il prie en pédalant. Il ne lève la tête que pour regarder le ciel. Il sourit à des anges invisibles. Fausto Coppi, au contraire, est un mécanicien. Il ne croit qu'au moteur qu'on lui a confié, c'est-à-dire à son corps. Pendant toute l'étape, c'est lui qui conduit : c'est le seul, je veux dire, qui conduit la machine, son corps. Du départ à l'arrivée, du commencement à la fin de la course, il ne cesse un seul instant de surveiller ce moteur précis, délicat et formidable qu'est son corps à lui. Il court la tête baissée, les yeux fixés sur des manettes invisibles. Il sait qu'une fuite d'huile, qu'un simple raté, qu'une quinte de toux dans le carburateur, que la syncope d'une bougie, peuvent lui coûter la victoire. Coppi ne redoute pas l'enfer : il redoute la deuxième place à l'arrivée. Il sait que, peut-être, Bartali arrivera le premier au Paradis. Qu'importe ? Fausto Coppi veut arriver le premier sur la terre. »

Et un peu plus loin, abordant le problème des générations :

« La différence d'âge entre Bartali et Coppi explique aussi beaucoup de choses dans leur rivalité. Gino est né en 1914, Fausto en 1919. Bartali a accompli la première partie de son admirable carrière sportive avant la guerre de 1939. Le premier exploit de Coppi date de 1939. Bartali est le champion d'un monde déjà mort, le survivant d'une civilisation que la guerre a tuée : il représente ce romantisme inquiet et inquiétant qui a atteint son faîte entre les deux guerres, il continue dans le monde moderne l'esprit héroïque de la vieille Europe. Coppi est le champion du monde nouveau enfanté par la guerre et la libération : il représente l'esprit rationnel, scientifique, le cynisme, l'ironie, le scepticisme de la nouvelle Europe, le manque d'imagination des nouvelles générations, leur "credo" matérialiste. »

Ouf ! Il est permis d'imaginer, combien nos deux héros, s'ils ont lu ces lignes, ont dû être impressionnés et déconcertés. Leur prêter une telle influence, de telles intentions ? Ils devaient être bien loin de le penser ! L'envolée de Curzio Malaparte, séduisante dans la forme, avec son lyrisme, ses outrances et ses visions, est loin de nous convaincre. Le cher Fausto, symbole dans un monde nouveau, du cynisme et de l'ironie ? Ce dut être pour lui une curieuse révélation. Laissons de côté l'ange posé sur l'épaule de Bartali, revenons sur terre, rendons en partie justice à Malaparte lorsqu'il écrit encore :

« A un moment donné on a même parlé, en Italie, d'une prétendue rivalité, presque d'une haine, entre les deux grands champions. Je n'en crois pas un mot. Tout devient si facilement personnel en Italie ! (...) Balivernes, que tout cela. Gino et Fausto sont deux braves garçons, pleins de loyauté et de bon sens. Leur rivalité est sans haine. Pourquoi devraient-ils se haïr ? Le sport n'est pas la politique. "Oh ! vous savez, disait un jour Serse Coppi, le frère de Fausto, la bicyclette, c'est comme une femme !" Oui, mais pour quelle raison Gino et Fausto devraient-ils se haïr ? Ils ne courent pas sur la même bicyclette. »

Se rapprochant de la réalité, Malaparte s'en éloigne aussitôt. Ils ne couraient pas sur la même bicyclette, mais ils couraient l'un et l'autre pour la première place qui, elle, est une et indivisible. Coppi suivant un destin anonyme de charcutier à Novi-Ligure, Bartali succédant à son père dans la ferme de Ponte a Ema près de Florence ne se seraient sans doute jamais rencontrés. Admettons que la chose se fut produite, au hasard d'une commune migration vers une grande ville, par exemple. Ils auraient pu être d'excellents camarades (encore qu'un Toscan et un Piémontais, hum...) ou indifférents l'un à l'autre. Mais le destin les a fais champions cyclistes en quête d'une seule place, la première. Ils ont été opposés par une rivalité professionnelle et, quoi qu'en dise Malaparte, condamnés à se détester avec même parfois, dans le feu de l'action, des pointes de haine. Il ne pouvait en être autrement.

« Ce qui m'a toujours intrigué, écrit encore Malaparte, dans la vie des champions de la bicyclette, c'est leur précoce sentiment de la prédestination. Dès leur âge le plus tendre, ils savent qu'ils seront, un jour, des champions. Ils ont des rêves, des apparitions. Chaque coureur cycliste, à l'âge de six, de huit, de dix ans, sait déjà qu'il deviendra un as du vélo. (...) Chacun d'eux, à l'âge de six, de huit ans, sait déjà qu'il aura un rival, un frère ennemi. Chaque Oreste, avant même d'enfourcher sa première bicyclette, sait déjà qu'il aura son Pylade. Chaque Girardengo sait qu'il aura son Ganna, chaque Binda son Guerra, chaque Bartali son Coppi. »

Ici, petit oubli du sublime Curzio. Il eût fallu ajouter : « Chaque Guerra son Bartali. » Learco Guerra, rouleur phénoménal surnommé « La Locomotive humaine », sentait venir son déclin, à 33 ans, en 1935, bien qu'il fût encore champion d'Italie. Il n'a pu distancer, dans le Tour de Romagne, un jeune coureur de 21 ans, Gino Bartali : « Je n'ai plus la force de lutter contre toi, avoue-t-il aux approches de l'arrivée. Laisse-moi gagner cette dernière course et, l'an prochain, je serai ton domestique ! » Il gagna et tint parole. L'année suivant Bartali entrait, sur sa recommandation, dans la grande équipe Legnano et gagnait son premier Tour d'Italie. Le 4 juin 1939, dans le Tour du Piémont, le « campionissimo » Gino Bartali (25 ans) rencontre une résistance inattendue de la part d'un inconnu du nom de Fausto Coppi (20 ans). Il apprécie sportivement et le fait engager dans son équipe Legnano. Un an plus tard, dans le Giro, Bartali, dans un mauvais jour, est en difficulté au cours de l'étape Florence-Modène. Coppi suit les attaquants, termine en tête et prend le maillot rose qu'il ne quittera plus. Le « gregario » est sorti du rang. Un véritable putsch ! Il est des circonstances où il faut savoir désobéir, le Général de Gaulle l'a bien dit et démontré à son heure. « Bartali est un homme, Coppi un robot », a encore décrété Curzio Malaparte. Pas une seconde il n'oublie qu'il est Toscan, comme Gino, et l'infortuné Fausto en fait les frais. Humain, il l'était assurément, mais à sa façon, moins démonstrative, moins insolente que celle de Gino. Et il a été infiniment plus proche de nous, Français. Gino était le dieu national plus impétueux et chaleureux. Fausto le dieu d'exportation, plus réfléchi et prestigieux. Dans l'histoire du cyclisme, il l'a emporté au finish par ses victoires hors frontières. Il était devenu aussi populaire en France qu'en Italie. Nous lui devons les réunions les plus explosives du Vel' d'hiv' de Paris, rue Nélaton. Une rencontre France-Italie avec Fausto leader de la

« squadra » et l'on était assuré de refuser du monde. Gino, on le voyait moins souvent. Paris-Roubaix, par exemple, très peu pour lui ! Les deux classiques italiennes du printemps, Milan-San-Remo et de l'automne, le Tour de Lombardie, en complément du « Giro » suffisaient pour entretenir la flamme de ses « tifosi ».

Et le Tour de France. Un Bartali ne pouvait se dérober devant le Tour de France. Un Coppi non plus. Les « tifosi » exigeaient. Les deux rivaux ne pouvaient plus se dérober. En 1949 ils étaient réunis sous le maillot de l'équipe nationale italienne, pour la première fois dans une course par étapes. Mais il y avait eu, dans l'équipe nationale du championnat du Monde sur route, un fâcheux précédent en 1948. Le circuit de Valkenburg, en Hollande, paraissait avoir été tracé sur mesure pour des grimpeurs. Unis, Coppi et Bartali auraient sans doute fait la loi. Ils avaient choisi de se saborder mutuellement. Comptant 20 mn de retard, ils étaient enfin tombés d'accord... pour s'arrêter. On avait très mal pris la chose en Italie. Hués, sifflés, descendus en flammes par la presse, ils avaient été frappés de six mois de suspension. Ils n'ont pas oublié. Ils ont promis cette fois, lors d'une réunion tenue à Chiavari quelques semaines avant le départ du Tour, de faire cause commune dans l'intérêt de l'équipe. Le directeur technique, comme l'année précédente, est Alfredo Binda. Il fut « campionissimo » en son temps, trois fois champion du Monde et vainqueur de cinq Tours d'Italie entre 1925 et 1933. Ce qui, déjà, inspire le respect. C'est un Lombard d'une grande finesse de jugement, pondéré, nuancé, mais de ferme autorité :

« Bartali, le premier, s'était porté candidat pour courir le Tour 1949, évoque-t-il. Coppi était resté muet. Je souhaitais vivement le faire venir et je me suis appliqué à le convaincre. Entre eux, la guerre se poursuivait. Ils avaient fait, sans doute, un premier pas l'un vers l'autre avec le pacte de Chiavari, mais cela me paraissait encore bien fragile. Je connais la nature humaine en général et celle des champions cyclistes en particulier. Je l'ai été moi-même ! J'ai demandé à M. Rodoni, président de la Fédération cycliste italienne, de me donner une arme supplémentaire : celle de la disqualification. A tout moment de la course j'aurais le pouvoir, si je devais l'estimer nécessaire, de faire disqualifier l'un ou l'autre, ou les deux. J'espérais naturellement ne pas devoir en arriver à une telle extrémité. Dès l'hiver j'avais entrepris une campagne de conditionnement moral auprès de Gino et Fausto. En les prenant séparément. Je l'avais intensifiée durant le Giro et me voici parti sur le Tour avec mes deux coqs ! »

Bartali se tient en position d'attente. Dans la 5e étape, Rouen-Saint-Malo, Coppi est en échappée avec Jacques Marinelli, jeune gars de Blanc-Mesnil et de l'équipe régionale de Paris-Ile-de-France, et de Kubler. Marinelli, en état de grâce et qui a toutes les audaces, a pris le maillot jaune. Quelques kilomètres après le ravitaillement de Caen, Coppi touche la roue arrière de Marinelli et tombe dans l'herbe du bas-côté de la route. Sans se faire de mal, mais son vélo est hors d'usage. Et voilà Fausto sur le bord de la route. Il pouvait prendre le vélo de secours sur la voiture de liaison qui le suivait. Il a refusé car c'était celui d'un « gregario » anonyme. Son vélo de secours personnel, avec celui de Bartali, était sur la voiture d'Alfredo Binda, arrêté au ravitaillement de Caen. Fausto a donc attendu que Binda le rejoigne pour prendre son propre vélo. Plus de six minutes. Le soir, Coppi prononce le mot d'abandon. Il considère que Binda a manqué de confiance en lui puisqu'il n'est pas venu se placer derrière l'échappée pour le couvrir, puisqu'il n'a pas cru devoir, même tranférer son vélo de secours sur la voiture de liaison. Dans son esprit inquiet et tourmenté, tout cela signifiait que le directeur technique, sans le lui avouer, avait choisi de jouer la carte Bartali.

« J'ai mis très longtemps à le raisonner, se remémore Binda. Je lui ai cité mon propre exemple : “J'ai abandonné en 1930 et je l'ai regretté toute ma vie, lui ai-je avoué. Mais j'avais du moins gagné deux étapes. Toi, tu n'as encore rien gagné. Tu serais sévèrement jugé en Italie si tu te retirais maintenant. Après-demain sera courue l'étape contre la montre Les Sables d'Olonne-La Rochelle. Continue jusque-là. Tu dois la gagner et si tu restes décidé à abandonner, tu auras du moins sauvé la face.” En parlant ainsi, je pensais intérieurement : nous serons sauvés s'il accepte. Il gagnera cette étape, retrouvera le moral et oubliera d'abandonner ! »

Ce qui allait se produire en effet. Coppi gagna l'étape contre la montre à La Rochelle et entreprit sa remontée au classement général où il comptait plus d'une demi-heure de retard sur Marinelli maillot jaune.

Bartali le précédait d'une dizaine de minutes. Dans l'étape de Saint-Malo, respectant l'esprit d'équipe, il avait bien attendu son rival un moment mais le voyant désemparé et au bord du renoncement, il avait repris sa route et pouvait-on décemment le lui reprocher ? A l'approche des Alpes les deux champions sont revenus sur les talons de Magni, leur compatriote, leader de la formation des « Cadetti », maillot jaune depuis Pau, et Marinelli. Alfredo Binda n'a oublié aucun détail de la course de ses deux « coqs » dans l'étape Cannes-Briançon :

« Kubler est seul en tête dans le col de Vars, rappelle-t-il. Bartali lâche Coppi dans la descente après le ravitaillement de Guillestre. Je reste derrière Coppi de manière à pouvoir couvrir mes deux leaders en cas d'incident mécanique. Fausto, cette fois, ne trouve rien à redire. Or j'avais agi exactement de la même façon dans l'étape Rouen-Saint-Malo, à cette différence que la situation était inversée : Coppi devant et Bartali derrière. Kubler a été stoppé par un incident mécanique et sa voiture n'était pas derrière lui. Dans l'Izoard Coppi a rattrapé Bartali... et ils ont commencé à se regarder. Je suis monté à leur hauteur et je leur ai tenu un ferme discours, en appelant à mon aide la famille, la patrie ... et la perspective des bénéfices d'après-Tour en cas de victoire. Cela a fini par les toucher : ils se sont relayés. Après l'Izoard, Bartali crève. Nous nous arrêtons pour changer sa roue et j'aperçois Coppi, seul devant qui ralentissait de lui-même pour l'attendre. C'était une grande victoire pour moi ! A Briançon, il n'y a pas eu de lutte. C'était le 18 juillet, jour du 35e anniversaire de Bartali et Coppi ne lui a pas disputé la victoire. »

Bartali a pris le maillot jaune avec 1 mn 22 s d'avance sur Coppi second. Le lendemain, dans Briançon-Aoste, ils sont de nouveau tous deux seuls en tête au sommet du Petit-Saint-Bernard. Ils abordent la descente sur le versant italien, follement acclamés. Comme la veille, Bartali crève.

« Et nous voilà de nouveau en train de le dépanner, reprend Binda. Coppi, devant, a disparu dans les virages, mais il hésite sur la conduite à tenir et fait arrêter un motocycliste de la R.A.I. pour me demander ce qu'il doit faire. A ce moment, Bartali, après être reparti, est tombé dans un virage, sans se faire de mal, mais perdant encore un peu plus de temps. Je n'ai plus hésité : "Va dire à Fausto qu'il doit continuer seul et à fond", ai-je fait transmettre par le motocycliste. »

Et Fausto a volé littéralement sur les 46 km qui le séparaient encore d'Aoste. Il arrive avec 4 mn 55 s d'avance sur Bartali. Il lui prend le maillot jaune. Il a gagné le Tour et Alfredo Binda a gagné son pari : la coexistence Coppi-Bartali était possible.

Il ne fallait pas s'attendre, naturellement, à de grands élans d'amour. Ils s'installaient chacun à une extrémité de la table commune, entourés de leurs disciples, les « gregarii » de leur marque : Ettore Milano et Andréa Carrea pour Fausto; Giovanni Corrieri, pour Gino. Ils ne s'adressaient jamais directement la parole. L'un élevait la voix et l'autre, aussitôt, interrogeait d'un ton maussade et agressif : « Que dit-il encore, celui-là ? ». En laissant clairement entendre : « Ne faites donc pas la sottise de l'écouter ! ». Et c'était toute une affaire que de vouloir les réunir tous deux sur une même photo. Il leur était même demandé, ces photographes ont toutes les audaces et toutes les inconsciences, de se serrer la main ! Disgràzia ! Ils finissaient par s'exécuter, pour se débarrasser de l'insupportable corvée, mais leurs regards alors se fuyaient ostensiblement. Pourtant ils sont allés au bout, ils ont collaboré même sur la route et ils se sont classés premier et second. Entre Les Sables d'Olonne et le Parc des Princes, Coppi a repris plus d'une heure de temps à Jacques Marinelli troisième. Chapeau M. Coppi ... et chapeau M. Binda !

Immobilisé par une fracture du fémur, Coppi ne peut participer au Tour 1950. Le coureur qui le fit tomber, par un écart involontaire, au cours de la 9e étape du Tour d'Italie était Peverelli rendu borgne par une chute plus terrible encore contre une paroi rocheuse au cours d'une étape des Alpes dans le Tour 1949. Il n'a pas vu Coppi qui allait le doubler du côté de son œil mort. Fatalité ...

En 1951, quelques jours à peine avant le Tour, Serse frère de Fausto, se tue en course, à l'arrivée du Tour du Piémont. Comme Julio, frère de Gino, quinze ans auparavant. Fatalité encore ... C'est l'ombre de Fausto qui prend le départ et il est terrassé par une monumentale défaillance, sous la chaleur, au cours de l'étape Carcassonne-Montpellier.

1952 sera l'année de toutes les revanches. Fausto, à 33 ans, est au mieux de sa forme et de sa préparation. Après l'étape contre la montre

Metz-Nancy (la 7e, 60 km) et la première étape de haute montagne (la 10e), avec arrivée au sommet de l'Alpe-d'Huez, il devient évident que plus personne ne pourra l'inquiéter. Sa supériorité est telle que les organisateurs décident, pour relancer un semblant de suspense, d'attribuer un prix spécial au coureur qui arrivera second. Fausto l'emporte sur tous les points forts de la course : à Sestrières, à Pau, au sommet du Puy-de-Dôme. Mais il exerce sa supériorité en souverain éclairé, autorise des fugues mineures et le régional Jacques Vivier, vainqueur de l'étape de Limoges, aura ce beau cri du cœur dans les micros : « Merci Monsieur Coppi ! »

1952, c'est aussi l'adieu de Fausto Coppi au Tour de France. Une femme est entrée dans sa vie. On ne pardonne pas, en Italie où le divorce n'est pas admis, de détruire l'image de l'époux et du père de famille exemplaire. Fausto devra engager une bataille juridique humiliante et déprimante pour faire reconnaître son fils Fausto-Angelo né en 1955 hors des liens du mariage. Il n'est plus le même, brisant maintenant tous les carcans de son ascèse. La vie, pour lui, recommence à 40 ans, une vie plus aérée, plus débridée, à contre-courant de l'opinion. Est-il heureux vraiment ? Est-ce dans sa nature de l'être ? Comment savoir ? Il court désormais pour le cachet :

« J'ai dépensé beaucoup d'argent et je trouve absurde, avoue-t-il, de ne pas profiter de ma popularité tant que j'ai la certitude de ne pas décevoir ceux qui m'encouragent. »

Mais ne les déçoit-il pas ? L'une des dernières images que nous gardions de lui en course se situe dans la « Vuelta » d'Espagne 1959. A 40 ans, il se bat encore de toutes ses forces déclinantes pour l'honneur de l'image de marque. Mais une observation l'a blessé au plus profond de son orgueil :

« Je les vois bien autour de moi, laisse-t-il échapper un soir, si je démarrais dans une étape sans importance, ils ne me donneraient pas la chasse, ils me laisseraient gagner. Cela je ne le veux pas, je préfère rester tranquille dans le peloton. »

Il prenait ce sentiment pour de la pitié. En réalité le Fausto d'hier continuait d'inspirer le respect.

Il s'est éteint le 2 janvier 1960. Une grave maladie s'était déclarée à son retour d'une tournée en Afrique noire pour les fêtes commémoratives de l'indépendance de la Haute-Volta. Raphaël Geminiani, qui était du voyage, avait dû s'aliter aussi, brûlant de fièvre, le soir de Noël. Un médecin colonial de passage à Clermont-Ferrand, le docteur Bruguière, conseilla de faire effectuer d'urgence des analyses du sang à l'Institut Pasteur de Paris et Raphaël fut sauvé. Il présentait un cas de malaria mortelle, un virus qui s'attaque aux globules rouges et les détruit en huit jours. Il était trop tard, hélas, quand on alerta l'entourage de Fausto à Novi-Ligure. Les Italiens, n'ayant plus de colonies, n'ont plus de médecins coloniaux. Ceux qui traitaient Coppi n'avaient pas su déceler le virus mortel. Fatalité encore...

Non, en définitive, Fausto Coppi n'a pas dû être un homme heureux. Soutenu par un orgueilleux fatalisme, lié à son vélo comme un saint à sa croix, il a usé sa vie à assumer sa légende. Mais quel destin exceptionnel ! San Fausto.

1950

FERDI KUBLER

« L'Homme - cheval »

Un homme-cheval sur un vélo ! Cet étonnant spectacle fut offert pour la première fois aux foules françaises sur les routes de Condom à Toulouse, dans le Grand Prix des Nations 1941. L'organisateur, Gaston Bénac, dit « Tonton Gaston », prince des élégances, avait engagé, pour donner un cachet international à son épreuve, un Suisse de 22 ans, Ferdi Kubler, encore inédit en France. Et l'on découvrait l'Homme cheval. L'œil de feu, les narines palpitantes, les dents offertes au vent dans la gueule béante, Ferdi hennissait, piaffait sur son vélo, le soulevant du sol dans les descentes, dressé sur ses pédales, bondissant comme l'eût fait un pur-sang pour franchir l'obstacle à Auteuil. Plus question avec lui de comparaison d'inspiration céleste, Ferdi semblait avoir passé un pacte avec l'enfer. Il était possédé, littéralement possédé. Il était cheval à l'intérieur de lui-même ! Il était, dans ces moments, le diable incarné.

On pouvait suivre sous les muscles, comme sur une planche anatomique d'écorché, le tracé des veines et, par un effet d'imagination purement ... diabolique, celui des nerfs tellement on les sentait vibrer. Ferdi Kubler, c'était un athlète en relief, un athlète remarquable de proportions d'ailleurs, bien en ligne sur sa machine quand il n'était pas en état de crise. Mais dans le feu du combat il atteignait un paroxysme inhumain de dépassement de soi-même. Et il lui arrivait d'exploser ! Une mauvaise fée, d'un coup de baguette, transformait le pur-sang fougueux en une lamentable rossinante. Ferdi se traînait alors et geignait pitoyablement en s'attendrissant sur son propre sort : « Ferdi, pauvre Ferdi, il a mal ... Ferdi n'en peut plus ... Ferdi va mourir ... » Il terminait à l'état de loque ... mais ressuscitait le lendemain ou le surlendemain, sur l'intervention de Satan, sans doute, car il retrouvait alors toute sa force et toute son agressivité.

Second de trois garçons et seul coureur cycliste de la famille, Ferdi Kubler s'est fait entièrement lui-même. Il a débuté dans la vie comme petit secrétaire de bureau et s'est acheté son premier vélo avec ses économies. Il ne serait pas Suisse s'il ne connaissait le prix de l'argent... et son poids déterminant dans certaines discussions. « Ni combinard, ni machiavélique, dit de lui Jean Bobet, il était une sorte de Talleyrand moderne dans l'art de provoquer ou de détruire les coalitions. »

Ferdi était capable de discuter francs français, belges ou suisses, lires ou pesetas et d'établir les équivalences tout en roulant à 50 km/h. Il était patelin, insinuant, pressant selon les circonstances et obtenait généralement l'alliance recherchée. Mais ... à l'heure du règlement de comptes, il devenait retors comme un usurier frappé soudain de perte de mémoire. Il fallait parfois menacer d'en venir aux arguments frappants pour obtenir que la parole donnée soit respectée et le pauvre Ferdi protestait alors d'une voix mourante qu'on finirait par le mettre sur le sable. Ce qui n'a jamais risqué de se produire, est-il besoin de le préciser ?

Champion de Suisse amateur en 1938 et 1939, Ferdi, passé professionnel en 1940, à 21 ans, s'était imposé comme le meilleur routier suisse en gagnant le Tour de Suisse 1942 devant Pierre Brambilla. C'était d'abord un superbe rouleur. Dans le Grand Prix des Nations précité, en 1941, il s'était maintenu au commandement jusqu'au 60e km. Trompé par un braquet insuffisant, il avait été dépassé dans les côtes de la fin de parcours par les expérimentés Jules Rossi et Fernand Mithouard. Grand poursuiteur aussi, Ferdi était difficilement battable sur *sa* piste de Zurich. Il était le puncheur idéal des classiques en ligne, mais dans les courses par étapes son brio même faisait craindre à tout moment que le fil trop tendu ne se brise. Il avait pris un départ fracassant dans le Tour 1947, gagnant la 1re étape (Lille) et la 5e (Besançon) puis s'était fait éliminer deux jours plus tard, pour s'être attardé, il est vrai, auprès du vétéran Léo Amberg, son équipier, 3e du Tour en 1937. Même chose en 1949 : vainqueur de la 5e étape à Saint-Malo, il n'était pas allé au bout. Qu'est-ce qui fait revenir Ferdi, malgré ces échecs, dans le Tour 1950 ? Ne cherchez plus : il est mis dans la nécessité de donner la réplique à son jeune compatriote Hugo Koblet qui vient de gagner le Giro avec une extraordinaire facilité. Koblet a d'abord été, et vous constaterez une nouvelle fois que l'histoire n'est qu'un éternel recommencement, le « gregario » de Kubler dans l'équipe Tebag. Kubler a bien gagné le Tour de Suisse 1948 mais Koblet, à son service, a totalisé les places d'honneur et il l'eût emporté au classement par points. Puis ils ont eu des désaccords d'ordre financier (la même histoire encore !) et, Koblet est passé dans l'équipe Cilo. Leur rivalité n'a fait alors que croître et embellir.

« Il n'est pas surprenant, fulmine Ferdi, que tous les *K* soient préparés en gros caractères dans les imprimeries suisses, ils servaient déjà depuis longtemps pour composer le nom de Kubler ! »

Et il espère bien que ces *K* figureront à la une pour signaler ses exploits durant ce Tour.

Fausto Coppi, victime d'une chute grave dans le Giro, n'est pas au départ, mais les Italiens alignent Gino Bartali et Fiorenzo Magni encadrés par des « gregarii » de métier. Louison Bobet paré du maillot tricolore, Raphaël Geminiani, Nello Lauredi sont les premières montes françaises sous la nouvelle direction technique de l'impétueux Jean Bidot. Jean Robic est retourné dans l'équipe régionale de l'Ouest. Les Belges comptent surtout sur la malice et l'opportunisme du petit Stan Ockers. En l'absence de Koblet, Kubler est le leader suisse indiscutable, mais ses compatriotes, de bons et honnêtes routiers tels qu'Aeschlimann le Jurassien ou Georges Weilenmann se montrent réticents pour lui prêter leur concours. Ils redoutent ... d'être payés en monnaie de singe. Et c'est le premier problème qui se pose à Alex Burtin, nouveau directeur technique succédant à Hans-Martin démissionnaire. Burtin est Romand, Genevois du quartier du Petit-Saconey pour être plus précis. Il en est même devenu le député sous les couleurs du parti socialiste. Il envisage les choses avec une bonhommie et une placidité toutes romandes. Sa devise est : « Rester optimiste en toute circonstance, même s'il n'y a pas lieu de l'être ! »

« Notre chance donc était Kubler, rapelle-t-il. Si nous le perdions, nous perdrions la victoire. Le pire eût été qu'il se perde tout seul. Nous comptions beaucoup sur l'amitié de « Formidouble », son copain Croci-Torti, pour le ramener sur le peloton quand son hypersensibilité le ferait craquer ou pour le ramener souvent ... à la raison ... pour la même raison si je puis dire. »

A Dinard enfin, cinquième jour de course, le comportement de Kubler ayant sans doute été jugé satisfaisant, tout le monde était d'accord sur le mode de partage des gains. Mais, autre problème pour Burtin au départ de l'étape contre la montre Dinard-Saint-Brieuc (78 km), il ne peut dissuader Ferdi de porter un maillot de soie, formellement interdit par le règlement. Ferdi s'obstine et encaisse sans broncher une pénalisation de 15 s. Selon son estimation le maillot de soie lui a fait gagner une minute. L'opération a donc été rentable et il conserve d'ailleurs la première place de l'étape devant Magni. On poursuit ce que Burtin appelle une « guerre bizarre », faite d'escarmouches et surtout de périodes d'observation et c'est l'étape des cols pyrénéens Pau-Saint-Gaudens. Les coureurs abordent Tourmalet puis Aspin en début d'après-midi, au plus fort de la chaleur. Le public est dressé contre les Italiens que l'on accuse depuis le début, sur les ondes de radio notamment, de profiter de la sueur des autres en se camouflant dans les roues. Ajoutez le soleil, les gourdes remplies de vin généreux et non moins généreusement vidées... Bartali reçoit au passage de violentes tapes dans le dos, quelques coups de poing et beaucoup de crachats. Un fou tente même de lui mettre un bâton dans la roue avant au sommet d'Aspin. Gino n'en gagne pas moins l'étape devant Bobet et Ockers mais il annonce, le soir, sa décision irrévocable : il se retire, il retourne en Italie. Situation tragique car le maillot jaune est porté par son compatriote et équipier Fiorenzo Magni. Le soir, la chaise de Gino, à la table de la « squadra » est restée vide : il s'est enfermé dans sa chambre.

« Jacques Goddet, un monsieur, est venu parlementer, rappelle Fiorenzo Magni. Alfredo Binda a téléphoné à Rome et sans doute les dirigeants de la Fédération italienne lui ont-ils conseillé, ou ordonné, de retirer les troupes. Il ne s'est jamais bien clairement expliqué sur ce point. Il n'a pas été tenu compte de ma position de leader, car en Italie n'existaient que Coppi et Bartali. Impossible de fléchir Gino : « Je ne repartirais pas même si le Pape en personne venait me le demander ! » avait-il fini par crier dans son exaspération. Après cela, on ne pouvait que s'incliner. J'étais sacrifié... Un an plus tard, dans la même situation, j'aurais continué, même contre la volonté du directeur technique, même seul. Ma victoire dans le Giro 1951 m'aurait donné la force de braver l'opinion italienne, mais cela je ne pouvais le faire en 1950. J'avais gagné, en 1948, un Giro contesté. On me le reprochait encore deux ans plus tard. Je me devais de rester humble, momentanément... Bartali est généreux mais impulsif. Il n'a pas pensé, sur le moment, à la gravité de la situation, cela, je le comprends, mais une chose m'a quand même choqué : il est revenu courir les criteriums d'après-Tour de France comme si rien ne s'était passé. Il n'avait plus de rancune à ce moment ! »

Magni précise avec honnêteté qu'il n'eût sans doute pas gardé de toute façon, le maillot jaune jusqu'au Parc des Princes, restaient les Alpes et il n'était pas suffisamment bon grimpeur. Mais il se serait battu et il aurait recueilli un peu plus de notoriété, ce que recherche tout vrai professionnel.

Magni et les Italiens retirés de la course, le maillot jaune tombe sur les épaules de Kubler. Merveilleux stimulant ! La voie en partie dégagée, il reste ces turbulents Français, Geminiani second à 56 s au classement général, et ce petit fûté de Stan Ockers dont on doit se méfier comme d'une grenade dégoupillée.

13e étape, Perpignan-Nîmes. Une chaleur pesante, épouvantable sous un ciel bas. Il faut peiner, souffrir plus que les autres. Ferdi, vêtu de jaune, va être à son affaire. Une crevaison de Bobet donne le signal. Ferdi démarre. Gem qui suivait casse l'axe de sa roue arrière et le voilà reparti avec Bobbet, pas très saignant, et les autres tricolores. Contre un fort vent défavorable, ils perdront la bagatelle de 11 mn ! Mais ils ne sont pas résignés pour autant. Geminiani gagne la 17e étape, Nice-Gap et Bobet la 18e, Gap-Briançon. Rien n'est perdu, Bobet ne désespère pas malgré ses 12 mn de retard sur Kubler. L'ambition vient en attaquant. Le terrain de l'étape Briançon-Saint-Etienne, avec arrivée au sommet du col de la République, leur paraît tout à fait adapté pour une manœuvre de grande envergure. Premier temps : Apo Lazaridès part en avant-garde avec Marcel Dussault. Deuxième temps : Gem sort à son tour de la boîte pour venir se placer en relayeur devant le peloton. Troisième temps : Bobet réussit à se dégager. Il prend un premier appui efficace sur Gem et rejoint Apo et Dussault avant le sommet de Saint-Nizier. Apo est arrêté par une crevaison mais au sommet Bobet et Dussault ont pris 3 mn d'avance au peloton dans lequel Kubler est resté prisonnier sans un seul équipier suisse à son côté. Donnons ici la parole à Alex Burtin :

« Ferdi, dans le peloton, commence à s'agiter. Très mauvais cela. Il ne fait pas le cheval, bien au contraire il maudit ses équipiers. J'essaie de le calmer. En vain. « Fous-les tous à la porte, hurle-t-il, ce sont des bons à rien, je ne les paierai pas !... Ferdi tout seul... Ferdi perdu... » et le voilà qui éclate en sanglots ! »

Sans affolement, Bertin l'optimiste déploie alors ses qualités de stratège... ou de diplomate, comme l'on voudra. Il engage le dialogue, de voiture à voiture, avec Sylvère Maës directeur technique de l'équipe belge pour le persuader que Stan Ockers a le même intérêt que Kubler à mener la chasse derrière Bobet, Sylvère finit par approuver mais il est probable que cette adhésion ne fut pas entièrement gratuite. Ferdi n'a plus d'équipier suisse auprès de lui ? Burtin s'est activé à lui trouver, sur place, des équipiers de fortune, c'est le mot approprié. On a vu bientôt André Brulé, coureur de la formation régionale de Paris-Ile-de-France, neutre jusque-là, retrouver une vigueur nouvelle et rouler avec entrain à l'avant du peloton. Deux ou trois autres coureurs de même :

« N'exagérons rien, oppose Alex Burtin. Il suffisait à ce moment de deux ou trois relais un peu plus vifs pour relancer la chasse. Le rôle de Brulé s'est limité à cela et Ferdi a fait le reste. »

Bobet rejoint, Geminiani a placé un contre dans le col de la République et gagné l'étape à Saint-Etienne. Mais Kubler avait sauvé son maillot jaune. Et son Tour de France. Oublié son désespoir, envolée sa fatigue, il était rechargé à bloc ! Et il offrait un récital dans l'étape contre la montre Saint-Etienne-Lyon, sur 98 km, devançant le second, Stan Ockers, de 6 mn, 24 heures avant l'apothéose du Parc des Princes. Sa victoire ne souffrait plus de discussion. Et si vous tenez à ergoter à propos de l'intervention de Brulé, expliquez-nous d'abord pourquoi Marcel Dussault avait participé avec tant d'ardeur à l'offensive d'avant-garde en compagnie d'Apo Lazaridès, équipier national. Dussault appartenait à la formation régionale du Nord-Est-Centre mais il était, en dehors du Tour, équipier de la marque Stella, très dévoué à Louison Bobet durant toute l'année. Et ceci pourrait bien expliquer cela. Contrairement à ce qu'écrivait Curzio Malaparte, la politique existe dans les pelotons cyclistes, une politique d'alliances, d'apparentements et de coalitions de circonstances fort variables, parfois subtiles et compliquées, le plus souvent secrètes et mystérieuses.

« Alex Burin, Ferdi Kubler était-il un champion d'un commerce facile ? » Il part d'un rire genevois, mesuré, en cascades lentes :

« C'était un bon gars, Ferdi, assure-t-il, mais avec une grande gueule, et toujours en mouvement, positivement intenable. Il aimait s'amuser et ne manquait pas d'humour dans son français approximatif. Un soir, à table, on l'entend protester avec force : « Poulet de Gaulle ! Poulet de Gaulle ! » L'hôtelier est prêt à s'offusquer quand Ferdi précise, faisant mine de ne pouvoir planter sa fourchette dans la carcasse du volatile : « Résistant ! Résistant ! » Tout le monde a éclaté de rire. Ferdi est un mime extraordinaire. Sa vitalité me rassurait... et m'inquiétait. Soir et matin, à l'hôtel, les belles visiteuses ne manquaient pas, qui venaient, soi-disant, quêter un autographe... J'exigeais que la porte de la chambre reste toujours ouverte. On ne savait jamais avec un tel pur-sang ! »

Il était méticuleux pour tout ce qui concernait son métier, parfois même capricieux. Il lui est arrivé de téléphoner à son soigneur, Vila, au milieu de la nuit. L'autre accourait, inquiet : « Son champion serait-il tombé malade ? » Pas du tout, Ferdi l'avait appelé pour lui faire remarquer qu'une cale manquait sous une chaussure ou que sa « cuissette » (c'est ainsi que nous appelons le cuissard en Suisse) avait un pli défectueux. La veille d'une étape importante, Ferdi exigeait, à tout prix, qu'on lui monte son vélo dans sa chambre avant de s'endormir. A Briançon l'hôtelier ne fut pas d'accord et il s'en fut se plaindre à l'état-major du Tour. Inutile de dire l'éclat de rire qu'il provoqua.

« Avant l'étape contre la montre Saint-Etienne-Lyon, Ferdi était comme un fauve affamé, inabordable. Il nous fit changer quatre fois son développement. On ne regrettait pas de se plier à ses exigences car il payait comptant, je veux dire en généreux efforts sur la route. Il sut d'ailleurs très bien se conduire après sa victoire. Durant l'hiver qui suivit, il nous invita dans un restaurant de Zurich et offrit à chacun, coureurs et personnel, une montre souvenir. »

Ferdinand Kubler fêtera ses 60 ans le 24 juillet 1979. Mais oui, il avait 31 ans déjà quand il gagna le Tour. Il a aujourd'hui une marque de cycles à son nom, avec l'équipement complet de coureur. Son épouse, Roesli, a tenu quelque temps un magasin de fleurs dans le quartier de Wiedikon à Zurich, quand Ferdi se retira des compétitions fin 1957, avant de retourner dans leur maison d'Adliswil pour se consacrer exclusivement à leurs trois enfants André, Anita et Stéphane encore écoliers.

Aujourd'hui Ferdi fait des spots publicitaires à la télévision et il est le représentant de nombreux produits. Il inaugure des magasins, il donne le départ d'une course... et jamais gratuitement bien entendu.

Ferdi coureur cycliste arrivait parfois complètement dévasté, secoué de tremblements, la bave aux lèvres et beaucoup pensèrent à l'époque : « Il ne durera pas, il ne fera pas de vieux os ! » On soupçonnait l'usage abusif de drogues stimulantes sans tenir compte de son exceptionnelle hypernervosité. Aujourd'hui – et pouvait-il donner réponse plus éloquente ? – Ferdi Kubler dévale les pentes de ski à Arosa (il possède le diplôme de moniteur) avec l'entrain et la virtuosité d'un espoir. Il reste un éternel adolescent.

1951

HUGO KOBLET

« Le Dernier Romantique »

Brive-Agen, 11e étape du Tour de France, le dimanche 15 juillet 1951. Ils venaient de franchir la ligne sur une grande avenue bordée de platanes, une cinquantaine de coureurs groupés et le régional de l'équipe de Paris-Ile-de-France, Marcel Michel, avait remporté le sprint devant le Hollandais Gerrit Peters et le Belge Germain Derycke. Mais ... pour la seconde place. Un homme seul les avait tenus en échec pendant 140 km, près de quatre heures de chasse sous le soleil : Hugo Koblet. Et leurs visages poussiéreux, avec des traînées cireuses de sueur, exprimaient la fatigue, mais aussi la stupeur et l'incrédulité. Hugo Koblet, le vainqueur, se tenait debout près de la ligne, très droit dans son maillot rouge frappé de la croix blanche, propre, net, impeccable, le regard fixé sur sa montre bracelet. Son attitude, bien qu'il n'y mit aucune ostentation, prenait une allure de défi insolent.

– S'il doit continuer comme cela, je vends mon vélo, s'était écrié Raphaël Geminiani. Nous pouvons changer de métier. Chaque fois qu'il prendra le départ, il gagnera comme il voudra.

– Depuis dix ans que je cours, je n'avais encore jamais vu pareil exploit, avouait Fiorenzo Magni.

Les deux plus farouches baroudeurs du peloton mettaient les pouces !

Aujourd'hui encore, l'exploit d'Hugo Koblet, ce 15 juillet 1951, est considéré comme celui qui fut le plus proche de la perfection sur le Tour. Encore ses adversaires ignoraient-ils ce détail : ils venaient d'être humiliés par un blessé, un champion qui n'était pas tout à fait en possession de tous ses moyens.

Ecoutons Alex Burtin qui avait été reconduit dans ses fonctions de directeur technique après la brillante victoire de Ferdi Kubler l'année précédente :

« A 7 heures du soir, la veille, dans notre hôtel de Brive, ce n'était pas la tactique qui me préoccupait, mais l'état sanitaire d'Hugo. Il faut appeler la chose par son nom, un pédaleur de charme n'en est pas moins un homme : Hugo souffrait d'une hémorroïde ! Ma première pensée fut : n'alertons surtout pas le docteur Mathieu, médecin du Tour. Avec le téléphone arabe, toute la caravane serait au courant en moins d'une heure. Nous n'étions que trois dans le secret, en dehors d'Hugo naturellement : Léo Weilenmann son compagnon de chambre, Vila le soigneur et moi-même. Nous saurions tenir notre langue, parole de Suisses. J'ai donc fait venir un médecin de la ville dont le diagnostic fut immédiat : il faut inciser ! Ma réponse ne le fut pas moins : « Assurément pas, docteur. Un coureur cycliste n'est pas un patient comme les autres. Hugo doit être capable demain de poser encore son séant sur la selle. Pas question d'incision. » Ce médecin, brave homme d'un âge certain, devait posséder une solide expérience de généraliste. On devait pouvoir lui confier un enfant pour guérir une coqueluche, mais ... pas Hugo pour le problème qui nous occupait. Vexé, il a fait le coup de Ponce Pilate et s'est lavé les mains ... sans avoir opéré. Au point où nous en étions, je ne craignais plus de le blesser davantage, je l'ai prié de me communiquer l'adresse d'un confrère briviste. Ce deuxième homme de science était beaucoup plus jeune. Je lui explique tout. Il approuve. Plus question d'incision : cachets, pilules, ampoules, tout ce que vous voudrez docteur ! Le lendemain, Hugo est apparemment en pleine forme. Un léger incident se produit dès les premiers kilomètres, Weilenmann a des ennuis avec sa chaîne. Nous nous arrêtons pour le dépanner. Nous revenons prendre place dans la file des voitures suiveuses, derrière le peloton et quelque chose ma paraît bizarre. Je m'informe : Koblet s'est sauvé, il est seul devant ! En 1951, ne l'oubliez pas, nous n'avions pas encore Radio-Tour à bord. »

Comment cela s'est-il produit ? Les démarrages de coureurs

régionaux, le Nordiste Louis Deprez, l'élégant Marseillais Robert Castelin, le malicieux Jacques Marinelli ont imposé un départ d'étape vertigineux. Lucien Lazaridès, de l'équipe de France, bien placé au classement général, a voulu courir après Marinelli et Koblet, aussitôt, s'est élancé derrière Lazaridès. Une vingtaine de kilomètres plus loin, il est seul au commandement après avoir écœuré tous les autres dans sa roue. Deprez a résisté le plus longtemps, jusqu'au 47e km. Mais rendons la parole à Burtin aux premières loges :

« Je me porte à sa hauteur. "Qu'est-ce que je fais ?" demande-t-il. Et je répondis : "Fais ce que tu estimes devoir être le mieux pour toi." Car j'ai appris à le connaître Hugo. Depuis le départ de ce Tour il ne sent pas les pédales ! Dès la 1re étape, Metz-Reims, il est sorti du peloton à 40 km de l'arrivée, très décontracté, comme cela, pour le plaisir pouvait-on dire. Les Italiens ont du produire un sérieux effort pour aller le récupérer et Fiorenzo Magni lui a lancé d'une voix méchante : « Que voulais-tu prouver ? Pour qui te prends-tu ? » Magni énervé ? L'objectif était atteint, cela a beaucoup amusé Hugo, il ne cherchait pas autre chose, simple coup de sonde. Il n'a pas insisté, aussi, parce qu'il ne voulait pas ramener le peloton sur un groupe d'échappés dans lequel figuraient deux équipiers suisses, Giovanni Rossi qui allait d'ailleurs enlever l'étape et Marcel Huber. Mais on chuchotait déjà : « S'il commence comme cela, il n'ira pas loin. Il ne sait pas ce qu'est le Tour de France. »

Ceux qui raisonnaient ainsi ne savaient pas non plus très bien, de leur côté, qui était Hugo Koblet. Il n'avait qu'une tactique, une ligne de conduite plutôt, inspirée par Learco Guerra, son directeur sportif d'équipe de marque dans le Giro 1950 qu'il avait gagné : « Cours comme tu le sens, l'avait persuadé l'ancien campionissimo, n'écoute que toi-même. Attaque si tu es bien, réserve-toi si tu es moins bien. »

« Je ne pouvais aller contre sa volonté, se souvient Alex Burtin. Je lui ai fait une simple recommandation quand l'affaire a pris de l'ampleur : « Roule les mains en haut du guidon, ne te donnes pas à fond. » André Leducq et quelques autres suiveurs m'ont traité de fou. Mais la chance était avec nous. Les Italiens ont été perturbés par une chute. Une crevaison de Bobet a semé la panique chez les Français. Barbotin lui donne sa roue; Rémy, Lauredi, puis Geminiani l'attendent. Mais Barbotin, dans un mauvais jour, éprouve des difficultés à revenir dans le peloton et Rémy et Lauredi sont mobilisés pour un deuxième service de sauvetage. Le peloton va être coupé en deux et les traînards finiront avec 18 mn de retard. Au 75e km, dans la plaine entre Souillac et Pontcarral, Jacques Goddet m'annonce que Koblet a maintenant 3 mn 50 s d'avance. Naturellement je ne quittais plus son sillage. J'avais prévenu les autres, avec la voiture de liaison, de se débrouiller pour assurer leur ravitaillement. L'important était qu'ils rentrent dans les délais. Hugo enroule une démultiplication de 52 X 16, soit 6,85 m. Il passe rarement sur le 15 dents. A un moment donné, dans un passage battu par le vent, on nous a appris qu'il venait de perdre une minute sur ses poursuivants. Il a eu une reprise phénoménale : 10 km plus loin, son avance était remontée à 3 mn 35 s ! Et puis, à 12 km de l'arrivée, sur un passage pavé, il me déclare brusquement : « Je n'en peux plus, je vais m'arrêter ! » Son braquet ne convenait plus, il peinait. Le coup de barre, je l'accusai plus encore que lui ! Mais je n'ai pas perdu les pédales, si je puis dire, je me suis dépêché de le bousculer : « Pas maintenant Hugo, ce serait idiot ! Nous sommes pour ainsi dire déjà arrivés, tu as ta course de gagnée ! » Derrière le peloton, heureusement, était maté, assommé. Hugo s'est ressaisi. Sitôt la ligne franchie, il a déclenché son excellent chronomètre suisse, précaution qu'il estimait ne pas être inutile. Dans l'étape contre la montre La Guerche-Angers, 85 km, le septième jour, un premier classement avait donné Bobet vainqueur, puis le chronométreur officiel, M. Adam, s'était aperçu qu'il avait crédité Hugo d'une minute supplémentaire ! Dans la soirée, la première place avait été rendue à notre champion. Dès le lendemain un deuxième chronométreur avait été adjoint à M. Adam, cela n'empêchait pas Hugo d'effectuer son contrôle personnel à Agen. Comme Robic à Pau en 1947. Il était arrivé avec 2 mn 29 s d'avance. Au classement général, avec le bénéfice des bonifications, il se rapprochait à 3 mn 27 s du régional tourangeau Roger Levêque, maillot jaune à ce moment devant Gilbert Bauvin. Mais il était en avance sur ses vrais rivaux : Geminiani, Lucien Lazaridès, Bobet, Coppi surtout tandis que Bartali naviguait à plus d'un quart d'heure. Les avis étaient partagés plus encore qu'au premier soir.

perdant plus d'une demi-heure tandis que Koblet l'emportait encore devant Marinelli et Geminiani. La suite du Tour fut une apothéose, avec une cinquième victoire d'étape dans le contre la montre de 97 km d'Aix-les-Bains à Genève, 48 heures avant l'arrivée à Paris. Quel privilège ce fut pour moi de guider, que dis-je, de... suivre plutôt un tel champion.

Raphaël Geminiani qui, en fin de compte, n'avait pas vendu son vélo, se classait 2e à 22 mn et Lucien Lazaridès troisième à 24 mn 16 s. Lucien le non-violent, le contemplatif, avait été éperonné, exceptionnellement, par les lettres et coups de téléphone de « Pouni », son épouse, tendre diminutif de Colette, qui lui rappelait chaque soir : « Pense à l'avenir de notre Moussi. » Lisez Christian, leur fils, aujourd'hui brillant spécialiste en psychanalyse.

Seul de tout le peloton, peut-être, Lucien Lazaridès n'avait pas été surpris par les exploits répétés d'Hugo Koblet. C'est du moins ce qu'il affirme.

« Il avait été plus extraordinaire encore dans le Giro 1950, évoque-t-il, que je courais dans l'équipe Helyett. Je lui ai vu faire, pas longtemps, car il lâchait tout le monde, des choses incroyables. Il annonçait le matin : « Je vais démarrer à tel endroit. » Il le faisait et nul ne pouvait le suivre. Cela sur le plat. On a supposé, avec sa curieuse position de pistard, qu'il serait en difficulté dans les cols. Or il a grimpé plus vite encore ! »

Le Giro 1950, dans l'esprit de la plupart des Français, c'était la chute de Coppi et sa fracture du fémur. De toute évidence, ce jeune Suisse avait profité de cette circonstance favorable. On avait négligé le fait que Coppi, au moment de sa chute, comptait 3 mn 59 s de retard sur Koblet. Les eût-il reprises dans les étapes des Dolomites ? On ne le saura jamais. Comme on ne saura jamais, quelle eût été sa réplique, en possession de tous ses moyens, dans le Tour de France 1951. Mais les réponses personnelles de Koblet ont plongé le monde cycliste dans une stupeur admirative.

« Il détenait une telle forme que nous ne lui posions pas de problèmes, estime Lucien Lazaridès. Il aurait pu gagner aussi bien avec une jambe attachée au cadre. Mais cette supériorité, il ne l'étalait jamais insolemment, il n'était que gentillesse. »

« Cela fait beaucoup d'efforts pour un mince bénéfice, commentait Jean Bidot directeur technique des Français, Koblet finira par payer. » C'était son rôle à l'ami Jean d'essayer de remonter le moral de ses troupes. De même Karel Steyaert, augure et doyen des journalistes belges qui clamait : « C'est de l'inconscience ! »

Inconscient, Hugo ne l'était assurément pas, mais la nature l'avait doté d'un calme extraordinaire. Il restait imperturbable et décontracté en toute circonstance. C'est simple, il donnait l'impression d'être en vacances sur ce Tour. Une heure après son exploit de Brive-Agen, il écoutait des disques de musique « sweet » dans sa chambre. La veille de la journée de repos à Limoges, il exprime de désir de manger de la langouste ! Pas très indiqué pour un coureur, n'est-ce pas ... J'essaie de l'en dissuader. « Aujourd'hui tout est permis », oppose-t-il dans un sourire désarmant ... Et toute l'équipe suisse, pour ne pas faire de jaloux, a dégusté des langoustes à s'en faire péter la sous-ventrière. Une nuit il me réveille. Etait-ce, comme Kubler, pour me faire part de quelque souci d'ordre technique ou matériel ? Pas du tout, il avait faim, simplement, et envie d'un poulet en gelée. L'ayant commandé et consommé, il se rendormit d'un sommeil paisible. Il n'avait qu'une manie que je ne me suis jamais bien expliquée : il s'asseyait toujours adossé à une cloison, un peu comme les gangsters qui craignent un coup de traîtrise d'un clan rival alors qu'il était, dans la vie, sans méfiance aucune contre qui que ce soit. Sous son apparence décontractée je savais qu'il craignait un homme, Coppi. Il avait crevé à deux reprises dans l'étape de Clermont-Ferrand et m'avait avoué alors que son seul sujet d'inquiétude était le nombre de secondes qu'il risquait de perdre sur Coppi. Les magnifiques estocades de Geminiani, vainqueur ce jour-là, ou la hargne de Robic ne semblaient pas le toucher. Dès qu'on parlait de Coppi, c'était autre chose.

Ils ont eu enfin leur affrontement dans la 14e étape Tarbes-Luchon. Coppi est passé premier au sommet du Tourmalet mais Hugo l'a battu au sprint à Luchon. Tout était facile pour Hugo en état de grâce. Fausto avait jeté ses ultimes réserves dans le combat. Diminué moralement par la mort récente de son frère Serse, assommé de chaleur, il s'effondrait complètement dans la 16e étape, Carcassonne-Montpellier,

Gentleman Koblet, et non cabotin. Le coup de peigne à l'arrivée ne relevait pas de l'affectation mais d'un souci de présentation. Hugo et son frère Adolf, de cinq ans son aîné, devaient cette parfaite éducation à leur mère, veuve depuis 1934 (Hugo avait alors 9 ans), leur père étant décédé au terme d'une longue maladie. La maman eut certes quelque indulgence pour le plus jeune de ses fils, plus fin et plus enjôleur, mais elle ne s'en montra pas moins ferme et clairvoyante. Hugo eut sa première manifestation d'indépendance à 16 ans quand on le mit en apprentissage à la boulangerie familiale. Il ne lui eût pas déplu de se consacrer aux travaux d'art de la pâtisserie, d'improviser hardiment des formules nouvelles de crème fouettée ou de pièces montées mais il ne fut chargé que des travaux secondaires et grossiers. Dégoûté, il décréta qu'il préférait travailler en usine. Trois ans plus tard, il ressortait des établissements « Belmag » avec un diplôme d'orfèvre.

A 16 ans, il avait également commencé la pratique de la bicyclette après avoir lié connaissance avec Léo Amberg, gloire zurichoise, 3e du Tour de France en 1937 et qui tenait un magasin de cycles à Zurich. Amberg devait être avec son beau-frère Hans Martin, autre ancien coureur, le premier conseiller d'Hugo licencié au grand club cycliste zurichois, le R.V.Z. (Radfahrer Verein Zurich). Mme Koblet mère et le grand frère Adolf avaient d'abord désapprouvé ce penchant. La première breloque gagnée, le 5 mai 1943, avait suffi à faire leur conquête.

Zurich possède un magnifique vélodrome d'hiver dans le quartier d'Oerlikon, et beaucoup de jeunes cyclistes zurichois sont attirés vers la piste ... ce qui ne risque pas, hélas, d'être le cas des débutants parisiens de nos jours. Koblet pistard développait rapidement ses qualités de rouleur poursuiteur. Il était engagé à plusieurs reprises à Paris et c'est même sur la piste du vel' d'hiv' de la rue Nélaton qu'il disputa sa première course de professionnel à la fin de 1945 : une poursuite (qu'il perdit de 65 m) contre la terreur de cette discipline : « King-Kong » Blanchet. Dans ces poursuites, Koblet prit le goût des grandes échappées solitaires sur la route. Il devait s'épanouir, comme routier, dans sa rivalité avec Ferdi Kubler. Que de passes d'armes épiques entre eux, dans le Tour de Romandie et le Tour de Suisse notamment. Ferdi sur des charbons ardents; Hugo ironique et maître de lui, conseillant au départ : « Serre bien tes courroies de cale-pied, Ferdi, aujourd'hui je vais démarrer dans tel col et te lâcher ! » La guerre des nerfs toujours.

Après le triomphe de 1951 la suite allait être bien moins heureuse pour Hugo Koblet et dans le Tour de France. Souffrant d'une inflammation rénale, il doit y renoncer en 1952. Il est victime, en 1953, d'une chute dans la descente du col de Soulor, chute qui aurait pu avoir des conséquences graves, la fin de sa carrière peut-être, sans l'intervention rapide de son ami médecin zurichois le docteur Eugène Rupf. Hugo avait attaqué assez imprudemment pour faire échec à Robic et il avait essuyé une défaillance au sommet du col :

« Mais ce ne fut pas la cause de sa chute, affirme Alex Burtin avec force. En vérité il est tombé parce que la route était trop bonne ! Les cyclistes comprendront ce que je veux dire : en descente, il faut être extrêmement concentré après les efforts des montées. Si la route avait été mauvaise, Koblet ne l'aurait pas perdue un instant des yeux, mais dans un virage apparemment facile, il dérapa et tomba. J'arrivai aussitôt auprès de lui, une vingtaine de mètres en contre-bas de la route, dans le ravin, et le relevai ensanglanté. S'il n'était tombé sur le dos, et sur ses boyaux, enroulés autour du buste, il se brisait la colonne vertébrale. Il ouvrit les yeux et vit Marcel Huber, son lieutenant, qui pleurait à chaudes larmes : « Va retrouver Fritz Schaër, lui dit-il, sinon je remonte à vélo. » Il avait compris qu'il ne pourrait continuer, il transmettait le relais et Schaër nous a gagné, cette année-là, le classement du maillot vert par points. »

En 1954 Koblet et Kubler, les deux K, sont réunis pour la première fois dans l'équipe suisse du Tour de France malgré une expérience d'association malheureuse dans le récent Giro. Hugo, naturellement, tire le premier. Il est 3e du classement général après neuf étapes, à Bordeaux, à 17 s de Louison Bobet, le maillot jaune étant à ce moment le Hollandais Wout Wagtmans. Mais Hugo est pris dans une chute collective au cours de l'étape Bordeaux-Bayonne. Couvert de plaies qui l'empêchent de dormir et lui font endurer un calvaire sur le vélo, il poursuit sa route. Une nouvelle chute dans les Pyrénées et il ne peut humainement aller plus loin. Hugo Koblet avait toujours l'audace et le panache, mais il n'était plus visité par la grâce comme en 1951.

Pour tous, cependant, il restait le « pédaleur de charme », ainsi que l'avait baptisé le chansonnier Jacques Grello suiveur passionné du Tour. Jacques Goddet a donné une définition plus technique du style de Koblet :

« Enthousiasmante vision ! Elancé mais solide, la taille marquée, la tête dégagée; les jambes, des cuisses aux chevilles, très rapprochées, faisant corps avec le cadre du vélo, les mains jointes sur les cocottes de frein ou posées bas sur les poignées en roulant au train. Totale décontraction. Une merveille imperceptiblement altérée par une « coquetterie » dans le coude gauche, un peu dévié, après lequel les lunettes accrochées rappelaient les habitudes du skieur. »

Et pourtant Hugo, sur le vélo, souffrait autant que les autres. Mais il mettait un point d'honneur à n'en rien laisser paraître, appliquant sans le savoir la formule de Jean Cocteau : « Puisque tout effort visible manque de style, notre travail doit toujours effacer notre travail et n'afficher jamais la grimace dénonciatrice des efforts qu'il nous coûte. »

De l'élégance en toute chose était la devise d'Hugo Koblet.

« Son charme et sa distinction provoquaient de solides jalousies, c'est humain, constate Alex Burtin. Il avait été invité au Mexique, en 1951, après le Tour, pour une série de festivités et réjouissances. Il avait ressenti, au retour, des douleurs aux reins qui revenaient périodiquement. Souvenez-vous de tous les ragots qui ont pu circuler à ce sujet... Tenez, dans cette étape Brive-Agen 1951, a-t-il voulu se prouver à lui-même que son mal, décelé la veille, n'était pas grave et en accélérer la guérison par un effort violent qui déciderait plus tôt des délicates opérations à faire fort probablement ? A-t-il voulu faire une démonstration spectaculaire pour impressionner ses adversaires ? Peut-être, mais je sais surtout qu'il avait été profondément touché par certaines rumeurs concernant sa vie privée et qu'il voulait en faire justice sur le terrain. »

Et oui, comme le souligne Alex Burtin, tout cela est bien misérablement humain. Joli garçon, Hugo Koblet, et séduisant. Mais était-il séducteur ?

« Au départ d'une étape dans ce Tour 1951, se souvient Lucien Lazaridès, ce cancanier de Raoul Rémy nous avait sussuré qu'Hugo aurait, la nuit même, honoré une dame de ses faveurs : « Il aura les jambes en coton, attaquons-le ! » avait-il conclu. Nous avons attaqué... et Hugo nous a contrés tout de suite. Il était frais comme un gardon ! »

En ce qui nous concerne, nous aurions eu peine à croire Raoul Rémy. Il est bien vrai que le coureur cycliste, homme rude et pressé, ne déteste pas de faire une cour à la hussarde. Mais cela ne ressemblait pas à Hugo Koblet. Pas du tout. La bonne éducation toujours. Il était pour l'envoi de fleurs, l'invitation dans les règles, caviar et champagne, après un temps raisonnable de badinage. Mais autant en emportait le vent des contrats ! Aujourd'hui à Fribourg, demain à Carcassonne et le jour suivant à Bayonne. Il est beaucoup de fleurs sur sa route qu'il n'eut pas le temps de cueillir ...

Hugo épousait en 1952 une jolie présentatrice de modes, Sonja, une compatriote originaire de Schafhouse. Il avait, jusque-là, vécu chez sa mère. Mais on murmure qu'il connut un grand amour malheureux, une mystérieuse personne qui résidait à Vienne en Autriche. Retiré des compétitions, il eut une fin tragique, se tuant dans un accident d'automobile le 6 novembre 1964.

Hugo Koblet, le « pédaleur de charme », aura été le dernier romantique des pelotons.

1953 - 1954 - 1955

LOUISON BOBET

L'orgueil exaltant

Louison Bobet aura été le pionnier de la thalassothérapie en France, ce traitement régénérateur à base d'algues. Il a créé le premier centre moderne à Quiberon. D'autres ont suivi. La réussite de l'homme d'affaires ferait presque oublier celle du champion cycliste, trois fois vainqueur du Tour de France. Louison Bobet est resté fidèle à lui-même : en toute chose être le meilleur. Avec du style et de la classe. Il pourrait poser, en gravure de mode, pour symboliser le P.D.G. moderne qui réfute la bedaine confortable du quinquagénaire, le cigare « barreau de chaise » et tout autre signe de prospérité ostentatoire. Il n'a pas attendu la vague écologique et la mode du jogging pour entretenir sa forme physique en pratiquant le tennis et le vélo régulièrement, 70 à 80 km le dimanche matin avec Frère Jean.

Pas un instant, Louison ne relâche sa discipline, ni ses activités multiples et soyez assurés qu'il doit connaître les mêmes drames de conscience qu'à 20 ou 25 ans devant une assiette de frites et une chope de bière. Bien agréable au palais, tout cela, mais désastreux pour la forme. Louison s'interroge, hésite et se torture : « On commence par une frite et tout le plat finit par y passer ! »... Et il repousse, avec un soupir à fendre l'âme, l'assiette et la chope. Les petites victoires font les grands triomphes.

Il lui arrive, sans doute, d'affronter de rudes jouteurs autour des tables de conseils d'administration. Ne doit-il pas se répéter alors intérieurement, pour se conforter : « Broutilles que tout cela ! Ils ne savent pas ce que c'était que d'affronter Geminiani ou Lauredi au plus fort de leur colère ou de polémiquer avec Robic ! »

A Béziers, par exemple, au soir de la 13e étape, Albi-Béziers, du Tour de France 1953, le vendredi 17 juillet... Cela n'allait pas très fort dans le conseil d'administration de la société « Équipe de France » présidé par le brave Marcel Bidot. Et la table ronde faillit même devenir table retournée ! Parce que, paradoxalement, les actions étaient en hausse. Les nationaux venaient de s'assurer les quatre premières places de l'étape, Jean Robic, le turbulent rival de l'équipe de l'Ouest, victime d'une chute sérieuse, avait perdu 32 mn et il ne pourrait d'ailleurs repartir le lendemain. Louison Bobet était revenu à la troisième place du classement général à 3 mn du leader Jean Malléjac, autre coureur de l'équipe de l'Ouest et le maillot jaune, dans la perspective des grandes étapes des Alpes, paraissait être désormais à sa portée... Tout aurait dû baigner dans l'huile et rien n'allait plus ! constatait Marcel Bidot. C'est qu'il y avait eu un couac, et de taille ! Aux approches de l'arrivée Bobet, le mieux placé au classement général, avait demandé à ses équipiers de l'aider à gagner l'étape pour bénéficier de la minute de bonification. Lauredi était entré le premier sur la piste en cendrée de Sauclières, suivi de Gem, Bobet et Antonin Rolland. Dispositif idéal à la condition que les deux premiers coupent leur effort dans la dernière ligne droite, pour céder la place au troisième.

Sur cette piste dont les virages ne sont pas relevés et sur le sol en cendrée, Bobet n'avait pratiquement aucune chance de remonter de la troisième position. Or Lauredi, subitement devenu sourd, avait continué jusqu'à la ligne, Geminiani dans son sillage. Résultat, Bobet 3e ne bénéficiait d'aucune bonification. « Vous m'avez doublé ! » avait été son cri sitôt descendu de son vélo. Il s'en était pris d'abord à Geminiani qui l'avait envoyé à Lauredi. Marcel Bidot leur avait demandé de se contenir en public et d'attendre d'être rentrés à l'hôtel pour tirer l'affaire au clair.

« Au repas du soir, c'est la soupe à la grimace, évoque le directeur technique de l'équipe de France dans son livre de souvenirs[1]. On

1. *L'Épopée du Tour de France*, par Marcel Bidot (éditions Orban).

devrait sabler le champagne et tout le monde fait la gueule. La soudaine intervention du journaliste André Coste rompt le silence :

– Alors, ce sprint ?...

– Parlons-en, dit Geminiani...

Et l'on en reparle effectivement tandis que Lauredi s'éclipse. Le ton monte, des mots assez durs sont échangés. Raphaël affirme aujourd'hui qu'il a retourné la table et que Louison s'est retrouvé à plat ventre, sa cuiller à la main, nageant dans le potage. Sa version diffère quelque peu de la vérité, mais il est irrésistible quand il raconte cette histoire. Il la raconte d'autant mieux qu'il a fini par se persuader de son authenticité.

En vérité, il y eut surtout l'influence apaisante de Marcel Bidot, homme de bon sens, et la campagne de conditionnement moral du soigneur Raymond Le Bert s'appliquant à rapprocher Louison, dont il était l'homme de confiance, du volcanique Raphaël. On signait un pacte d'union sacrée, tout rentrait dans l'ordre, mais on avait eu chaud !

Et ce fut l'envolée de Louison prenant le maillot jaune dans l'Izoard, au cours de la 18e étape Gap - Briançon, et sa victoire encore dans la 20e étape contre la montre, Lyon - Saint-Etienne. A l'arrivée à Paris, il devançait Jean Malléjac, 2e du classement général, de 14 mn 18 s, et l'Italien Giancarlo Astrus, 3e, de 15 mn 1 s.

Il est permis de rappeler, à propos de Louison Bobet, cette prédestination dont parle Curzio Malaparte. Ecoutons Jean, le petit frère : « A six ans, Louison jouait aux billes. Comme vous, comme moi. A cette différence près que ses billes à lui s'appelaient Leducq, Magne, Speicher et René Vietto. A 22 ans, c'était en 1947, il faisait le Tour de France et son capitaine d'équipe s'appelait René Vietto. Depuis ce jour-là, il vit son rêve. »

Précisons aussi, Frère Jean, qu'il fut durement confronté aux réalités. Il ne fut pas accueilli avec un enthousiasme délirant, c'est le moins que l'on puisse dire, par le « Roi René » et sa cour de sujets azuréens et provençaux. C'était la rencontre de deux générations, de deux caractères totalement opposés.

La cuisine à l'huile contre la cuisine au beurre. On assure d'ailleurs que Louison, en gage d'admiration, s'était présenté à Vietto avec, en offrande (et n'était-ce pas plus appréciable encore dans cet immédiat après-guerre ?), une motte de bon beurre de Bretagne. « Ce n'est guère indiqué dans un régime de coureur cycliste », aurait maugréé le Roi René dans l'une de ses mimiques à la Raimu dont il avait le secret.

En Bretagne, les Jean-Marie Goasmat, Pierre Cogan, Eloi Tassin étaient aussi de la génération de René Vietto et le Tour de France 1947 était gagné par un jeune Breton, Jean Robic. Il allait être bien difficile à Louison Bobet de devenir prophète en son pays. Garçon de bonne éducation, il a horreur de la grossièreté. Ses manières, son langage parfois affecté, agacent. Ce n'est pas le genre dans le monde du vélo, on le voudrait plus spontané, plus expansif.

Et l'on n'aura guère d'indulgence pour lui. En 1947, une brillante victoire dans les Boucles de la Seine lui a valu d'être sélectionné dans l'équipe de France du Tour. Promotion qui fait naître en lui de secrètes espérances. Elles seront anéanties dès les premières étapes par la prise de pouvoir audacieuse de René Vietto entre Lille et Bruxelles. Bobet, qui n'a pas l'âme vassale, souffre, sans oser l'avouer, d'être réduit, d'entrée, au rôle de domestique. La décision d'abandonner s'ancre dans son cœur, mais il n'en fait part à personne. De Bruxelles à Luxembourg, terrible étape de la soif, il retrouve comme compagnon de route, à l'arrière, Lucien Teisseire :

– Alors, Lucien, on s'arrête ? quémande-t-il. A quoi servirait d'aller plus loin puisque nous sommes cuits ?

– Non, Louison, proteste Lucien, tes forces vont revenir. Le Tour, ce n'est pas une course comme les autres. On n'abandonne pas sur un simple coup de pompe.

Mais Louison s'obstine dans ses raisonnements défaitistes... tant et si bien que le bon Lucien, exaspéré, finit par le menacer : « Si tu abandonnes, je te frappe ! »

Louison termina cette étape, alla plus loin. Mais l'idée avait germé. Une chute dans les gorges de Guillestre, après le col de Vars. Il n'y avait pas trop de casse, mais la voiture-ambulance était derrière lui, tentatrice avec sa couchette capitonnée. Louison abandonne... il n'est pas encore mûr moralement, et pas toujours maître de ses nerfs, il a la larme facile.

Son père ayant le même prénom, on a pris l'habitude, dans la famille, d'appeler le fils aîné Louison. Dans les pelotons, il devient la « Bobette », ou « Zonzon ». Avec une pointe de moquerie. Rien de plus faux pourtant. La sensibilité de Louison n'implique pas un manque de caractère, elle est purement nerveuse. Et d'abord il n'a pas été élevé dans du coton. Adolescent, il se levait à 3 heures du matin pour allumer le four et pétrir la pâte dans la boulangerie familiale à Saint-Méen-le-Grand. Le père est un homme rude dans les principes et pourtant proche de ses fils, sportif comme eux, ancien footballeur, mais pour lui compte d'abord le travail. Sur le vélo, Louison est énergique, dur au mal, mais la ligne franchie, il craque parfois sous le coup de la déception et surtout de l'impatience. Il veut se détacher de la masse, *il veut être le premier*.

Il est encore sélectionné dans l'équipe de France en 1948. Encore avec Vietto, Fachleitner, Lucien Teisseire, Apo Lazaridès, ... Robic surgissant en complément après sa victoire de 1947. Louison attaque, prend le maillot jaune en Bretagne, le perd et le reprend au terme de la 6ᵉ étape Bordeaux-Biarritz. Mais il a fait une fausse note. Au cours de l'échappée, il a promis à l'athlétique Edouard Muller, de l'équipe régionale du Nord-Est-Centre : « Roule pour moi, je vais reprendre le maillot jaune et je ne ferai pas le sprint. je te laisserai gagner l'étape. » Mais l'attrait de la minute de bonification a été plus fort, Louison a oublié sa parole (comme le fera Lauredi en 1953 à Béziers...), il a sprinté et gagné l'étape devant Muller furieux et qui ne s'est pas privé de le faire savoir.

On ne mettra pas cette faute sur le compte de sa jeunesse et de l'ambition, elle sera très longtemps reprochée à Louison Bobet. D'autres ne l'avaient-ils donc jamais commise, avant lui, dans la jungle cycliste ? A Marseille, 10ᵉ étape, Louison souffre cruellement d'un furoncle au cou-de-pied. Il est en larmes et parle d'abandonner. Henri Manchon, qui fut le soigneur et l'homme de confiance des frères Pélissier, devenu Manager général du Tour, le remonte. Louison rallie San-Remo, le lendemain, en piteux état... et le surlendemain, littéralement électrisé, il remporte l'étape San-Remo-Cannes en distançant Gino Bartali de plus de 7 mn. Et le voilà qui recommence à rêver ! Mais ce n'est pas encore son heure et il succombera sous les coups de Bartali qui remporte les trois étapes suivantes d'affilée à Briançon, Aix-les-Bains et Lausanne. Louison a lutté jusqu'au bout de ses forces, « à la Bobet », mais était-il bien soutenu ? Alfredo Bindo confiera plus tard à Marcel Bidot (qui n'était pas le directeur technique national en 1948, c'était Maurice Archambaud) : « Si j'avais dirigé Bobet, c'est lui et non Bartali qui aurait gagné ce Tour. » Et Bartali n'a pas démenti.

En 1949, mauvaise année. Louison n'est pas en grande condition physique. Il le sent, il le sait. Peut-être se fut-il récusé... Mais il veut justifier sa réputation naissante. Il part sans grande conviction et abandonne, à bout de ressources, souffrant d'un anthrax à la cuisse, dans l'étape Saint-Sébastien-Pau. Avec lui, quatre autres coureurs : Guy Lapébie, Maurice Diot, Bernard Gauthier et Camille Danguillaume ont déserté ce même jour une équipe de France tristement anarchique sous la direction de Georges Cuvelier, dit « Cucu ». Rappelons que Robert Chapatte fut l'un des rares à surnager, terminant 16e du classement général. Robert pourrait vous en conter sur l'ambiance qui régnait dans l'équipe et sur l'absence de directives... Mais il est bien inégal, n'est-ce pas, cet impétueux Louison Bobet. Super-brillant un jour, et prêt le lendemain à recevoir l'extrême-onction. Impatience et fébrilité, toujours. Et il n'arrivait pas à cerner ce qui lui convenait ou ce qui lui était néfaste. Cela a duré jusqu'à sa rencontre avec Raymond Le Bert, soigneur des footballeurs du Stade Rennais, qui tenait un cabinet de masseur-kinésithérapeute à Saint-Brieuc. Le Bert s'est d'abord appliqué à réparer les dégâts matériels, si l'on peut dire. Chaleureux et persuasif, il a pris un grand ascendant moral sur Louison, contribuant à le conduire jusqu'à sa maturité d'homme et de champion.

Une controverse se prolonge aujourd'hui encore. Bobet a été le produit d'un travail intensif, entend-on répéter, mais ce n'était pas la vraie classe. Comment, alors, a-t-il pu se construire un tel palmarès ? Bobet a gagné de toutes les façons. Sur échappée et au sprint; en montagne et sur le plat; contre la montre et derrière les entraîneurs. Et s'il a échoué trois fois dans Paris-Tours en 1954 (2e derrière Scodeller), en 1956 (3e derrière Bouvet et le Belge Schepens) et en 1957 (de nouveau 2e derrière De Bruyne), il partage ce privilège avec Eddy Merckx.

Louison, indiscutablement, n'avait pas les dons cyclistes exceptionnels de Coppi ou Koblet. C'est un athlète bien proportionné et coordonné (71 kg pour une taille de 1,80 m) sans autre signe distinctif que des jambes un peu fortes. Il eût fait un excellent footballeur professionnel ou un tennisman de haut niveau. A vélo, il avait sûrement besoin de travailler plus que d'autres pour forcer la mécanique, « Papa, je suis un cheval ! » définissait-il plaisamment, voulant entendre par là qu'il avait besoin d'être mené, et de se mener, constamment à la cravache. Il avait tendance à s'attendrir sur lui-même, Raymond Le Bert a su diriger sa gamberge dans le sens de l'exaltation.

La classe, ce n'est pas uniquement le don. Il est nécessaire d'y ajouter la volonté, l'organisation, la rage de vaincre et une certaine faculté de surpassement dans les grandes circonstances. Louison avait tout cela, et le panache en plus. Adepte forcené de la course en tête, payant largement de sa personne, prêt à tout instant à prendre la décision capable d'infléchir la course. Acharné et gagneur : « Quand on tient un adversaire, il faut lui faire sa fête jusqu'au bout », déclarait-il et une telle profession de foi ne vous fait pas que des amis.

En 1951, Louison est fort bien placé dans le Giro, le seul grand tour qui ait réuni, cette année-là, les huit « Grands » de l'époque : Coppi, Bartali, Magni, Koblet, Kubler, Van Steenbergen, Ockers et Bobet. Puis il tombe, sans trop de mal, dans la descente de la Via Opicina sur Trente. Son vélo endommagé, il s'empare en toute hâte de celui d'un de ses équipiers, ce qui était interdit par le règlement; 5 mn de pénalisation lui retirent toute chance au classement général. Durant la journée de repos à Trente, il parle d'abandon, air connu. Et puis un beau désespoir le secourut sous la forme d'un appel au drapeau. Louison portait jusque-là un maillot de la marque Bottecchia qui l'équipait sur ce Giro. Il décidait, le surlendemain, de mettre son maillot de champion de France et gagnait la grande étape des Dolomites, à Cortina d'Ampezzo, après un numéro éblouissant avec Fausto Coppi, le campionissimo qu'il admirait et dont il s'est beaucoup inspiré.

Car Louison a cela encore d'être un brin cocardier. Savez-vous quel est l'un des regrets de sa carrière ? Le Tour de France à fait halte à Colombey-les-Deux-Eglises en 1960 et le général de Gaulle a serré la main de Gastone Nancini maillot jaune.

« Nous étions passés à Colombey-les-Deux-Églises en 1954 déjà, rappelle Louison, mais le général de Gaulle ne s'était pas dérangé. J'aurais été tellement fier de lui serrer la main avec le maillot jaune sur les épaules ! »

Un petit garçon qui n'en finit pas de vivre son rêve, a souligné Jean Bobet.

En 1953, lancé par un admirable équipier, Adolphe Deledda, Louison a porté l'estocade dans l'Izoard, lieu stratégique indiscutablement, mais plus encore, à ses yeux, haut lieu de la légende du Tour. Bobet dans l'Izoard en 1953 comme Henri Pélissier en 1923, voilà qui est exaltant !

En 1948, Louison Bobet maillot jaune avait été le premier à l'attaque dans l'étape Briançon-Aix-les-Bains, pour se venger de l'affront que lui avait infligé Gino Bartali, vainqueur la veille en lui reprenant 18 mn !

« Cela aurait dû le rendre prudent, commente le vieux Gino, or il m'a attaqué dès le départ dans le col du Lautaret. C'était la seule chose à ne pas faire. Il était maillot jaune, c'était donc à moi d'attaquer, à lui de défendre. Je l'ai rejoint au sommet du Galibier, dans la neige. J'ai senti qu'il avait usé toutes ses forces, je ne pouvais plus perdre. Je l'ai lâché un peu plus loin dans le col de Porte, à 60 km d'Aix-les-Bains et il a capitulé, c'était fatal. Héroïque et présomptueux à la fois, il avait refusé systématiquement de faire son apprentissage de la course par étapes. Il pensait réellement que son inspiration, au fil des kilomètres, pouvait tenir en échec des efforts bien calculés pour vingt et un jours de course. C'était une grave erreur. »

Etait-il assagi, Louison, en 1951 ? Il était inscrit parmi les favoris après avoir gagné Milan-San Remo, le Critérium national, sans compter quelques succès annexes à Oran, au Locle, en Suisse, à Pleurtuit. Il ne devait qu'à une crevaison d'échouer à la 2e place de Paris-Roubaix derrière la locomotive Antonio Bevilacqua. Mais au bout de cette série, le Tour était de trop, Louison craquait encore et ne se classait que 20e. En fin de saison, il enlevait le Tour de Lombardie et l'on porta le même jugement : « Grand champion de classiques d'un jour, Louison, mais trop nerveux, trop instable pour une course de longue durée et il ne gagnera jamais le Tour de France. »

En 1952, il s'était abstenu. En 1953, il prenait le départ pour la sixième fois. Il venait d'abandonner, discrètement, dans la dernière étape du Giro. Depuis deux ans, une induration à la selle, contractée dans les Six Jours de Paris, ne cessait de s'aggraver. Louison devait utiliser des cuissards spécialement conçus par le grand spécialiste milanais en équipements cyclistes, Armando Castelli. Il se soumettait à des soins constants pour obturer la plaie et l'on imagine quelles étaient ses souffrances en course. Il décidait de prendre le départ après avoir longuement hésité, mais le doute était dans tous les esprits. Et Raphaël Geminiani, porteur du maillot de champion de France, ne faisait pas de mystère de ses légitimes ambitions personnelles.

On sait comment les choses allaient tourner. Koblet qui tombe dans les Pyrénées, puis Robic après avoir fait cent misères à la « bande à Bidot ». La fière réplique d'Albi-Béziers, la soirée tumultueuse et le pacte qui en résulte. Le tandem Bobet-Geminiani était constitué, pour le meilleur et pour le pire. La grande gueule et l'énorme vitalité épicurienne de Raphaël allaient faire contrepoids au côté solennel de Louison et à son esprit tourmenté. Dans les moments de découragement, le « Grand Fusil » le fustigeait à coups de sarcasmes. Et il arrivait même à le détendre en soulignant qu'être coureur cycliste, ce n'est tout de même pas entrer dans les ordres. Mais à l'heure du combat, il était à son côté avec toute son énergie tonitruante.

1953 était l'année de l'accomplissement : Bobet prouvait enfin à tous qu'il était de la race des grands vainqueurs du Tour. Les doutes levés, 1954, allait être l'année de la plénitude.

Les deux champions suisses Koblet et Kubler sont pour la première fois ensemble au départ avec, de surcroît, pour équipier l'obstiné Fritz Schaer et l'harmonieux Carlos Clerici qui vient de gagner le Giro... sous l'aile protectrice de Koblet. Mais Hugo a reproché son abandon à Ferdi et il s'est fait tirer l'oreille pour l'accepter à son côté dans le Tour.

Or Kubler perd plus de 8 mn, sur crevaison, dès la première étape Amsterdam-Anvers. Pour prouver sa bonne volonté, il emmène le sprint à Hugo à l'arrivée de la 2ᵉ étape, Anvers-Lille... et c'est Louison qui l'emporte ! Il prend le maillot jaune au terme de la demi-étape par équipes sur le circuit des Essarts, mais les Suisses continuent d'exercer une formidable pression offensive. Dans la côte de Morlaix, au cours de la 6e étape Saint-Brieuc-Brest, Louison distancé trouve providentiellement à son côté un petit régional encore inconnu, Louis Bergaud, dit « Lili » de Mauriac qui deviendra, après cet exploit, l'idole de tous les bougnats de Paris, les Jourde, les Besse, les Vidal et les Bonnet... Un régional encore, et de petite taille, le Nancéien Gilbert Bauvin se distinguait dans la très dure 12e étape Pau-Luchon (et il l'avait déjà emporté à Bayonne).

Devenu maillot jaune, il était proprement exécuté par l'équipe de France dans l'étape Toulouse-Millau. Koblet avait été éliminé sur chute, Bobet dominait définitivement Kubler dans la 18e étape Grenoble-Briançon, le devançant de 1 mn 49 s. Au classement final, Kubler s'inclinait de 5 mn 56 s et Fritz Schaer de 12 mn 32 s. Louison avait eu affaire à une très forte opposition. Isolé parfois, il ne s'était jamais désuni. Son moment le plus difficile s'était situé dans la montée de Peyresourde, un fameux coup de fringale, mais il s'était obstiné, refusant d'être repris par Kubler qu'il venait de distancer.

Il confirmait sa grande condition quelques semaines plus tard en devenant champion du Monde dans la tempête, sur le circuit allemand de Solingen, devant un Suisse encore, Fritz Schaer acharné comme un dogue.

1955, après cette apothéose, allait être l'année du Tour de l'héroïsme.

Louison a gagné le Tour des Flandres, en début de saison, et le Critérium du « Dauphiné Libéré » peu avant le Tour. Il est musculairement intact, la forme est là, mais cette induration qui ne guérit pas, bien au contraire, le rend de plus en plus vulnérable. Il s'efforce de n'en rien laisser paraître, attaque dès le début du Tour, à sa manière habituelle, et gagne la 4e étape Roubaix-Namur, mais à Metz, le lendemain, un équipier tricolore est devenu maillot jaune, le Caladois Antonin Rolland et la règle du jeu exige qu'il soit protégé. Bobet s'en trouve freiné dans ses élans et il commence à gamberger ferme :

« Bobet n'est pas seulement excédé par la physionomie de la course, écrit Marcel Bidot, il est fébrile, il piaffe d'impatience parce qu'il compte toujours (à Thonon-les-Bains, 8e étape) 12 mn de retard sur Antonin Rolland. Son propre équipier, qui récupère à Briançon le maillot jaune perdu la veille au profit de Van Est. Faut-il rappeler que

Louison joue loyalement le jeu ? Je pense qu'il aurait pu distancer Tonin de façon décisive à la faveur des cols alpestres. Or, il n'attaque pas, il reste volontairement en dedans de son action afin de ne pas le mettre en difficulté. S'il tente une percée dans le Mont Ventoux, cette offensive est dirigée d'une part contre Gaul qui a fait un grand numéro dans le Galibier et qui a repris un quart d'heure à tout le monde, d'autre part contre Kubler qui abat l'une de ses dernières cartes. Sur les pentes calcinées du Ventoux, Louison exécute l'un et l'autre. »

Antonin Rolland tiendra encore jusqu'à la 13e étape, Toulouse-Saint-Gaudens. Charly Gaul a attaqué, Bobet a bien été obligé de le suivre, Rolland n'a pu le faire, il avait atteint ses limites.

Revenons en arrière, rappelons une péripétie du Tour 1952. Dans la 9e étape, Mulhouse-Lausanne, le très dévoué Andrea Carrea, « gregario » de Coppi, avait suivi une échappée, en service commandé, pour la contrôler et... il apprit avec stupéfaction à l'arrivée qu'il prenait le maillot jaune ! Promotion qui n'était pas de mise dans la course dite à l'italienne et qui risquait de lui valoir le peloton d'exécution. Il s'empressa de s'en excuser humblement auprès de son vénéré campionissimo. La course à la française, plus libérale, prétend préserver les chances de chacun mais elle peut aboutir, on vient de le voir, à une tactique paralysante. Or la course finit généralement, dans ses points forts, par rétablir l'échelle des valeurs, mais il peut être déprimant d'être ainsi remis en cause par ses pairs. Louison Bobet n'a gagné Milan-San Remo que grâce à Pierre Barbotin, insinuait-on déjà en 1951. Dans le Critérium national, quelques jours plus tard, tous deux sont encore seuls en tête et Louison veut céder le tour à Pierrot... mais celui-ci dérape au moment d'aborder le tunnel d'entrée sur la piste du Parc des Princes... Et Louison est obligé, encore ! de gagner. Prédestination, dirait Curzio Malaparte.

1955 a marqué l'apogée de Bobet dans la Tour de France. Il ne pouvait plus différer une intervention chirurgicale sérieuse pour mettre fin à ses maux. Il a voulu ensuite reprendre un autre rêve : être le premier champion français à gagner le Giro d'Italie. Il délaissait le Tour en 1956.

Un jeune champion sans complexe, Jacques Anquetil, prétendait se dresser sur sa route en 1957. Excédé par les polémiques, Louison se retirait sous sa tente. Mais il n'était plus en position de force quand il consentit à revenir, en 1958.

Louison a connu encore de belles satisfactions en remportant, notamment, Bordeaux-Paris en 1959. Il comptait courir une dernière saison en 1962 et se retirer des compétitions en beauté à 37 ans. Mais le 15 décembre 1961, il était victime, avec son frère Jean, d'un accident de voiture à quelques centaines de mètres de leur domicile alors qu'ils rentraient de Bruxelles. Louison avait le fémur et la cheville fracturés et il mit longtemps à s'en remettre. Pendant 15 mois, il dut utiliser des béquilles. Se retirer des compétitions est une décision bien difficile et parfois douloureuse à prendre pour un champion passionné de son sport comme l'est Bobet. Rien ne dit qu'il n'eût pas décidé de prolonger sa carrière pendant une année après 1962, puis encore une année... Ce malheureux accident lui a peut-être, sur ce point, évité quelques désillusions. Et il a décidé de son orientation future. Le Professeur Judet lui avait conseillé, pour hâter la calcification, un stage rééducatif à Roscoff. Ce fut une révélation pour Louison. En une nuit, il prenait la décision de se lancer dans la thalassothérapie : l'institut de Quiberon allait être créé. C'était le départ d'une immense entreprise à la mesure de ce lutteur, et ce gagneur, qu'a toujours été Louison Bobet.

1956

ROGER WALKOWIAK

Eh oui, Walkowiak !

Au prestigieux Louison Bobet va succéder, en 1956, le vainqueur le plus surprenant, le plus incongru, le plus inattendu, le plus déconcertant, le plus bizarre, le plus inconcevable : Roger Walkowiak, 29 ans, dossard numéro 80, de l'équipe du Nord-Est-Centre.

«Walko» eût atteint au P.M.U. une cote phénoménale. Il s'était classé 57e du Tour en 1951, 47e en 1953, et il avait abandonné au cours de la 11e étape en 1955. Quatrième participation, il gagne : un bond fantastique, à la Bob Beamon dans le concours de saut en longueur des Jeux Olympiques de 1968 à Mexico !

Le papa de Roger Walkowiak, polonais comme son nom l'indique, est venu se fixer en France en 1923 et il a épousé une Française qui lui donnera deux enfants : un garçon et une fille. Le petit Roger naît à Montluçon, où il habite toujours, le 2 mars 1927. C'est un bon petit garçon avec de bonnes joues rondes, peu bavard et d'un caractère paisible. Il est rentré comme tourneur-ajusteur dans une fabrique de pelles mécaniques après avoir obtenu son C.A.P. Il s'achète un vélo, d'abord, pour des raids de ravitaillement dans les environs, puis il signe une licence de coureur à l'Etoile Sportive de Montluçon en 1944, à 17 ans. Un premier vélo de service lui a été offert par M. Rasteau, constructeur à Culan.

Pour Roger, les saisons ne se ressemblent guère : il obtient 8 victoires en 1949... Mais contracte cinq angines en l'espace de six mois en 1950. Ses résultats régionaux l'encouragent cependant à passer professionnel. En

1952, courant pour Peugeot, il termine 2e du Tour de l'Ouest après avoir gagné une étape. Il eût pu faire mieux. Il était leader du classement le dernier jour mais le vieux Savoyard Paul Giguet, son équipier, a jugé bon, pendant que Walkowiak était surveillé, d'envoyer un autre équipier à l'avant, Ugo Anzile, pour « assurer le coup »... Et c'est Anzile qui a gagné ! On retrouve Walkowiak 2e de Paris-Côte d'Azur 1953, 3e du Tour de l'Ouest 1954 et 2e encore du Critérium du « Dauphiné Libéré ». Devancé, et cela commence à devenir intéressant, par Louison Bobet, lequel lui rend hommage en reconnaissant avoir été mis en difficulté dans la côte de Laffrey.

Roger Walkowiak apparaît donc comme un coureur sans éclat mais aux possibilités intéressantes. Que ne s'exprime-t-il davantage pour se faire connaître ? Il a été affecté, comme l'année précédente, à l'équipe régionale du Nord-Est-Centre dirigée par Sauveur Ducazeaux, un Bayonnais souriant et malicieux établi, depuis de nombreuses années, restaurateur rue du Faubourg Montmartre, à Paris, pas très loin du journal *L'Équipe*. Sauveur a couru le Tour en son temps et même gagné son étape : Perpignan-Luchon en 1936. Il parle vélo entre deux parties de 421, avec bonne humeur et compétence et de nombreux coureurs de province aiment lui rendre visite lors de leurs passages à Paris : Vietto, Cogan, ses contemporains, mais aussi Raphaël Geminiani, Bernard Gauthier, Emile Baffert, Lucien Teisseire, Apo Lazaridès, Nello Lauredi, Adolphe Deledda dont Pierre, le frère, est un barman distingué.

Et Sauveur enrichit son expérience de directeur technique aussi sûrement, et peut-être même plus subtilement, – les conversations de comptoir attirent la confidence – que s'il suivait des courses durant la saison au service d'une marque. Directeur technique d'équipe régionale, il ne lui déplaît pas de jouer quelques bons tours à la « bande à Bidot ». N'est-ce pas dans la tradition ? Et de toute façon les régionaux qui se sont distingués passent généralement en équipe nationale l'année suivante, obligeant Ducazeaux et ses collègues à se mettre de nouveau en quête de chefs de file valables. En 1954, les tricolores durent s'y mettre à plusieurs pour museler Gilbert Bauvin du N.E.C., lisez Nord-Est-Centre. Il est maintenant des leurs.

Dès la première étape, Reims-Liège, de ce Tour 1956, se produisent deux événements importants, à des échelons différents André Darrigade, le sprinter de l'équipe de France, l'emporte et revêt donc le maillot jaune tandis que Federico Bahamontès, le grimpeur espagnol, enregistre un retard appréciable. Bahamontès a peut-être perdu le Tour d'entrée car il n'est pas de ceux qui réagissent contre l'adversité. Darrigade se prend à rêver qu'il peut faire mieux que gagner des étapes au sprint et se met à courir en fonction du maillot jaune. Un maillot bien fuyant car la course, n'étant pas placée sous le contrôle de leaders d'équipe conscients de leurs responsabilités, connaît d'étranges fluctuations. Au profit de ceux que l'on remarque le moins et Walkowiak est du nombre. Deux échappées fleuve se développent au cours des étapes Saint-Malo-Lorient (7e) et Lorient-Angers le lendemain. Walkowiak, ni vu ni connu, est les deux fois dans le wagon, ce qui lui permet d'enregistrer un bénéfice d'une demi-heure sur les principaux favoris : Ockers, Gaul, Bahamontès. Mais Gilbert Bauvin, autre élève de Sauveur Ducazeaux, somme toute, n'a pas été moins astucieux. A Juchon (13e étape), il précède Walkowiak de 1 mn 40 s au classement général. Darrigade est toujours accroché au maillot jaune, mais les tricolores vont connaître une noire malchance au cours de l'étape Luchon-Toulouse. Bauvin tombe dans la descende du col de Latrape et casse sa fourche. Marcel Bidot s'arrête pour le dépanner, Geminiani et Mallejac pour l'attendre. Darrigade, dans le peloton, crève à 7 km de l'arrivée et doit changer de boyau lui-même. La voiture du directeur technique n'était pas encore revenue mais surtout Privat et Forestier, dans le peloton, n'avaient pas vu Darrigade s'arrêter ! C'est le désastre : Bauvin perd 3 mn 46 s et Darrigade 2 mn 14 s. Et Marcel Bidot est accusé d'avoir trahi Darrigade au profit de Bauvin, ce qui n'arrange pas les choses. Pendant ce temps, «Walko» poursuit son chemin. Stan Ockers, leader belge, et Charly Gaul découvrent, un peu tard, qu'ils n'ont pas été assez vigilants dans les étapes de plaine. Et comment savoir si Walko va connaître la défaillance ? La fatigue ne marque pas sur son visage poupin. Il semble indifférent à tout ce qui l'entoure et ne commet pourtant aucune faute. On comprend, au terme de l'étape Turin-Grenoble, gagnée par Gaul, qu'il ne sera plus délogé de sa position. Il n'est que 24e de l'étape contre la montre Saint-Etienne-Lyon (74 km) à 4 mn 40 s de l'Espagnol Miguel Bover vainqueur, et pourtant il gagne le tour ! Avec 2 mn 41 s d'avance sur Bauvin... qui perdit 3 mn 46 s, souvenez-vous, sur son seul accident de Luchon-Toulouse.

Merveilleuse aventure pour Roger Walkowiak accueilli en souverain dans sa cité de Montluçon, terme de la 22e et avant-dernière étape. Il s'était marié, au début de cette année 1956, avec Pierrette, une charmante sténodactylo et la famille allait bientôt s'agrandir. Tout semblait leur sourire. Mais a-t-il de la force de caractère, Walko ? Était-il préparé à cette vertigineuse ascension ? Peu après l'arrivée du Tour, il annonçait à son manager Roger Piel, qui s'occupait de lui depuis ses débuts professionnels, qu'il passait dans l'écurie concurrente, et infiniment plus puissante à l'époque, de Daniel Dousset.

« Erreur ! a soupiré Roger Piel. Ce pauvre Walko ne sait donc pas qu'il vaut mieux être premier dans son village que second dans Rome ? »

Roger Walkowiak devait faire partie de l'équipe de France les deux années suivantes sans arriver à renouveler son exploit de 1956 : il abandonnait en 1957 et se classait 75e en 1958. Et il n'est même plus premier dans son village. Retiré des compétitions, il avait d'abord géré un poste à essence. Il travaillerait aujourd'hui en usine, dit-on, comme traceur aux Forges de Courcelles, dans la zone industrielle de Montluçon.

1957

JACQUES ANQUETIL

Anquetil – acte I.

A 18 ans, il avait déjà gagné les Nations. A 21 ans il battait le record de l'Heure. Un prodige. Jacques Anquetil est né pour monter sur un vélo, comme Marc Spitz pour nager, Mozart jouer du piano ou Einstein jongler avec les équations. Un surdoué. Dominer les autres dans une course était devenu une seconde nature pour le Normand.

Svelte, sa médaille en or porte bonheur autour du cou, il se présenta le cheveu court et les idées bien arrétées au départ de Nantes. Service militaire terminé, Jacques Anquetil avait déjà fait le ménage avant même que le Tour ne commençât !

Avec un aplomb surprenant, une tranquilité d'esprit qui laissait coi, Jacques Anquetil avait tout simplement eu la tête de celui qu'il allait relayer : Louison Bobet.

On sait que le torchon brûlait entre nos deux titans de la route et l'impétueux Jacques Anquetil ne se gêna surtout pas pour jouer les pyromanes en annonçant ouvertement avant le Tour qu'il refuserait de courir en équipe de France aux côtés de Louison Bobet et qu'avec son ami André Darrigade, il préférait se voir enrôler dans une formation, régionale. L'affaire fit grand bruit. A tel point qu'elle franchit les Alpes et parvint aux oreilles « du visé », Louison Bobet, lequel participait au Giro. Touché dans son amour propre, le triple vainqueur du Tour préféra se démettre, laissant le champ libre à son audacieux rival, qui n'avait que 23 ans. Raphael Geminiani raconte :

« Louison était sur les nerfs. Le Giro était très dur. La campagne de presse dont les échos lui parvenaient de France l'excédait. C'est le soir de l'arrivée à Loretto qu'il craqua. Fernand Choiseul le radio reporter d'*Europe n° 1* lui extirpa les mots suivants : « Oui, je renonce au Tour cette année. Que les jeunes qui veulent ma place se débrouillent. »

Alors que Bobet trimait sur les routes d'Italie pour défendre maille après maille une tunique rose qui s'étiolait et allait finir par lui échapper, Marcel Bidot avait les coudées franches pour construire son équipe autour de Jacques Anquetil. C'est ainsi qu'il annonça la couleur : « Voici l'équipe du Tour : Anquetil, Darrigade, Walkowiak, Bauvin, Forestier, François Mahé, Privat, Stablinski... » Ce qui fait huit, il manquait donc deux noms, omis volontairement par le madré directeur. Pas question de Geminiani qui a choisi son camp, il est pour Bobet, ce n'est que plus tard qu'il se liera d'amitié avec Anquetil. Ni d'Antonin Rolland le fidèle compagnon de Bobet. Les deux derniers équipiers de ce qui allait devenir la bande à Anquetil furent Bergaud, dit « la Puce du Cantal » et le rouleur Albert Bouvet, devenu un rouage essentiel de l'actuelle organisation du Tour.

« J'avais remporté Paris-Nice, une épreuve où il s'agit de s'affirmer bon sur tous les terrains, en début de saison, rappelle Anquetil. Je peux dire aujourd'hui que la montagne constituait pour moi un point d'interrogation : comment allais-je la passer ? Tout était là. Après sa 2e place du Tour précédent, Gilbert Bauvin était la valeur sûre pour le classement général avec le vainqueur Roger Walkowiak. Le Tour s'engagea mal pour moi. Je chutai d'entrée de jeu dans la 1re étape Nantes-Granville. Je n'ai pas tardé à rejoindre le peloton. Puis j'ai remporté la 3e étape, j'en étais le régional puisqu'il s'agissait de Caen-Rouen, succès acquis légèrement détaché devant Gay et Nencini. Ce fut le déclic...

» Naturellement, la course a fait que je sois devenu le leader. Sans à-coup, sans problème. Dans les Alpes, je fus le meilleur français et du même coup l'appréhension que je pouvais entretenir avant les hauts sommets s'est estompée.

» Ce Tour fut celui de la chaleur et cela m'a aidé. La pluie et le froid, je n'ai jamais apprécié. J'ai appris à me discipliner en course et à tenir, sous la canicule, avec un seul bidon de thé, toute une étape ! »

Et notre apprenti de haut vol ne peut s'empêcher de rire en rappelant :

« Entre Cannes et Marseille, le goudron fondait, un véritable four, je me suis laissé aller à avaler cinq ou six bières ! J'étais ballonné et dans la montée de l'Espigoulier voilà mon Privat qui accélère et moi qui tire la langue incapable de maintenir son rythme. Je lui crie de mettre le frein mais Nencini a entendu et il a mis la gomme ... Bien sûr, nous l'avons repris, mais cela m'a servi de leçon ! Boire une bière en course ce n'est pas défendu mais il faut produire un effort aussitôt après pour l'éliminer rapidement. »

Puis Jacques Anquetil, avec sa précision d'ingénieur-horloger, dissèque sa course :

« C'est à Charleroi, au terme de la 5e étape, que ma victoire prit forme. Je terminais 2e derrière Gilbert Bauvin et j'endossais mon premier maillot jaune. Les choses devenaient nettes. J'ai perdu le maillot sans que cela me tracasse le moins du monde pour le reprendre à Briançon, avant la mi-course donc, et cette fois je l'ai conservé jusqu'au bout. »

Une explication d'ordre tactique très « anquetilienne » :

– Je ne craignais pas les étrangers. Pour moi, le danger ne pouvait venir que d'un de mes équipiers. Un François Mahé, par exemple, qui était loin au classement mais pouvait fort bien se retrouver dans une échappée qui prenne 20 mn d'avance. Cela sans que Mahé le recherche systématiquement, presque à son insu. C'est pour cela que je roulais toujours avec mes équipiers sur celui des nôtres qui était parti. De cette manière, j'étais certain qu'aucun de mes adversaires ne parviendrait à me fausser nettement compagnie.

Coup d'essai, coup de « Maître-Jacques », le blond Normand relégua son suivant le Belge Marcel Janssens à un quart d'heure, 14 mn 56s, exactement.

Lucidement, froidement, Jacques Anquetil, dirigea la manœuvre. Déjà Napoléon pointait sous Bonaparte.

1958

CHARLY GAUL

Le Grand-Duc solitaire

« Charly Gaul, Le Grimpeur ailé », « L'Ange de la montagne », en aura-t-il inspiré des envolées lyriques. Citons dans le texte :

« Tout séduit en la personne de Gaul, la position, l'harmonie du corps, la finesse des traits. Pas une ride au front, pas un rictus aux lèvres, pas une lueur d'inquiétude dans la faïence des yeux, c'est un Tanagra du vélo. »

Et encore :

« Blond grimpeur ailé au visage d'adolescent, Gaul est un coureur d'une classe vraiment exceptionnelle aux extraordinaires possibilités : on attend de lui d'autres envolées dans les grands cols, terrains sur lesquels il n'a pas de rivaux à sa taille. »

Mais tout cela, notez-le, se rapportait à son apparence physique ou à son style en course. Par contre, peu de détails sur sa vraie personnalité. Charly Gaul aura été l'être le plus secret, le plus fermé qui ait évolué dans nos pelotons. Il semblait fuir délibérément toute tentative d'approche. C'était un solitaire farouche et sans doute l'est-il demeuré.

Solitaire dans l'effort du grimpeur d'abord car il était capable dans son style sautillant, en poussant de minuscules démultiplications, de survoler d'un col à l'autre et de tenir sur toute la distance de l'étape. Combien de raids a-t-il menés ainsi sur les routes de France et celles du Giro ? Thonon-les-Bains-Briançon en 1955, qui en avait porté un rude coup à Bobet; Turin-Grenoble en 1956... il se complaisait aussi, naturellement, dans l'effort solitaire du contre la montre.

Solitaire, ne l'était-il pas encore en sa qualité de citoyen du Grand Duché du Luxembourg où les coureurs cyclistes professionnels ont toujours été rarissimes ? Charly Gaul a débuté dans le Tour de France en 1953, à 21 ans. Et chaque année, selon la formule par équipes nationales, on s'efforçait de construire une sorte de Légion Etrangère à son intention. Des Portugais, tel Barbosa, des Anglais, tel Robinson, des Hollandais, une majorité de Hollandais. Il n'y avait pas forcément d'affinités entre eux et l'on s'est posé la question, souvent : combien Charly Gaul aurait-il gagné de Tours de France si la formule par équipes de marques avait été en vigueur dès 1955 où il se classait, déjà, 3e ? N'a-t-il pas gagné son premier Giro, selon cette formule, dès 1956 ? Mais solitaire, Charly l'est sûrement plus encore par nature : taciturne, irritable avec des éclats de colère froide. En 1957, dans l'étape du Giro sur Brescia, il descend de vélo pour satisfaire un petit besoin derrière un arbre et Bobet et Geminiani en profitent, d'un commun accord, pour lui démarrer sous le nez. Charly Gaul perd le Giro sur ce coup pas très catholique. Et, le soir, il rappelait d'une voix grinçante : « Je suis un ancien boucher et je sais manier un couteau : qu'ils ne me tombent surtout pas sous la main ces deux s... ! »

Sa vengeance devait être, heureusement, moins sanglante mais plus subtile : il aida Gastone Nencini à battre Louison Bobet en lui offrant son sillage protecteur dans les cols. A bon chat, bon rat : Bobet battu pour 19 s, le supplice par l'espérance du chronomètre...

Charly Gaul était-il sensible ? Certains détails autorisent à le penser. Georgette sa blonde épouse suivait le Tour, officieusement, par des chemins détournés, pour le réconforter le soir. Autre trait de caractère : Charly était changeant à un point inimaginable, capable, selon son humeur, de sublimes envolées ou de renoncements irrémédiables. Par temps froids, généralement dans le premier cas, par forte chaleur dans le second. Que dire encore ? Le docteur Plas, lors de l'examen médical avant le départ du Tour 1958, fut absolument effrayé par l'électrocardiogramme de l'ange luxembourgeois : « Il faut empêcher ce gars-là de partir, s'écria-t-il à l'adresse de son confrère le docteur Pierre Dumas. Son cœur bat de façon très anormale. » Le docteur Dumas, qui commençait à avoir une expérience certaine des anomalies cardiaques des coureurs cyclistes, ne se laissa pas influencer : Gaul prit le départ... et gagna.

Le soir de la première étape, à Gand, un autre membre du corps médical, un diététicien français, devait se déclarer effrayé par l'appétit de Charly faisant un sort, sans désemparer, à un chapelet d'œufs durs, trois steacks, plusieurs quartiers de fromage, le tout abondamment arrosé de bière :

« Ce jeune homme est un goinfre, s'était-il écrié avec une sainte indignation. Rien à voir avec la diététique sportive. Il ne finira jamais le Tour. »

Quelques jours plus tard, au Parc des Princes, il devait reconnaître son Pantagruel sous les traits du vainqueur. Charly Gaul n'en disconvenait pas : un solide moral lui donnait un solide appétit et vice-versa. Relation de cause à effet digne d'intéresser un psychologue à défaut d'un diététicien. Charly Gaul était dans d'excellentes dispositions, le 26 juin 1958, à Bruxelles, au départ du Tour.

Il avait eu jusqu'ici comme directeur technique son compatriote et doyen Nicolas Frantz, vainqueur du Tour en 1927 et 1928. Le courant ne passait guère entre eux. Nicolas prétendait user de son droit d'aînesse et le résultat d'une politique d'autorité pontifiante ne pouvait qu'être désastreux avec ce charmant galopin de Charly. A Frantz succédait cette fois un autre ancien coureur luxembourgeois : Jean Goldschmidt, tout en rondeur et en jovialité. Charly se félicitait de cette promotion :

« Je sais que je suis nerveux et parfois irascible, reconnaissait-il, mais Jean Goldschmidt saura laisser passer l'orage car il est amical, intelligent et enthousiaste.

Charly aurait de surcroît pour compagnon de chambre son ami Marcel Ernzer chez lequel il appréciait les mêmes qualités. Son médecin personnel, le docteur Burger, viendrait le contrôler sur plusieurs étapes. Charly se conduisait, en somme, en solitaire organisé. Et il savait qu'il allait pouvoir compter sur de solides mercenaires hollandais comme équipiers. Il avait, enfin, ce que nous appellerons de solides motivations : ses compatriotes lui avaient préféré, comme sportif luxembourgeois de l'année, un athlète, le coureur de demi-fond Josy Barthel et il en avait été mortifié. Les solitaires, généralement orgueilleux, restent fort sensibles à l'opinion des autres. Charly, cette fois, voulait faire oublier son abandon prématuré du Tour 1957, sous un soleil africain brûlant les routes normandes du côté de Caen.

Il venait d'exprimer une condition très satisfaisante dans le Giro. 3e seulement derrière Ercole Baldini et Jean Brankart, mais devant Louison Bobet, ce qui lui avait procuré une douce satisfaction, on l'a vu.

Sérénité assez inattendue donc du côté de Charly Gaul. Agitation, au contraire, dans le camp français. Pour eux le Tour 1958 avait commencé dès le mois de janvier par une ferme déclaration de Jacques Anquetil, fort de sa victoire 1957 : « Je suis prêt à collaborer, en équipe de France, avec Bobet ou Geminiani, mais en aucun cas avec les deux, avait-il posé comme condition à Marcel Bidot. Ils sont bien trop malins pour moi et finiraient par s'entendre sur mon dos ! »

Pourparlers, conciliabules et chassés-croisés se prolongent et se compliquent. Louison Bobet, 33 ans, qui brûle de revenir sur le Tour, finit par s'incliner. Geminiani est jeté par-dessus bord. Il doit s'embarquer sur un autre navire, celui du Nord-Est-Centre, dont le nouveau capitaine sera Adolphe Deledda succédant à Sauveur Ducazeaux. Blessé dans son amour-propre, ulcéré par l'abandon de « Zonzon » qu'il considère comme une trahison, le « Grand Fusil » s'est bientôt ressaisi : il va pouvoir, après tout, former son équipage en accord avec « L'Adolphe » de Vallauris et le façonner à sa guise.

« Les Judas de la "Bande à Bidot" n'auront qu'à bien se tenir, proclame-t-il à tous les échos, ce sera la guerre sans quartiers. »

Etat d'esprit des plus favorables pour... Charly Gaul. Il pourra trouver, selon les circonstances, des alliés dans les rangs de l'équipe de France ou de celle du NEC ! Au besoin ce sont eux qui en trouveront encore d'autres dans d'autres équipes pour contrarier plus encore ceux d'en face.

La première victime, cependant, est... Charly Gaul lui-même, distancé dans la 4e étape Versailles-Caen ! Point d'affolement : « Vous vous êtes donné beaucoup de mal pour me prendre à peine 2 mn, fait-il observer à ses adversaires d'un ton détaché, vous gaspillez vos forces et ces minutes me reviendront au triple de leur valeur ! »

Le premier coup d'estoc sérieux est porté dans l'étape suivante, Caen-Saint-Brieuc. Gem le dirige contre son vieil ex-futur ami Louison Bobet. Il remarque qu'il n'a pas très bonne mine, souffrant de troubles digestifs. Il fait part de cette découverte, discrètement, à Gastone Nencini qui démarre aussitôt entraînant d'autres audacieux dans son sillage. Aux tricolores de la bande à Bidot de mener la chasse pendant que Gem rigole « dans les roulettes ». A peine la jonction effectuée, Gem, tout neuf, bondit comme un diable, entraînant une deuxième vague d'assaut et les tricolores, cette fois, n'ont plus assez de ressources pour riposter. L'Italien Vito Favero, que l'on va apprendre à connaître, gagne l'étape mais Gem a réussi son coup en prenant 10 mn à tous les favoris... Gaul compris. L'ange luxembourgeois, 48 heures plus tard, gagne l'épreuve contre la montre. Sur le circuit de Châteaulin. 7 s d'avance seulement sur Anquetil, mais l'important est de lui avoir porté un coup au moral. A Pau, au terme de la 13e étape, Geminiani prend le maillot jaune et annonce qu'il le défendra avec becs et ongles... sans compter le plastic de ses démarrages. Etape contre la montre (la 17e) sur les pentes du Mont Ventoux brûlées de soleil. Festival de grimpeurs et Charly Gaul l'emporte devant Bahamontès et Jean Dotto. Anquetil a perdu 5 mn 9 s, Bobet 5 mn 54 s, Geminiani plus encore : 6 mn 1 s et Gaul s'est rapproché à 3 mn 43 s de lui au classement général. Il n'importe, Gem va porter son coup favori qui consiste à attaquer le lendemain d'une épreuve contre la montre alors que les jambes des spécialistes sont encore raides de l'effort sur le « grand couteau », lisez le grand braquet. Nencini, Geminiani, Anquetil (pour une fois vigilant) sont devant et ils se classeront dans cet ordre à Gap (18e étape). Bobet piégé réussit à se débarrasser de Gaul et à limiter son retard. Charly a perdu II mn. Geminiani avait-il dit vrai : les jambes raides, ou bien était-ce l'effet de surprise ? Gaul avance une autre raison : son vélo a été saboté, tous les écrous du double plateau desserrés, sans doute pendant la nuit. Mais il ne parle plus de sortir le couteau de boucher, l'ange blond. Sa vengeance, comme sur la route du Giro, sera moins sanguinaire mais non moins efficace. Le froid, la brume, la neige fondue sont ses alliés sur la route de Briançon à Aix-les-Bains où il conduit une échappée solitaire de 110 km. Asphyxié, grelottant, épuisé, Geminiani subit sa punition... et il n'est pas le seul. Le maillot jaune, à l'arrivée, passe de ses épaules sur celles de Vito Favero mais ce n'est pas le plus terrible. Gaul s'est rapproché à 37 s... et il ne lui restera plus qu'à attendre l'étape contre la montre Besançon-Dijon, l'avant dernier jour, pour parachever son œuvre. 3 mn 10 s d'avance sur Favero au classement général final et 3 mn 41 s sur Geminiani. Charly Gaul n'est plus « l'éternel fiancé du Tour », il a même fêté somptueusement les accordailles avec quatre victoires d'étape. Le regretté chansonnier Jacques Grello, qui était allé l'interviewer dans sa chambre d'hôtel, à Dijon, la veille de l'arrivée, nous apporte sa conclusion :

« L'après-midi nous avons revu sur la route ce déconcertant jeune homme, cet adolescent fragile, tout en acier fin, qui ne gagne que lorsque c'est terriblement dur, cet opiniâtre à l'inconstance légendaire, ce frêle dur à cuire qui prétend ne rien voir en course. Malgré l'effort terrible, son œil bleu nous a examinés avec une grande précision. Il nous a reconnus, j'en suis sûr et je me suis senti tout bête d'avoir pris pour de l'apathie ce qui n'était que le silence de la concentration avant l'épreuve.

» Quand on l'interroge, c'est son docteur qui répond. Quand il est heureux jusqu'aux larmes, c'est sa femme qui pleure. Quand il court, c'est Ernzer qui se dope, mais il gagne le Tour lui-même. C'est une occupation suffisamment absorbante pour que nous lui reconnaissions le droit de ne pas aimer la conversation. »

1959

FEDERICO BAHAMONTES

Le Picador fantasque

Raoul Rémy voue une admiration éperdue à Federico Martin Bahamontès et cela mérite explication. Raoul le Marseillais a été lui-même un bon, un excellent routier, coureur de tempérament, équipier efficace, dur à la tâche et prêt aussi à parler rudement dans la moustache des plus grands quand la situation le commandait. «Raoul ? C'était un vrai coureur », admettent avec une sobre déférence les gens du métier. Terrible sur le plat mais affligé d'une faiblesse irrémédiable : la nature ne l'avait, hélas, pas doté du muscle du grimpeur. Que d'ascensions laborieuses pour lui, véritables chemins de croix heureusement surmontés dans la bonne humeur méridionale. Ils s'efforçaient, avec Bernard Gauthier, son semblable sur ces terrains, de se remonter le moral, au départ d'une étape de montagne, avec un arsenal de plaisanteries classiques : «Nous allons nous attacher une corde d'alpiniste autour de la taille pour nous faire tirer » ou bien : « Nous emporterons une lanterne car nous sommes sûrs de rentrer tard dans la nuit. » Tout cela vous explique le culte de Raoul pour Federico. Grâce à lui, il a enfin monté les cols du Tour de France en tête. A la pointe du combat ! Précisons : Bahamontès sur le vélo et Rémy en voiture. Car il était devenu le directeur sportif du « Picador » dans le groupe Margnat.

« J'ai vécu un peu toutes les situations dans le vélo, récapitule Raoul, mais c'est à Federico que je dois mes moments les plus exaltants. »

Et qui mieux que Raoul Rémy pourrait donc définir le fantasque Federico Martin Bahamontès ?

« On m'en avait dit des choses sur lui quand il a signé pour notre groupe Margnat, se souvient-il. Il avait l'étiquette dans le dos : champion d'une classe indiscutable, tout le monde était d'accord sur ce point, et même garçon charmant, mais... capricieux et imprévisible. Le contrarier sur un sujet quelconque, même d'apparence futile, c'était aller vers la catastrophe à coup sûr. Moi, un premier détail me frappe. Le soir, invariablement, il commandait, à l'hôtel, ce qu'il appelle un « bocadillo catalan » qu'il dévorait avec volupté : deux tranches de pain frottées à la tomate avec, au millieu, trois ou quatre tranches de jambon. Le tout abondamment baigné d'huile d'olive. Pour la diététique sportive, chère à Louison Bobet, on pouvait repasser, mais comment le lui faire admettre, il paraissait si heureux ! Alors, j'ai opté pour la solution inverse. Le lendemain, arrivé à l'hôtel, Federico n'a pas eu à réclamer : son étouffe-chrétien catalan trois étoiles était déjà sur la table. C'était moi qui l'avais commandé, épais et juteux à point, exactement comme il l'aime. Il a été surpris d'une telle attention, et conquis. A partir de là j'ai pu me permettre de tout lui demander. Ce fut, entre nous, une complicité, une amitié qui ne s'est plus démentie depuis. »

En 1965, Bahamontès gagnait un Tour du Sud-Est dans lequel la rivalité Anquetil-Poulidor commençait déjà à influencer les « mouvements divers » du peloton.

Cette victoire comblait le groupe Margnat dont le siège est à Marseille. Mais ce fut le chant d'adieu de Federico. Il prit, une fois encore, le départ du Tour de France, Mais ce fut pour lui le Tour de trop. Il avait 37 ans. De tous ses multiples abandons, celui-ci est assurément le seul que l'on puisse comprendre. Le plus célèbre, le plus pittoresque, a été celui de 1957, au cours de l'étape Besançon-Thonon-les-Bains. Une sublime représentation de « Commedia del l'Arte ».

Federico, dès le départ, lâchant le guidon, agite ostensiblement le bras droit. Il s'était plaint de souffrir d'une pointe appendiculaire, on lui avait fait une piqûre et il affirmait qu'elle provoquait une douleur intolérable. Il s'arrête. On lui demande de repartir. On l'en prie, on l'en supplie puis on l'en menace. Luis Puig, son directeur technique de l'équipe d'Espagne (avec lequel il n'est pas dans les meilleurs termes et ceci peut expliquer cela), les mécanos, les officiels de la course, les journalistes suiveurs espagnols. Cela tourne à la litanie style Paul Claudel (dans sa période Pétain) :

« Repars Federico, repars amigo querido.
Repars, Federico hermanito.
Repars pour tes équipiers.
Repars pour Fermina ton épouse chérie.
Repars pour ta mère vénérée.
Repars pour la gloire de la grande Espagne.
Repars pour le général Franco ! »

Mais Federico maintenant est excédé et l'on connaît la richesse du vocabulaire espagnol dans l'invective. Il y eut vraiment ce jour-là, dans le dialogue, une matière... féconde si l'on peut dire et le général Franco même en prit pour son grade.

Federico avait d'abord retiré ses chaussures pour bien marquer sa volonté de ne pas repartir. Puis, devant tant d'insistance, il s'était assis dessus. A la fin, exaspéré, il les lança dans le ravin.

Federico « à côté de ses pompes », selon la terminologie populaire, restait homme libre.

Bahamontès est un pur Tolédan au type méditerranéen prononcé, teint basané, cheveux légèrement crêpés, visage triangulaire d'une grande finesse de traits et de longues mains de pianiste ou de magicien, constamment en mouvement. Prénommé Alejandro sur le registre d'état-civil, il est devenu Federico pour toujours sur les injonctions d'un parrain sourcilleux. Julian, le père, était maçon, Federico, quand il fut en âge de travailler, devint commis sur le marché aux fruits et légumes de Tolède. Il débuta dans le football, jouant indifféremment avant-centre ou gardien de but et son équipe de quartier, le F.C. Solar, ne fut bientôt plus désignée que sous l'appellation d'équipe Bahamontès. Il prélevait discrètement le montant des primes de matches, aussitôt transformé en babioles et sucreries, dans le porte-monnaie maternel. Federico persuada ensuite ses équipiers d'acheter des vieux vélos pour leurs déplacements et c'est ainsi qu'il découvrit sa véritable voie. Avec ses premiers gains de coureur, il montait un modeste magasin de cycles qui lui permit enfin de dédommager, avec intérêts, sa mère de ses larcins de garnement. Federico avait fait la connaissance, sur le marché de Tolède, de Fermina, jeune orpheline opulente à l'œil tendre qui sait aussi devenir sévère. Elle réunissait – et réunit toujours aux yeux de Federico – les grâces diverses de ses trois sœurs, Carmen, Julia et Luisa. Il décida de l'épouser mais il sont restés fiancés pendant huit ans dans la meilleure tradition des romans de chevalerie.

Federico cycliste s'est formé un peu au hasard des épreuves, sans véritable conseiller, ce qui peut expliquer bien des lacunes techniques. Quand il fut sélectionné pour un stage au Camp Simplex de Monaco dirigé, au début de 1954, par Charles Pélissier, il était déjà trop tard. Et Federico avait 26 ans quand les foules étonnées le découvrirent dans le Tour de France 1954.

Curieux spécimen de cyclisme ibérique vraiment ! Il arrive seul détaché, avec une avance confortable, au sommet du col de Romeyère, avant Grenoble. Il aborde la descente en roue libre, aperçoit un marchand de glace ambulant sur le bord de la route et saute de vélo pour cueillir le cornet qu'il tenait à la main, dans un geste de seigneur qui exclut toute éventualité de paiement. Apparaissent ses premiers poursuivants. Federico s'accroupit au bord du ruisseau de montagne et projette dans leur direction, en se servant de sa main comme d'une pelle, de grandes giclées d'eau fraîche. Sa glace dégustée, sans se presser, il repart enfin... loin derrière ceux qui l'ont dépassé. « Loco » Federico ? Pas en ligne de chaîne diraient les cyclistes ? Mais non ! Discipliné au contraire, respectant les consignes à la lettre. « Tu cours uniquement pour le Grand Prix de la Montagne, lui avait précisé le directeur technique de l'équipe espagnole. Ne t'occupe pas du reste. » 25e du classement général à Paris, Federico, pour sa première apparition dans le Tour, gagnait bel et bien le Grand Prix de la montagne. Mission accomplie, cornet de glace ou pas. « A mon retour en Espagne, j'ai été accueilli partout comme un héros national ! » évoque-t-il.

La carrière de Bahamontès s'est poursuivie, jusqu'en 1965, avec des hauts et des bas également spectaculaires. Il était, dans la peloton, le « Picador », ou « Fédé ». Il présente bien des points de ressemblance avec le torero El Gallo, surnommé aussi « Le Divin Chauve », gitan superstitieux qui alterna triomphes mémorables et humiliantes « broncas ». Le taureau avait-il son agrément ? Il le travaillait avec un art suprême. Mais avait-il décelé, ou cru déceler une lueur diabolique dans l'œil du fauve... il fuyait à toutes jambes sans aucun souci de sa réputation.

Dans les tournées de criteriums où chacun avait sa voiture, Federico se déplaçait en auto-stop. Il découvrait régulièrement une colonie d'Espagnols, loué soit le ciel quand ils étaient Tolédans de surcroît, rapidement subjugués. Et il s'en trouvait un, régulièrement, volontaire pour le conduire en voiture jusqu'à la ville du criterium du lendemain.

« Fédé » n'avait pas toujours un vélo complet. Il lui manquait un boyau, ou même une roue, mais il trouvait toujours un copain pour le dépanner. L'improvisation dans la fraternité, c'était tout Federico.

Retiré aujourd'hui dans son village varois de Cabasse, restaurateur sur la grand place, Jean Dotto, le grimpeur au style léger, toujours juché sur la pointe de ses pédales comme un moineau sur la branche, n'a pas oublié leurs affrontements :

« Avec Charly Gaul, on ne se voyait pratiquement jamais, dit-il. Quand il faisait chaud j'étais devant et lui derrière, et quand il faisait froid, c'était l'inverse ! Avec Bahamontès, nous avons souvent fait un bout de chemin ensemble dans les cols, mais quand la pente s'élevait au-dessus de 12 %, je n'avais plus droit à la parole, il s'envolait littéralement et c'eût été folie que d'essayer de le suivre. J'en ai fait la cruelle expérience deux ou trois fois. »

Dodelinant de la tête et du buste dans un mouvement pendulaire accéléré parfois jusqu'à la frénésie, Federico semblait moins tirer son vélo qu'être poussé par lui, comme s'il disposait d'un petit moteur caché. On peut supposer que sa force venait du triceps crural extraordinairement développé. Chez aucun autre coureur l'on ne retrouvait une telle excroissance, sur la face postérieure de la cuisse, de la grosseur du poing. C'est une tentative d'explication vaguement scientifique, mais comment savoir avec ce farfelu de Federico ?

« Avec Charly Gaul les rapports étaient plutôt froids, précise encore Jean Dotto. Il ne les recherchait pas, d'ailleurs. Federico, lui, était un chic type. On ne pouvait lui en vouloir, même quand il vous faisait une petite entourloupette. On avait l'impression que c'était involontaire. »

En 1959, à 31 ans. Bahamontès va aborder son 6e Tour de France. Il s'est classé 25e en 1954, 4e en 1956 et 8e en 1958. Il a abondonné en 1955 et 1957.

L'équipe d'Espagne hérite d'un nouveau directeur technique, Dalmatio Langarica, ancien coureur du Tour, succédant à Luis Puig avec lequel Bahamontès n'était pas dans les meilleurs termes. Langarica est basque, comme Jesus Lorono, ennemi juré de Federico et pourtant il n'a pas hésité à déclarer :

« Le plus grand coureur espagnol de tous les temps, c'est Bahamontès ! »

Et il n'a même pas retenu Lorono dans l'équipe nationale du Tour qui sera mise entièrement à la disposition de Bahamontès le Castillan, champion d'Espagne.

Cette prise de position courageuse vaudra à Langarica de recevoir des pavés dans la vitrine de son magasin de cycles à Bilbao et des lettres de menaces, chaque jour, pendant toute la durée du Tour.

La situation n'est pas moins tendue chez les Français. Anquetil a perdu de son crédit après son abandon de l'année précédente. Raphaël Geminiani, inversement, a fait un retour en force et c'est lui, en quelque sorte, qui tient le « dirigeoir ». Son atout, c'est Roger Rivière, son élève qui vient de battre le record de l'Heure et qui est annoncé comme un phénomène supérieur encore à Anquetil. Et Geminiani a rallié à sa cause, également Raymond Le Bert dont les rapports avec Louison Bobet se sont singulièrement refroidis. Entrevues et pourparlers avec Marcel Bidot commencent... dès le nouvel an. Geminiani-Rivière d'un côté; Anquetil-Graczyk (qui a gagné le maillot vert par points en 1958) de l'autre ; Louison Bobet au milieu... Nous vous épargnons les détails des grands élans d'amitié et des petites trahisons. Les intrigues de la Fronde, à côté, ne paraîtraient que jeux d'enfant. Marcel Bidot s'applique inlassablement à recoller les morceaux et le 25 juin 1959, au départ de Mulhouse, est présentée l'une des plus prestigieuses équipes de France de toute l'histoire du Tour.

Louison Bobet, Jacques Anquetil, Raphaël Geminiani, Roger Rivière reconnus comme leaders à égalité. Et huit équipiers de luxe : André Darrigade, Jean Graczyk, Roger Hassenforder, Raymond Mastrotto, Jean Stablinski, René Privat, Pierre Everaert, Robert Cazala.

Pour tous, l'homme à battre sera Charly Gaul, vainqueur en 1958.

Ercole Baldini, leader italien, devrait être dominé dans les épreuves contre la montre par Rivière et Anquetil. Bahamontès ? On ne le craint guère : « Les Espagnols ont l'habitude de se battre eux-même, rappelle-t-on. Douze coureurs, chez eux, cela fait une demi-douzaine d'équipes régionales, mais pas une équipe nationale. »

Or ce sont les Français qui vont courir comme des Espagnols et se battre eux-mêmes !

Pierre Everaert qui fut un équipier loyal et sans détour, disponible pour toutes les tâches, apprécie aujourd'hui la situation avec une philosophie désabusée :

« Nous avions beaucoup d'officiers dans cette équipe de France, et nous n'étions pas nombreux comme soldats ! En plus des quatre leaders, nous avions mission de protéger également Jean Graczyk candidat au maillot vert par points et d'emmener les sprints à Darrigade candidat aux victoires d'étape. Résultat, nous étions mis dans l'obligation de rouler chaque jour, en toute circonstance, quelle que soit notre position dans la course ! Rouler avec celui des leaders qui se trouvait en tête, mais rouler aussi dans le peloton pour réduire l'écart à l'intention des autres leaders et rouler derrière, bien entendu, pour ramener le leader victime d'incident mécanique ou de crevaison. Jamais de répit ! Et je me souviens d'un jour où Darrigade, pris d'une grosse colère méridionale, hurla à Marcel Bidot : « Ce n'est plus possible, on va tous rentrer à la maison ! » Et les rapports à table, le soir, étaient assez drôles. On parlait de tout, la pluie, le beau temps, le cinéma, les filles, de tout sauf de vélo. On n'avait pas l'impression d'être dans le Tour de France ! »

Un autre sujet de préoccupation n'avait pas tardé à surgir. Un gaillard résolu se dressait sur la route des tricolores. Henry Anglade de l'équipe du Centre-Midi dirigée encore par Adolphe Deledda. Juste avant le Tour, Anglade avait réussi une remarquable série : vainqueur du Critérium du « Dauphiné Libéré », 2e du Tour de Suisse et champion de France sur le circuit de Montlhéry. Il trouvait la forme à l'heure H. Malgré le maillot tricolore, Marcel Bidot ne l'avait pas sélectionné en équipe nationale. Il avait déjà ses quatre as et les jeux de cartes n'en comportent pas cinq. Marcel avait pensé que cela simplifierait les choses, ou du moins que ça ne les compliquerait pas davantage et c'était l'inverse qui se produisait. Anglade trouve l'ouverture dans la 7e étape Nantes-La Rochelle et prend 5 mn 8 s d'avance. Les tricolores parviennent à distancer Gaul sous la chaleur de la 13e étape, Albi-Aurillac... mais Bahamontès est toujours là, 3e du sprint derrière Anglade et Anquetil.

Sérieux, prudent Federico. Pas « Picador », pas « loco » pour deux pesetas. Il n'a eu qu'un petit écart, le deuxième jour, dans Metz-Namur. L'athlétique rouleur madrilène, Antonio Suarez, était devant et il lui a couru après ! Guéri de sa « loronite », allait-il contracter une « suarite » et donner raison à ceux qui prétendaient que les Espagnols se battraient eux-mêmes ? Dalmatio Langarica a grondé et Federico n'a plus recommencé.

Vainqueur de l'épreuve contre la montre du Puy-de-Dôme, il rate de 4 s le maillot jaune porté à ce moment par le Belge Jos Hoevenaers. Va-t-il de nouveau croire au destin contraire ? Langarica le secoue : « La mala suerte ? Mais tu ne l'as jamais eue, tu te l'es fabriquée ! »

Et Federico repart au combat. On attend un nouveau numéro de duettistes Gaul-Bahamontès dans la grande étape alpestre, la 18e, Grenoble-Aoste. C'est alors que Federico a son trait de génie. Il attaque la veille, de Saint-Etienne à Grenoble, dans un petit col d'apparence anodine. Son nom ? Romeyère ! Et le « Picador », cette fois, ne s'est pas attardé à sucer une glace. Il l'a même fort bien descendu, ce col, en compagnie de Charly Gaul. Ils arrivent ensemble sur la piste de Grenoble. A Charly Gaul l'étape, mais à Bahamontès le maillot jaune. Bien joué, Anquetil comprend l'erreur des Français... trop tard !

« La course a curieusement tourné, analyse-t-il. Nous étions trop de favoris à nous marquer. Quand l'un de nous démarrait et parvenait à se détacher, tous les autres étaient d'accord, derrière, pour lui courir après. Les batailles se déroulaient sur 300 m et non pas sur 50 ou 70 km de chasse. Tout était fini à peine commencé. Nous nous sommes acharnés contre le seul Gaul qui supportait tout le poids de la course. Il était l'homme à battre : nous l'avons battu dans Albi-Aurillac mais... ce sont les autres qui en ont profité. Les gambades de Bahamontès ne nous inquiétaient pas trop. Il nous a dominé dans les Pyrénées et le Puy-de-Dôme, mais nous avons supposé qu'il faiblirait et disparaîtrait dans les Alpes comme cela lui arrivait régulièrement. Cette fois, nous nous

15. Brive-Agen : l'étape où Hugo Koblet écrivit une des plus belles pages de l'histoire du Tour.

16

16. C'est gagné pour Koblet, il peut s'occuper de son esthétique.
17. Et toujours Robic !
18. Entre Strasbourg et Metz : le Tour 53 semble avoir trouvé « sa voie », à l'image du chauve Fiorenzo Magni !
19. Jean Bidot, le directeur technique de l'équipe nationale en 1950. Le frère cadet de Marcel passe la musette à Bobet.
20. Bobet matraque le Tour dans l'Izoard, dans la fameuse Case-Déserte.

19

20

21. Bobet passe la surmultipliée.

22 et 23. Le triple vainqueur avec ses seconds ; ci-dessus avec « fend-la-bise » (à cause de son profil) alias Ferdi Kubler, et ci-contre en compagnie du Belge Jean Brankart.

24. Bouteille en main Roger Walkowiak et sa femme arrose la victoire avec les Bauvin (Gilbert crane dégarni au premier plan), Marcel Bidot et le Bayonnais Sauveur Ducazeaux, à l'époque restaurateur parisien.

24

26

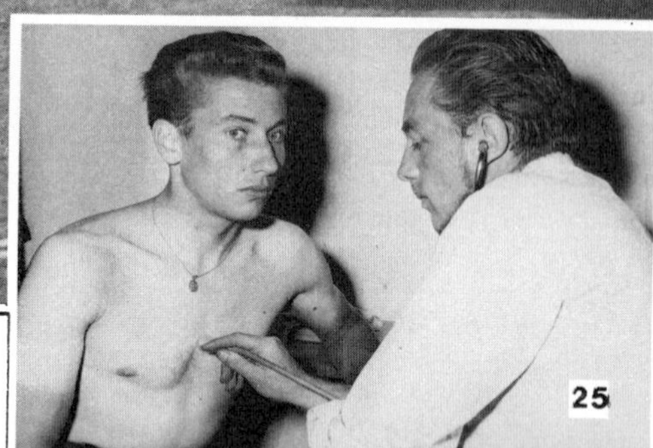

25

25. Le docteur Dumas à Jacques Anquetil : « bon pour le Tour ! »

26. Grande-Première à Rouen devant le public normand : Anquetil s'affirme sur le Tour.

27. La tête appuyée sur ses mains, Anquetil pense « tactique » entouré par ses lieutenants, Stablinski à sa g. et Darrigade à sa dr. Puis à dr. de Darrigade : Albert Bouvet et Marcel Bidot.

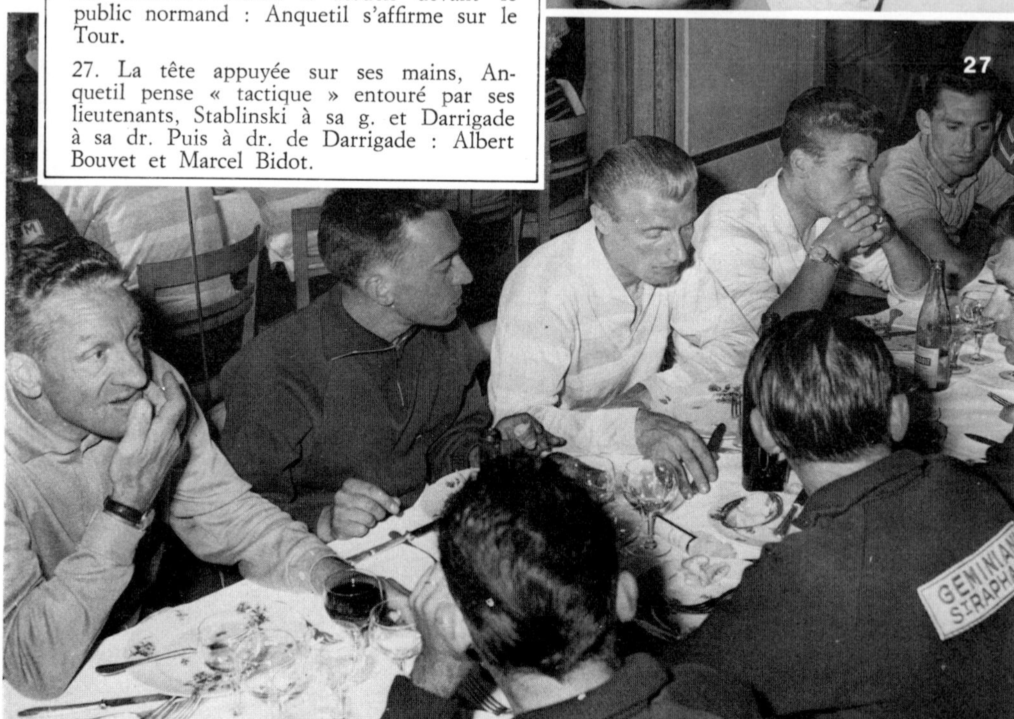

27

28

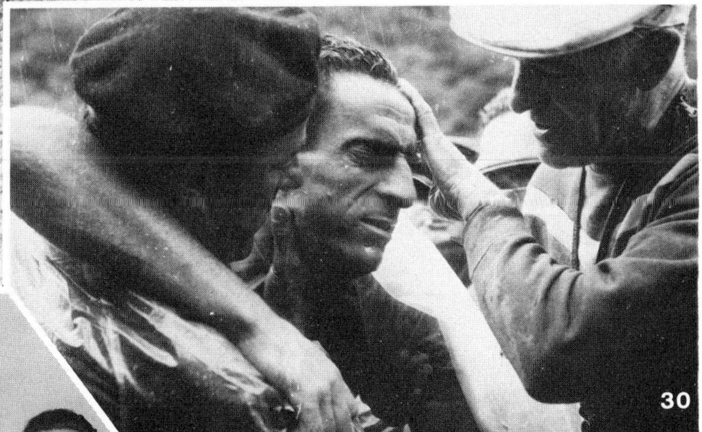

30

29

28. Les deux « super » de la montagne : Gaul et Frédérico Bahamontès.

29 et 30. Le bonheur et la détresse. Ci-contre Geminiani en jaune ; il croit dur comme fer à sa victoire mais le lendemain, le 16 juillet 1958 entre Briançon et Aix-les-Bains dans un froid sinistre, sous la pluie, Gaul renverse la situation et Geminiani n'a plus que les larmes de son corps...

TRICOFILINA
COPPI
SECRETAIRE GENERAL
L'EQUIPE

31. L'Aigle de Tolède dans son numéro de haute voltige.

32. 1959 ; L'équipe de France a quatre têtes (Bobet, Anquetil, Rivière et Geminiani). De g. à dr. : Marcel Bidot (casquette, imperméable), Anquetil, Bobet, Cazala, Darrigade, Evraert, Geminiani, Graczyk, Hassenforder, Mastrotto, Privat, Rivière et Stablinski.

33. On sort l'infortuné Roger Rivière du ravin.

34. Puissant et ramassé sur lui-même : Gastone Nencini.

35. Un mécano en plein effort.

36. « Attention Jacques ! » lance Darrigade à Anquetil, « pas trop de bière... ».

37. Anquetil, Bahamontès et Poulidor roue dans roue en 1963 se retrouveront sur le podium en 1964.

38. Le match !

39. Le baiser des frères-ennemis de l'asphalte !

39

38

40. Le Parc 63 : Van Looy devant Baheyt. Quelques semaines plus tard à Renaix dans le championnat du monde l'ordre sera inversé !

41. Le contre la montre, ce domaine privé de Jacques Anquetil.

42. Antoine Blondin, la Plume d'Or du Tour et Anquetil.

43. Stablinski : — « Entièrement dévoué à vous "Maître Jacques" ! »

44. 10 Tours à eux deux !

43

42

44

45. Félice Gimondi : après le Tour de l'Avenir 64, le Tour 65.

46. Le relais : Lucien Aimar (66) et Roger Pingeon (67).

47. Un grand moment du Tour : Pingeon dans Roubaix-Jambes.

45

46

BP
MICH
PE
GEOT

48. Tentative désespérée du docteur Dumas dans le Ventoux : trop tard pour Tom Simpson !

49. Départ de Carpentras le 14 juillet 1967 : Gimondi, Jacques Goddet, Félix Lévitan, Pingeon et les équipiers britanniques de Tom Simpson, Hoban, Denson et Lewis lui rendent hommage. Le Tour continue...

50. Herman Van Springel et Franco Bitossi : deux figures marquantes du Tour. Van Springel ayant, pour sa part, menacé jusqu'au bout Janssen en 1968.

51. Poulidor hors de combat à Albi (16e étape du Tour 68)... Pingeon en perdra le Tour.

52. Jan Janssen épisodiquement en jaune devant Poulidor, Anquetil et Pingeon. C'était en 1966. Deux ans plus tard il finira avec la tunique d'or sur les épaules.

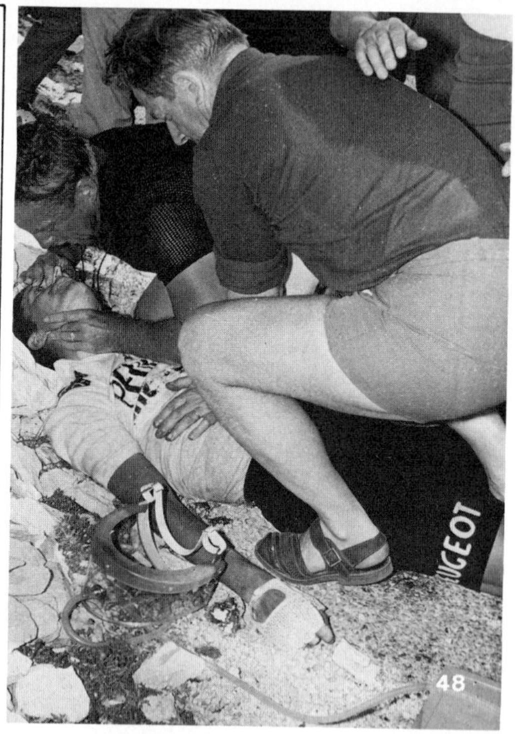

48

49

50

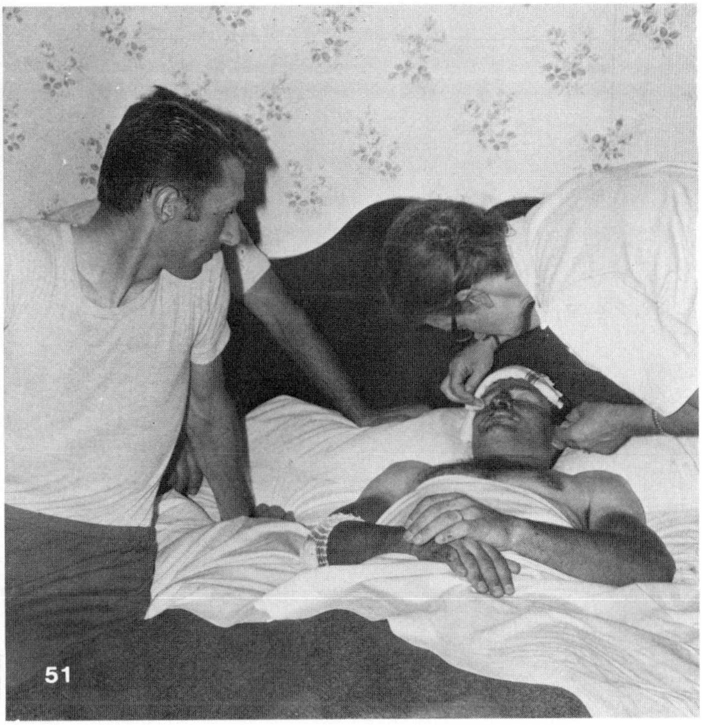

51

52

53. Merckx rattrape Anquetil contre la montre ! Un symbole, un passage de pouvoir. C'était dans la Turbie lors de l'épreuve finale de Paris-Nice le 16 mars 1969.

54. Fringant, presque hautain, Eddy Merckx au départ de son 1er Tour en 1969.

55. Merckx dans sa chevauchée fantastique vers Mourenx.

56. « Monsieur Merckx » achève au sprint « contre-le-chrono » son 1er Tour victorieux dans Créteil-Paris.

56

54

57. C'est Merckx !

58. Le podium du Tour 70. Tout le monde est ravi, au milieu, Merckx vainqueur, Zoetemelk 2e et le Suédois Goasta Petterson (à dr.) 3e.

57

. Vainqueur mais asphyxié au sommet du Ventoux, Merckx cherche de l'air (14e étape du Tour 70).
. Cyrille Guimard fut un danger permanent pour Merckx. Ici à Aix-les-Bains, dans le Tour 72, son
nch a prévalu. Du monde au sprint : 1er Guimard, 2e Merckx, 3e Gimondi, 4e Zoetemelk, 5e Van
ıpe, 6e Agostinho.

61. Ocana écrase le Tour 71 à Orcières-Merlette.

62. Wagtmans le kamikaze des descendeurs a lancé le coup avec Merckx de la contre-offensive sur les routes conduisant à Marseille.

63. Le brutal et dramatique arrêt d'Ocana dans la descente du col de Mente !

64. Durant le Tour 72, Guimard eut des problèmes avec ses genoux. Le docteur Miserez le soigne.

65. Enfin Ocana remporte le Tour 73 ! Il précède ici deux autres vainqueurs : Thévenet et Van Impe.

61

63

62

64

65

66

66. L'échine arrondie, harmonieux, efficace, Ocana, ici dans le contre la montre de Versailles, déferle vers la Cipale.

67. Explication entre grimpeurs espagnols : Ocana et Fuente.

68. Poulidor chute une fois encore entre Bourg-Madame et Luchon. C'est l'abandon (13e étape du Tour 73). Devant, Ocana gagne l'étape.

67

68

sommes trompés. De même, sans sous-estimer Anglade, nous pensions pouvoir lui reprendre 10 mn et ce fut une autre erreur. Nous avions misé sur un Tour de rouleurs et nous avons eu un Tour de grimpeurs. »

Gaul et les Français ont donc perdu le Tour, mais Bahamontès ne l'a pas encore gagné. Son avance de 4 mn 41 s sur Anglade n'apparaît pas insurmontable. La grande étape Grenoble-Aoste commence d'une manière relativement calme. Louison Bobet, sans forces, devenu incapable de suivre, abandonne au sommet de l'Iseran. Conforme à son personnage, il fait ses adieux au Tour un 14 juillet.

Dans la descente du Petit-Saint-Bernard, ravinée, rocailleuse, Federico hésite à prendre des risques. Anglade au contraire, qui venait pourtant de tomber dans la descente du Télégraphe, se lance en véritable kamikaze et parvient à rejoindre un groupe d'attaquants dont Bahamontès s'était peu soucié car ils ne représentaient aucun danger au classement général. Il y a là Charly Gaul, le grand Normand Gérard Saint qui trouvera une fin tragique, un an plus tard, dans un accident de la route, l'Autrichien Adolf Christian et les Italiens Baldini et Gimondi vivement désireux de l'emporter à Saint-Vincent d'Aoste devant leurs compatriotes. Ils apportent, de ce fait, une aide totale à l'entreprise d'Anglade.

Cette fois, Bahamontès s'inquiète, puis panique et perd naturellement encore plus de terrain. Il n'a, à son côté, qu'un seul équipier espagnol, Gomez del Moral. Moment dramatique : Anglade est en train de gagner le Tour de France. L'information court de l'avant vers l'arrière de la course, parvient aux oreilles d'Anquetil et Rivière dans le petit peloton qui s'est reconstitué autour de Bahamontès. Ils ont certes déjà tracé une croix sur le maillot jaune, mais être battus par un autre Français et, qui plus est, un Français d'équipe régionale ? Quel coup porté à leur standing personnel ! Toutes réticences évanouies, ils sont bien vite tombés d'accord pour relancer la chasse. Bahamontès disposait de deux locomotives providentielles sinon désintéressées. Il ne lui restait plus qu'à s'accrocher dans leur sillage. A l'arrivée à Saint-Vincent d'Aoste, Anglade 4e de l'étape derrière Baldini, Gaul et Gérard Saint ne lui avaient repris qu'une cinquantaine de secondes. Bahamontès était sauvé par les Français. Ce n'était pas encore une Europe nouvelle qui s'annonçait, il s'était plutôt agi d'un aspect de la lutte des classes dans le vélo. Voilà pourquoi la victoire de Federico Martin Bahamontès dans ce Tour de France 1959 n'a pas eu tout le panache qui caractérisait généralement ses actions de pointe. Bahamontès devenu prudent, calculateur et même roublard, ce n'était plus tout à fait Bahamontès, ce n'était plus du tout le « Picador ».

Mais, dirait Jean Dotto, comment lui en vouloir ? Sur l'ensemble de sa carrière, sur sa classe naturelle, son nom est tout à fait à sa place au panthéon des vainqueurs du Tour de France.

1960

GASTONE NENCINI

Gino-bis

L'équipe de France avait reçu un accueil bien déplaisant, le dimanche 18 juillet 1959 à l'arrivée du Tour au Parc des Princes. Ils n'étaient plus que six rescapés : Jacques Anquetil 3e et Roger Rivière 4e avaient été copieusement sifflés pendant toute la durée de leur tour d'honneur. Il leur était reproché tous les espoirs qu'ils avaient fait naître et qu'ils n'avaient pas tenus. Le maillot vert du classement par points d'André Darrigade n'avait pas suffi à calmer le mécontentement populaire. On attendait tellement plus de cette équipe si prestigieuse !

Au départ du Tour suivant, le 26 juin 1960, Marcel Bidot, toujours à la barre, est en droit de penser qu'il n'aura pas des problèmes de préséance aussi compliqués. Il ne reste plus qu'un seul de ses quatre as de 1959. Louison Bobet, 35 ans, a définitivement renoncé au Tour. Son vieux compagnon Raphaël Geminiani, même âge, a constaté dans le Critérium du « Dauphiné Libéré » qu'il devait renoncer même aux compétitions après la grave maladie coloniale qu'il avait ramenée de Ouagadougou. Jacques Anquetil, vainqueur du Giro d'Italie, réussissant une fois encore là où Bobet avait échoué, avait choisi sagement de s'abstenir. Roger Rivière aurait donc le champ libre. Il conviendrait cependant de respecter les chances d'Henry Anglade, promu en équipe de France après sa place de deuxième obtenue l'année précédente...

Au soir de la 7e étape, à Lorient, Marcel Bidot ne pouvait plus se faire d'illusions. Il ne pouvait guère que soupirer : « Plus ça change, et plus c'est la même chose ! » Roger Rivière, au cours de cette étape Saint-Malo-

Lorient venait de participer à une brillante échappée de 112 km qui se traduisait par un bénéfice de 14 mn 40 s. Opération apparemment rentable, mais qui avait présenté un grave inconvénient : le maillot jaune, à ce moment, était porté par Henry Anglade. Rivière n'en avait tenu aucun compte, il s'était détaché avec trois coureurs étrangers : l'Italien Gastone Nencini, le Belge Jan Adriaenssens et l'Allemand Hans Junkermann et il avait activement collaboré avec eux, dépossédant, en quelque sorte, Anglade son équipier du maillot jaune pour l'offrir à Adriaenssens, adversaire des Français. Et l'infortuné Marcel, une fois encore, était confronté au problème de la quadrature du cercle pédalant. Anglade ne protestait pas seulement contre cette attaque. Il en venait à se demander s'il n'existait pas, planant sur ce Tour, un chef d'orchestre clandestin, le manager Daniel Dousset pour ne point le nommer, incitant, de la coulisse, les coureurs de son écurie à faire bloc, même s'ils appartenaient officiellement à des équipes rivales, contre lui Henry Anglade. Il constatait qu'ils n'étaient que deux, en équipe de France, avec son ami Robert Cazala, à être sous contrat avec le manager Roger Piel, contre dix montes de l'écurie Dousset, leader Roger Rivière. Et il s'étonnait du parfait accord avec lequel Rivière et Nencini, présumés rivaux, avaient roulé contre lui.

Rivière se contentait de hausser les épaules : « Anglade, opposait-il, a mené aussi une longue échappée le cinquième jour dans Dieppe-Caen. Nous n'avons rien trouvé à redire, c'était son droit le plus absolu et cela lui a valu de prendre le maillot jaune. Mais n'ai-je pas le droit aussi de défendre ma chance ? L'attaque d'aujourd'hui relevait de la logique. Il était prévisible que la fatigue pèserait lourdement sur le peloton après les efforts produits sans relâche depuis une semaine. Le fruit était mûr, nous nous sommes contentés de le cueillir. Et je n'émettrai aucune objection si Anglade décide de reprendre l'offensive demain ou les jours suivants. » Cette dernière phrase décochée sur un ton légèrement moqueur. Que pensait Marcel Bidot intérieurement ? Anglade est un beau champion, sans doute, mais Rivière est un phénomène imbattable dans le contre la montre. Et le phénomène a des chances de vaincre très supérieures. Mais comment proclamer cela et le faire admettre par une opinion sportive éprise d'égalité ? Marcel ne pouvait qu'attendre une démonstration par les faits tout en s'efforçant de calmer les esprits. Son impression semblait se confirmer, Rivière gagnait encore la 11ᵉ étape Mont-de-Marsan-Pau et il prenait de plus en plus d'assurance. Trop peut-être...

Dimanche 10 juillet est courue la 15ᵉ étape Millau-Avignon. Nencini se lance à fond dans la descente du col de Perjuret. Rivière, à quelque distance, veut le suivre. Il rate un virage, donne un coup de frein brutal, sa roue arrière chasse sur les gravillons, Roger heurte violemment une murette de protection en pierre, il bascule et est projeté, avec son vélo, dans le ravin, une dizaine de mètres plus bas... Il gardait toute sa lucidité et gémissait doucement quand on le releva pour l'évacuer en hélicoptère sur l'hôpital de Montpellier. Très gravement atteint à la colonne vertébrale, il ne pourrait plus jamais recourir.

Roger Rivière avait voulu, de toutes ses forces, gagner ce Tour. Il pensait n'être inférieur que sur un point : les descentes de cols et on rapporte une anecdote caractéristique à son sujet. Il remarque, quelques jours avant le Tour, que son épouse avait les deux genoux couronnés : « Je suis en train d'apprendre à monter à vélo, lui avoue-t-elle, confuse, et je suis tombée. » Roger la sermonne alors doucement et lui fait observer : « Tu as pu constater que ce n'était pas si facile que cela de tenir sur un vélo. On prétend que je ne descendrai pas aussi vite que Nencini dans le Tour, eh bien je suis prêt à parier qu'il n'arrivera pas à me lâcher ! »

Roger, dans son orgueil de champion, voulait être le premier sur tous les terrains et peut-être prit-il, dans cette descente de Perjuret, des risques au-dessus de ses capacités. Son allure à vélo dégageait une rare puissance mais manquait aussi d'une certaine souplesse du buste et des bras. Il ressort de son propos que l'homme à surveiller en priorité, pour lui, était Gastone Nencini. Alfredo Binda, directeur technique de la « squadra » marquait pourtant, depuis deux ans, une nette préférence pour Ercole Baldini, le bel athlète de Forli, ancien recordman de l'Heure et vainqueur du Giro 1958. Venu dans le Tour en 1959, Baldini avait craqué, sous la chaleur, au cours de l'étape Albi-Aurillac et sa forme n'était pas apparue des plus brillantes dans ce Tour 1960.

A l'inverse de ce qui se passait en équipe de France, Baldini et Nencini avaient conclu un accord à l'amiable. Toute initiative prise par l'un serait respectée par l'autre. Curieusement, Baldini avait fait cause commune avec Anglade dans l'étape Dieppe-Caen et Nencini avec Rivière dans l'étape Saint-Malo-Lorient. On a déjà vu que la seconde opération était, de loin, la plus rentable : un bénéfice de près d'un quart d'heure qui permettait à Nencini de devenir maillot jaune après la chute tragique de Rivière. Il présentait, à 30 ans, de solides références. Vainqueur du Giro 1957 devant Louison Bobet, il l'eût gagné déjà en 1955 sans une manœuvre « à la limite du hors-jeu » sur une route caillouteuse, dans la dernière étape, du tandem de champions vieillissants Magni-Coppi. Gastone possédait une expérience du Tour supérieure à celle de Baldini. Il s'était classé 6e en 1957 avec deux victoires d'étape : Thonon-les-Bains-Briançon et Saint-Gaudens-Pau et 6e encore en 1958 avec une victoire d'étape dans Carpentras-Gap. Ces victoires, une place de 2e derrière Gaul en 1958, dans l'étape contre la montre Besançon-Dijon, illustrent l'ensemble de ses qualités. Gastone est un champion solide, bon sur tous les terrains sans être vraiment transcendant sur aucun, si ce n'est... les descentes. Sa pointe de vitesse n'est pas extraordinaire mais il devient plus rapide que les autres quand la course est très longue et très dure. Comme Bartali. Comme lui, il est l'homme des températures extrêmes. Ne vous étonnez pas, il est Toscan et Florentin comme Gino, fils de paysans comme lui.

« J'ai grandi, avec mes deux frères, dans la ferme familiale, dit-il. Nous élevons des bêtes, et cela depuis plusieurs générations dans la famille. »

Les deux frères sont toujours à la ferme. Lui, Gastone, a été maçon avant de devenir coureur cycliste. Alfred Binda s'est longtemps étonné que Nencini soit toscan car il n'est ni hâbleur, ni démonstratif. Mais Gastone, s'il parle peu, observe beaucoup. On voit parfois ses yeux se plisser malicieusement sous l'effet d'une pensée intérieure. Gastone juge et soupèse mais... garde ses impressions pour lui. Il avoue avoir aimé surtout, étant enfant... l'école buissonnière. Ce qui ne l'empêche pas d'avoir l'âme artiste. Il s'adonne à la peinture, mais en amateur, et n'aime guère en faire état publiquement. Il aime tout ce qui est beau et apprécie les dames. Sans discours et sans badinage : tout dans le regard. Il fume autant que Bartali et, comme lui encore, apprécie le bon vin, avec une préférence marquée pour le chianti. Même dans le Tour de France, Gastone se débrouillait pour avoir du chianti chaque jour à sa table. Pour fêter les victoires ou noyer les défaites. C'est un énorme mangeur et son régime alimentaire débridé a provoqué des performances inégales qui ne reflètent pas sa valeur réelle. Nencini connut une assez longue période de méforme après sa victoire dans le Giro 1957. Un médecin révéla qu'il avait un foie sensibilisé, ce qui fit beaucoup rire les « tifosi ». Le foie de Gastone n'est ni sensible, ni fragile, il est maltraité ! Nencini a tiré son efficacité de sa force naturelle, de sa formidable santé sans essayer tellement de s'améliorer par une préparation spécifique :

« C'était un coureur très facile à diriger, précise Alfredo Binda... Surtout pour quelqu'un, comme moi, qui avait dû composer si souvent avec des champions aussi sourcilleux que Coppi et Bartali. Avec Gastone, tout était toujours parfait. Je ne l'ai jamais entendu réclamer quoi que ce soit pendant toute la durée du Tour. Il faut dire qu'il était suivi par Signor Giacotto, son patron du groupe Carpano, et par leur médecin. C'était une légère entorse au règlement du Tour, mais du meilleur effet sur le moral de Nencini. »

Coureur fougueux et incisif, Nencini s'était placé dès le premier jour, prenant le maillot jaune... sans être arrivé premier. Il y avait, en effet, deux demi-étapes, Lille-Bruxelles puis une demi-étape en circuit et c'est le classement combiné des deux qui fit de Gastone le premier leader d'un Tour où il devait, d'ailleurs, ne gagner aucune étape.

Mais le fait qu'ils furent si souvent côte à côte dans l'offensive, avec Roger Rivière, démontre qu'ils se tenaient en grande estime réciproque. Gastone Nencini était bien le plus digne de l'emporter après la disparition de Rivière. N'oublions pas que Nencini s'était classé, auparavant, 2e du Giro derrière Jacques Anquetil. Avec un brin de réussite, il aurait pu réaliser le doublé Giro-Tour dans la même année que seul Fausto Coppi avait réalisé, jusque-là, en 1949 et 1952.

1961-1962-1963-1964

JACQUES ANQUETIL

L'orgueil maîtrisé

Anquetil-Poulidor, Poulidor-Anquetil... Les voilà devenus les meilleurs amis du monde ! Souvenez-vous de cette interview sur le petit écran de T.F.1. Ce n'était que sourires et compliments...Séné et rhubarbe. Il ne manquait plus que la tasse de thé et le petit doigt levé pour faire distingué. Finie la bonne vieille rancune d'antan, Maître Jacques ne signait plus furax et il s'en expliquait :

– En dehors de la compétition, je n'avais rien à reprocher à Raymond. J'ai toujours su qu'il était un brave type, je n'ai jamais rien eu contre lui. J'étais contre ce qui se tissait autour de lui et dont il n'était, en définitive, que le prétexte. Il terminait second et on l'applaudissait. Je terminais second et on me sifflait. Cela tournait au catch et j'étais condamné au rôle de méchant. Ce n'était pas juste !

– Certainement pas, intervient Poulidor hilare. Plus tu me faisais des misères et plus je devenais populaire.

Et c'est tout juste si le citoyen de Saint-Léonard-de-Noblat ne précise pas :

– C'est bien toi qui faisais marcher la machine en montrant tes sentiments, en exhalant ta rancœur. Si tu n'en avais rien laissé paraître, il n'y aurait peut-être pas eu de Poupou !

Mais il dit tout haut :

– C'était arrivé à un point tel que mes employeurs du groupe Mercier ne me pressaient même plus de gagner. Ma popularité suffisait à alimenter leur publicité. La victoire ne les intéressait plus tellement.

Mais l'explication de l'employeur, avons-nous pensé, ne serait-elle pas valable aussi pour l'employé ? Inconsciemment peut-être, Poulidor n'en est-il pas arrivé à ce raisonnement : si l'on ne tient pas tellement à ce que je gagne, pourquoi me donnerais-je tellement de mal pour gagner ? Maintenant supposez le contraire : Anquetil à la place de Poulidor, c'est-à-dire le plus souvent second, comment aurait-il affronté une telle situation ? Il est certain qu'elle ne lui eût pas apporté, de toute façon, une popularité comparable à celle de Poupou. Ce n'est pas nouveau, la froideur apparente de Jacques Anquetil décourage l'approche des foules.

Voyez déjà avant la montée de Poulidor. Jacques, malade, n'a pas terminé le Tour 1958. Pas de quartier, les sanctions sont immédiates :

« Tous ceux qui me passaient de la pommade après ma victoire de 1957 m'oubliaient, évoque-t-il. Dans la tournée des critériums d'après-Tour, j'avais carrément été mis à l'écart. On apprend beaucoup de choses dans de pareils moments. A 24 ans, cela fait mal, mais cela durcit le caractère. Mes bons copains d'avant, qui d'ailleurs sont redevenus mes bons copains d'après, – pas besoin de noms, ils se reconnaîtront, – se partageaient le biscuit et moi... ceinture ! J'ai mûri ma revanche. Elle est venue assez rapidement puisque deux mois après je remportais le Grand Prix des Nations puis le Grand Prix de Lugano contre la montre alors qu'on me croyait moribond. Là oui, j'ai jubilé ! »

Puis, en 1959, c'est l'arrivée du Tour au Parc. Anquetil a été sifflé, abondamment, atrocement sifflé, plus que ne le fut Roger Rivière son complice malheureux chez les tricolores. Il a mis longtemps à oublier. En 1960, il a préféré faire l'impasse et aller courir le Giro... qu'il devait gagner. Anquetil premier vainqueur français d'un Giro, ce que Louison Bobet, ce cher Louison, avait vainement tenté de faire. Mais en 1961, Jacques est revenu pour faire un malheur.

« Là, j'en voulais vraiment, confirme-t-il. A 27 ans, j'étais dans ma plénitude. Tout se conjuguait pour me mettre dans un climat favorable. Le Tour partait de chez moi, de Rouen. Stablinski et Darrigade ont attaqué d'entrée, il m'a suffi de les suivre. Versailles, je me suis baladé. Seul Albert Bouvet a réussi à limiter les dégâts mais ceux que je pouvais craindre au classement général étaient loin, très loin. Il y avait quatre côtes et il faisait une chaleur torride, le goudron de la route fondait sous le soleil. Un régal pour moi ! Ensuite, j'ai estimé normal de bloquer la course pour vivre sur mon avance. C'était aux autres d'attaquer. Mes équipiers et moi-même nous n'avions qu'à attendre pour courir les chercher et les faire rentrer dans le rang. L'essentiel, pour ce travail, est de disposer d'équipiers sûrs. Il ne suffit pas, en football, de prendre les onze meilleurs joueurs du monde pour obtenir la meilleure équipe du monde. C'est la même chose en cyclisme. Souvenez-vous du Tour de France 1959. Nous étions quatre leaders : Bobet, Rivière, Geminiani et moi-même. Je n'avais qu'un seul équipier attitré de mon groupe sportif : André Darrigade. Comme cela arrive toujours en pareil cas, il n'y eut aucune entente au sein de l'équipe. Bahamontès l'a emporté et le second, Henry Anglade, était un régional du Centre-Midi, nous nous étions laissé avoir sur toute la ligne ! Ce fut la fin de Louison Bobet dans l'Iseran et ce fut, dans l'ensemble, un fort mauvais Tour. Personne ne marchait vraiment fort. Pas même Federico Bahamontès que j'ai connu dans des périodes de forme très supérieures : en 1963 notamment, alors qu'il avait 35 ans. Une bonne équipe, on peut la former aussi bien dans un groupe sportif que dans une sélection nationale, c'est une question de choix des individus et de dosage. Surtout pas trop de leaders. Un seul, c'est l'idéal. Ma tactique était simple, je faisais en sorte que l'on sente bien que j'étais le patron du peloton. Afin que tout soit net pour tout le monde. Quand un gars de chez nous était dans une échappée, on roulait sur lui; ainsi mes principaux adversaires ne pouvaient pas profiter de la situation pour essayer de me distancer. Interdit de quitter le peloton.

« Pour être le patron, il faut disposer de garçons volontaires pour courir franchement pour vous. Il n'est pas bon d'avoir dans sa propre équipe un gars trop fort sur tous les terrains car il aura tendance à penser à sa propre course. C'est la logique même. Quand je voyais un de mes équipiers s'améliorer au point de devenir un rival éventuel au classement général, je préférais l'inciter à partir dans une autre équipe. Il en devenait le leader et je savais à quoi m'en tenir. Je sais bien, on prétend que la course au service d'un leader unique n'est pas très spectaculaire, mais les résultats sont là. J'ai tout de même gagné cinq

Tours de France et les cinq fois j'étais leader de mon équipe, indiscuté au départ, ce qui ne fut pas le cas lors de mes échecs en 1958 et 1959. Et ne me dites pas que les équipiers s'estiment brimés. Ils étaient, au contraire, avec une caisse bien remplie, très contents de leur sort. Demandez-le leur. Une fois maîtres de la course, nous pouvions nous répartir les grosses parts du gâteau. Reportez-vous à 1957 : 12 victoires d'étape ou à 1961 : 9 victoires d'étape. Le dernier jour, j'ai emmené le sprint à Robert Cazala, sur la piste du Parc des Princes, pour lui permettre de gagner son étape. Nous lui devions bien cela car c'était un équipier extraordinaire. Dans une formation de marque, le travail est plus facile car on est davantage habitués les uns aux autres. Je me souviens avoir protesté auprès des organisateurs, en 1962, parce qu'ils imposaient un nombre de coureurs étrangers limité à trois par équipes. Or nos meilleurs éléments, dans le groupe A.C.B.B.–St-Raphaël-Helyett, étaient en majorité étrangers : Rudi Altig, Joop De Roo, Albertus Geldermans, Seamus Elliott, Marcel Janssens. C'était une sorte d'atteinte à la liberté de l'emploi. Il y aurait beaucoup à dire sur ce sujet, surtout depuis que l'on s'oriente vers une Europe des Nations. »

Les réponses de Jacques Anquetil nous ont tracé le portrait du leader d'équipe – P.D.G. de la route : ne pas craindre de s'imposer, ne pas craindre de déplaire mais assurer une juste répartition des bénéfices. Raymond Poulidor a-t-il jamais été dans ce rôle ? Ses équipiers Mercier ont-ils jamais senti peser sur eux une telle autorité ? Le sourire épanoui de Poupou est une réponse à lui seul. Poulidor est d'abord homme de quiétude et d'équilibre. Anquetil homme d'orgueil et de conquête.

Le Tour 1964 s'est joué dans leur féroce affrontement du Puy-de-Dôme. L'effondrement total d'Anquetil n'a tenu qu'à un fil et ce fil n'a pas cassé. Jacques possédait cette faculté de dépassement de soi-même qui l'eût fait mourir sur le vélo plutôt que de céder. Poulidor s'est battu avec énergie et bonne conscience, mais il n'a pu aller au-delà de lui-même. Et l'on en vient à penser : même si Poulidor n'avait pas perdu de si précieuses secondes sur de stupides coups du sort, la crevaison avant Toulouse, le mécano maladroit qui le pousse dans le fossé au cours de l'étape contre la montre Peyrehorade-Bayonne, même sans tout cela... Anquetil eût encore trouvé quelque part, dans le tréfonds de lui-même, les ultimes ressources pour jeter son vélo sur la ligne un quart de roue avant celui de Poupou...

– Ce Tour 1964 a tout de même bien été, pour vous, le plus dur et le plus indécis ?

Jacques approuve.

– Sans doute. Il a surtout été le plus mouvementé. Je venais de courir, et de gagner le Giro. Pour moi, l'homme à battre n'était pas Poulidor mais Bahamontès. J'ai connu la défaillance dans la montée d'Envalira, à la sortie d'Andorre, au départ de la 15e étape. Un coup de buis terrible et j'en connais les causes. Ce n'était pas le couscous de la veille, croyez-moi. Il faut bien se détendre, de temps à autre, dans une juste mesure. L'erreur n'était pas là, elle était dans le fait que j'avais négligé d'aller rouler durant cette journée de repos. Il y avait, d'autre part, l'histoire de ce mage me prédisant avec insistance qu'il m'arriverait un accident grave dans le 15e jour de course. Ce sont des choses qui finissent par marquer. Je suis un peu superstitieux, il est rare de ne pas l'être quand on exerce un métier de compétition, dangereux de surcroît. C'est comme ma montre-bracelet, fixée au poignet droit, elle ne me quittait jamais. Je la portais lors de mon premier Tour victorieux, en 1957, et je n'ai plus voulu m'en séparer par la suite.

Autre exemple : toujours en 1957, je sortais de l'armée avec une coupe de cheveux réglementaire. Comme j'ai gagné, je me suis rendu régulièrement chez le coiffeur, les années suivantes, avant le départ, pour avoir la même coupe de cheveux ras... et ce n'était pas du tout pour offrir moins de résistance au vent comme cela a été écrit. A quelques jours du départ, il m'est arrivé d'hésiter de partir. Pierre Chany, reporter à *L'Équipe,* a téléphoné un soir pour s'informer de ma décision. Jeanine, mon épouse, décrochant le téléphone, ne m'a même pas consulté : « Il est allé chez le coiffeur, a-t-elle répondu, donc il partira. » Et c'était d'une logique irréfutable. C'était en 1962. Pour en revenir au mage, cela dépassait même la superstition. Il s'agissait d'une véritable campagne de démoralisation... qui touchait au but. J'étais angoissé et là-dessus, n'ayant pas roulé la veille, je me suis fait cueillir à froid. Poulidor, Adorni, Pambianco sont partis avec une dizaine d'autres coureurs. Je me suis rendu compte que j'étais en train de perdre le Tour et cela m'a rendu à moi-même. Je suis descendu, dans la brume, à une allure folle. Je n'avais plus qu'une idée en tête : les rejoindre, devant. J'ai dépassé un nombre considérable de coureurs et il paraît que j'aurais donné le frisson à pas mal de suiveurs. Je n'avais pas grand mérite à prendre de tels risques, je n'avais plus aucune notion du danger, je pédalais dans un état second. Je suis revenu sur eux en plein brouillard. Poulidor a réalisé un exploit en gagnant Toulouse-Luchon et j'ai commencé à me demander si je ne l'avais pas sous-estimé. Le lendemain, Bahamontès attaquait et il a eté sublime, le Picador. J'ai engagé la chasse avec Poulidor dans ma roue. Le Tour commençait à se faire long pour moi, avec le Giro dans les jambes. Et j'ai coincé dans le Puy-de-Dôme. Mais je restais en position de l'emporter avant le final de Versailles-Paris contre la montre. Et l'angoisse m'a repris, il m'a semblé que je n'arriverais jamais. Les plus noires pensées me harcelaient : « Et si un chien débouchait dans ma roue ? Et si je crevais ? » Mais tout s'est bien passé, sauf que Rudi Altig a retiré une partie du suspense en soufflant la seconde place de l'étape à Raymond. Et moi j'étais bien content d'avoir gagné et plus content encore d'en avoir terminé. Car je n'ai pas pensé une seconde, je vous le jure, que c'était gagné avant la dernière ligne d'arrivée, celle du Parc des Princes.

– Poulidor aurait donc été le coureur qui vous a le plus sérieusement inquiété ?

– Il est celui qui s'est rapproché le plus dangereusement au classement général, nuance ! Les coureurs qui donnaient le plus de fil à retordre étaient les grands attaquants en plaine du type Van Looy ou Rudi Altig. Le grimpeur, on sait quel sera son comportement sans grand risque d'erreur : il suivra sur le plat en essayant de ne pas se faire lâcher, puis il fera deux ou trois numéros dans les cols. Et là, un Gaul ou un Bahamontès, il ne faut pas trop essayer de les suivre, on risque l'asphyxie dans leur sillage. Mieux vaut monter à son train, en concédant le moins de terrain possible. Ensuite, dans la poursuite en plaine, le grimpeur est souvent isolé car il est seul devant. Et puis, vous l'avez remarqué, ces grimpeurs n'ont pas des idées bien suivies, on peut aussi bien assister à leur effondrement qu'à leur envol. Alors, mieux vaut les laisser faire leur course. Van Looy, c'était autre chose. Dans le tour 1962, il bombardait tous les jours, avec sa « garde rouge » et il imposait un rythme effarant, le peloton se cassait, volait en éclats, tout le monde devait se cramponner ferme et je ne sais vraiment pas ce qui se serait produit si Rik n'avait été victime d'une chute grave à l'attaque des Pyrénées. Il mettait chaque jour le peloton en état d'alerte et provoquait des situations de confusion dont tout un chacun pouvait profiter. Il rendait le contrôle de la course extrêmement difficile. Rik Van Looy reste pour moi le plus impressionnant des coursiers tous terrains contre lesquels j'ai couru. Ceux qui pensent qu'il n'était pas un coureur par étapes mais seulement de classiques, se trompent. En axant ses saisons différemment, en gardant des réserves, il aurait très bien pu gagner un grand tour national : France ou Italie.

Je garde un agréable souvenir du Tour 1963 durant lequel j'ai été encouragé et applaudi. Je voulais répondre à certaines critiques et gagner avec panache. Je ne voulais plus seulement compter sur les étapes contre la montre, mais faire la démonstration de ce que je valais en montagne. Et je crois y être parvenu. J'ai gagné une étape pyrénéenne, Pau-Bagnères-de-Bigorre devant José Perez Francès et... Poulidor et une autre étape dans les Alpes, Val d'Isère-Chamonix. Dans la Forclaz de Montmin dont le sol bourbeux rendait l'ascension encore plus pénible, Bahamontès n'a pas pu me lâcher. Je ne répondais pas à ses accélérations mais je revenais à chaque fois sur lui, progressivement, au train. Et je l'ai battu au sprint, sous la pluie, à Chamonix. Je suis très fier de cet exploit car le Bahamontès 1963 était encore d'un très grand cru. Il devait nous étonner plus encore l'année suivante dans Luchon-Pau, l'étape des quatre cols pyrénéens. Après avoir lâché Julio Jimenez dans Aubisque, il a continué seul contre un fort vent de face. C'est surtout la façon dont il a résisté à notre poursuite dans la plaine qui nous a rendus admiratifs. Il est arrivé à Pau avec 1 mn 54 s d'avance. Il ratait le maillot jaune pour 35 s. Dommage, car il fêtait son 36e anniversaire le jour même. Ce Bahamontès assagi, qui calculait mieux ses trajectoires, aurait été irrésistible avec dix ans de moins... mais on ne peut tout avoir en même temps !

Mon dernier Tour, je l'ai couru à 32 ans, en 1966. Je n'étais pas parti pour gagner. J'étais décidé à aider mon coéquipier du groupe Ford qui serait le mieux placé. Je n'ai jamais bluffé, et mes équipiers furent prévenus dès le départ qu'il n'était pas dans mes intentions de courir pour la victoire. Il a beaucoup plu sur ce Tour et je souffrais d'un œdème au poumon. C'est Lucien Aimar, vous le savez, qui a su tirer le bon numéro. Quand il a démarré par surprise dans Briançon-Turin, tous nos adversaires se sont attendus à me voir me déchaîner et à ordonner la poursuite contre lui. Nous avons, au contraire, laissé courir (c'était Jan Janssen le maillot jaune) et c'est ainsi qu'ils se sont tous fait piéger, Janssen le premier. Je pense que le coup, tactiquement, fut bien joué. J'ai abandonné, après cela, à Saint-Etienne. Je n'étais pas dans un état très brillant, sous le pluie persistante, et je savais que mon ami Lucien avait désormais course gagnée. Je quittais le Tour par la petite porte, mais sans avoir à rougir de cet abandon.

– Vos équipiers, Lucien Aimar en tête, estimaient que vous étiez plutôt gentil, d'humeur égale, sans éclats de voix, mais tous, ou presque, vous reprochaient de fâcheux moments de distraction. Était-ce justifié ?

– Tout à fait, je dois le reconnaître. Il est difficile de garder une attention soutenue pendant six ou sept heures de selle. Surtout quand on roule doucement, en peloton. L'esprit s'engourdit, la pensée vagabonde. Je me souviens avoir posé des questions désarmantes du genre : « Au fait, dans quelle étape sommes-nous aujourd'hui ? » Ou bien : « Tiens, je croyais qu'on sprintait pour la 3e place et non pour la 2e. » Cela ne doit pas vous paraître invraisemblable. Savez-vous à tout moment de la journée avec précision si vous êtes un jeudi ou un vendredi ? A plus forte raison quand on change de ville chaque jour. Et pour le sprint, je ne suis pas le seul, la chose est assez courante. Vous vous laissez glisser un moment en queue de peloton, cela vous éloigne d'une bonne centaine de mètres de la tête que vous perdez de vue dans les virages. Quand vous remontez au commandement, un ou deux coureurs de seconde zone peuvent s'être enfuis... et vous resterez dans l'ignorance jusqu'à l'arrivée si personne ne prend la peine de vous informer. Voyez ce qui est arrivé à Jan Janssen dans l'étape Briançon-Turin du Tour 1966, il a découvert bien trop tard la disparition de Lucien Aimar. Il y avait des coureurs, je le confesse, dont j'ignorais l'identité, eh bien, c'est sans doute, parce qu'ils n'avaient jamais rien fait de marquant. C'est donc à eux, et pas à moi, qu'il aurait fallu faire le reproche de cet anonymat. C'est l'éducateur du Vélo Club de Levallois, je crois, Paul Ruinart qui disait à ceux de ses coureurs qui se contentaient de suivre dans les roues sans jamais prendre d'initiative : « Fais un trou, bouche-le mais manifeste-toi, que l'on sache au moins que tu existes ! » En ce qui me concerne, j'avais tendance, je le confesse, à somnoler en queue de peloton dans les moments calmes. Pierrot Everaert, le grand « Natole » Novak, Jean Stablinski ou André Darrigade, surtout Darrigade, sont venus plus de quatre fois me secouer les puces. Et cela les mettait en colère car ils étaient obligés de produire un effort pour me ramener en tête. Un exemple, en 1957, dans l'étape Barcelone-Ax-les-Thermes, le 2e du classement général, un Belge du nom de Janssens, je crois, venait de filer. Et moi je l'avais regardé faire d'un œil désintéressé car je ne savais pas qu'il était 2e du classement général. Dédé Darrigade y est allé de sa beuglante, dans son bel accent du Sud-Ouest, on est vite monté en ligne et tout est rentré dans l'ordre. Mais il est évident que je ne pouvais guère me permettre, après cela, d'avoir des exigences. Je restais muet et cela contribuait à me donner la réputation d'un bon caractère. En fait, je n'étais ni pénible, ni désagréable... quand les choses se passaient comme je l'avais décidé. Dès la première étape du Tour 1957, j'ai été pris en flagrant délit de distraction, en queue de peloton, par Marcel Bidot lui-même. Je l'ai remercié en lui demandant même de ne jamais hésiter à venir me secouer chaque fois qu'il le jugerait nécessaire. Il a été agréablement surpris. Après tout, il n'avait pas toujours eu affaire à des leaders aussi accommodants !

– On a souvent souligné aussi votre goût pour les bonnes tables et les bonnes bouteilles, champagne et whisky à gogo. Que faut-il en penser ?

Jacques fait claquer la pointe de sa langue contre une canine ce qui est chez lui signe de réflexion. Enfin il sourit :

– Ce sont des goûts que je ne renie pas, dit-il, mais on peut les discipliner. On a vite fait de généraliser dans ce domaine. On m'a vu, parfois, avec un verre de whisky ou une coupe de champagne à la main, mais cela ne signifie pas que c'était une habitude en période de compétitions. Me connaissant, je faisais au contraire, très attention. Il m'est arrivé, avec Stablinski le « ch'timi » de marcher à la bière certains soirs d'étape sur le Giro; quatre ou cinq chopes, nous étions chaud ensuite au moment d'aller nous coucher et nous nous endormions immédiatement. Entre le Giro et le Tour, généralement l'avant-veille du départ, je me détendais et laissais parler la nature mais ce n'était que pour mieux entrer ensuite en séminaire cycliste. Pour la musette du départ, je demandais du pain d'épice, des bananes et des bidons de thé. Rien d'autre. Je n'aimais pas me salir les mains. C'est très gênant en course des mains qui collent. Aux ravitaillements, je prenais surtout les fruits. Au début, je n'aimais pas le thé. Mais depuis que je suis retiré des compétitions, j'en bois avec plaisir.

Puis Jacques a abordé un autre sujet :

– Il me semble, dit-il que j'ai eu plus d'opposition en mon temps que n'en a connu Merckx. Ocana mis à part, il a eu surtout des résignés en face de lui. N'allez pas croire que j'essaie de le diminuer en disant cela. Merckx, on peut difficilement, par exemple, désigner quel fut son plus bel exploit. Il a été régulièrement à son top-niveau et je pense qu'on ne peut lui faire plus grand compliment. Je lui tire un grand coup de chapeau pour la manière dont il réagit après que Luis Ocana lui eut fait toucher les épaules à Orcières-Merlette dans le Tour 1971. J'ai admiré Charly Gaul dans la Chartreuse en 1958 (j'étais loin derrière); Bahamontès dans Luchon-Pau en 1964; Luis Ocana, non pas à Orcières-Merlette en 1971 mais dans l'Izoard et le Galibier, quand il laissa sur place un Fuente en super forme, dans le Tour qu'il gagna en 1973.

Rien que des exploits de grimpeurs. Jacques Anquetil ferait-il un complexe à son insu ? Ultime question enfin aux deux, Anquetil et Poulidor :

– Pensez-vous, sans le tragique accident qui mit fin à sa carrière, que Roger Rivière vous aurait imposé sa loi ?

Poulidor, le premier, répond :

– Sa présence, en élargissant le débat, m'aurait peut-être favorisé.

– Rivière, enchaîne Anquetil, était l'homme de l'Heure. Il aurait été le meilleur contre la montre, sans doute, mais contrairement à ce qu'affirme Raphaël Geminiani, je ne pense pas qu'il aurait dominé dans les épreuves par étapes.

Poupou, on le sent, se serait accommodé de l'existence à trois comme de l'existence à deux avec Anquetil. Jacques, en revanche, dont le visage s'est instinctivement fermé à l'évocation du sujet, eût aussitôt dressé ses plans pour se battre et *rester le premier*. Extérieurement, tout paraît le laisser froid, mais ses ondes d'émotion intérieure se transformaient en énergie au moment du combat :

– En plein effort, quand je me faisais mal, je ne pensais pas à ma famille, dit-il surtout pas, cela m'aurait rendu sentimental et j'aurais perdu de mon efficacité. J'allais au maximum de mes possibilités chaque fois que cela était nécessaire. Dans le contre la montre, bien sûr, mais aussi en montagne.

Après tout, vérité toute simple, Poulidor est devenu, dans l'esprit des foules, « l'éternel second » parce qu'il ne peut y avoir qu'un seul premier. Et dans l'esprit de ces mêmes foules, le premier, c'était Anquetil. Et cela n'est-il pas, aussi, une forme de popularité ?

1965

FELICE GIMONDI

Felice le Magnifique

Dans toute la France où l'on parle de la sueur des autres en basculant son pastis, Poulidor réunissait sur son nom tous les suffrages. « Poupou il est imbattable, monsieur ! Vous qui connaissez le vélo sortez-moi le nom de celui qui pourrait l'empêcher de vaincre ? Cherchez pas : personne ! » Voilà ce que l'on entendait dans les cafés du Commerce.

Chaque Tour de France constitue le maillon d'une chaîne et le peuple de France saute volontiers d'une année sur l'autre, sans trop s'occuper de « l'entre deux » qu'il ramène à tort au niveau d'une péripétie.

Donc, pour les applaudisseurs de l'hexagone, Poulidor qui avait cédé de 55 s devant Jacques Anquetil dans les ultimes kilomètres du Tour précédent ne pouvait pas laisser la victoire à quiconque puisque tout bêtement Anquetil n'était pas là. Descartes est Français et la logique est parfois un vilain défaut...

Quel mage aurait pu deviner que le gamin récupéré de la dernière heure, un dénommé Felice Gimondi, à peine sorti des rangs des amateurs, allait « à son Tour » après « Maître Jacques » mater notre Raymond national ? Personne évidemment. Surtout pas Felice Gimondi !

« Il est vrai que je ne m'attendais pas le moins du monde à participer à ce Tour 1965. Il y eut des forfaits et faute de combattants... C'est comme ça que l'on a pensé à moi. Le ciel m'est tombé sur la tête à Castro-Caro après une course contre la montre où j'étais tout fier de ma 2e place derrière Jacques Anquetil. C'était quelques jours avant le départ du Tour et mon patron M. Salvarani, accompagné de mon directeur sportif Luciano Pezzi, est venu me poser la question de confiance. J'avais le Giro dans les jambes et pour un jeune « pro » cela me semblait suffisant. Je réservai ma réponse en expliquant qu'il me fallait en parler à mes parents et obtenir leur feu vert. »

La postière de Sedrina, sa mère, estime que son cher fils était suffisamment affranchi pour voyager seul à l'étranger. Le père suivit la volonté de la « mama » et ainsi Felice put-il, avec la bénédiction des anciens, donner son accord à M. Salvarani et à l'ancien gregario de Fausto Coppi.

« J'ai dit oui avec des inquiétudes plein la tête mais surtout de la fierté, rappelle celui qui, avec succès, était venu en 64 repérer les reliefs de France avec le Tour de l'Avenir. »

L'harmonieux Felice ne dément surtout pas :

« Le fait d'avoir remporté le Tour de l'Avenir m'a certainement aidé, admet-il volontiers. Mais il faut savoir que j'étais rempli d'enthousiasme. Je venais de me classer 3e du Giro remporté par notre leader d'équipe Vittorio Adorni. Vittorio étant devant, je n'avais jamais cherché à bouger. Appelez ça la discipline ou l'esprit d'équipe comme vous voudrez, c'était comme ça. Donc, naturellement, le chef de file de la squadra Salvarani c'était Adorni. Pas de problème ! J'étais là pour épauler Vittorio. Luciano Pezzi, pensant vraisemblablement que la course allait se décanter en montagne, me donna carte blanche pour le début d'épreuve sur le plat.

C'est d'ailleurs là que l'insolente santé de l'éphèbe transalpin surprit les papes de l'asphalte, sa seigneurie Raymond Poulidor en tête.

L'Italien à surveiller c'était Gianni Motta qui avait déjà démontré chez les professionnels qu'il possédait « la dimension ». A tort les gros mollets du peloton n'avaient pas prêté une attention suffisante à la marche du podium — fût-elle la 3e — sur laquelle s'était hissé, au terme du Giro, le petit dernier du cyclisme de la botte.

Dès la 2e étape, Liège-Roubaix, il attire l'attention en s'emparant de la 2e place derrière Van de Kerckove. Et le lendemain il gagne !

« L'expérience acquise sur le Paris-Roubaix de cette même année 1965 m'a apporté des enseignements qui me furent très utiles sur les pavés du nord, rappelle Felice, avant d'expliquer : J'inscrivais sur mon cahier plein de renseignements, qui auraient pu paraître anodins à n'importe qui d'autre que moi mais qui m'apportèrent beaucoup dans le haut de la France.

Avant que personne ne lui demande quoi que ce soit, Felice Gimondi certifie :

« Si je me suis retrouvé avec le maillot jaune sur les épaules ce n'est pas de ma faute; je ne l'ai pas recherché ! J'ai couru comme ça, d'instinct. Avec le recul, je pense que c'est précisément entre Roubaix et Rouen que j'ai roulé le plus fort de ma carrière. Pas de calcul, rien de prémédité, comme je vous l'ai dit, en prenant le vent... »

A juste titre, Raymond Poulidor commençait à se poser des questions. Et il s'en posa encore plus lorsque, deux jours plus tard, au terme de la première épreuve de vérité, le contre la montre du circuit de Châteaulin (26 km 700), l'insolent jeunot de Gimondi termina 2e derrière lui.

Dans les cafés du Commerce certaines girouettes commençaient à lâcher Poupou et à miser une tournée sur ce Felice Gimondi qui ne manquait pas d'allure.

« C'est dans le Revard où j'ai gagné que j'ai eu peur de perdre le Tour ! s'exclame le Bergamasque. J'ai cassé une denture et j'ai dû grimper avec un braquet plus petit. Ce fut pénible pour moi qui n'étais pas un pur escaladeur. J'en ai bavé pour rallier le sommet de ce nouveau contre la montre, important puisque situé à quatre jours de l'arrivée. Finalement, mon avantage s'est précisément accru là où j'ai frôlé la catastrophe. Poulidor fit 2e et ce fut pour moi le début du bonheur... »

Mais au fait qu'est devenu Adorni, le chef, dans tout cela ?

« Je n'ai eu le champ libre qu'après son abandon dans les Pyrénées. Il était malade, et il s'avérait normal qu'une fois Vittorio parti, ce fût moi qui prenne le relais de leader des Salvarini. »

Même si l'impétueux Felice faillit craquer dans l'étape du Ventoux.

« J'ai manqué d'air au pied du col, reconnaît-il. Madona quelle chaleur ! J'ai incroyablement transpiré. Décroché, je suis revenu à mon rythme. C'est ainsi que j'ai limité les dégâts sur Poulidor qui a gagné devant Julio Jimenez au sommet du Ventoux. Là haut, je n'ai concédé qu'une minute environ à mon compatriote Gianni Motta que je tenais en point de mire. »

Après avoir assuré que Poulidor fut un rival coriace, ce qui n'étonnera personne, Felice Gimondi ne peut s'empêcher d'effectuer une marche arrière sur l'infortuné Vittorio Adorni :

« Nous nous ententions parfaitement, jamais je ne l'aurais doublé. Mais il me faut reconnaître que son abandon m'a ouvert les portes de la victoire. Avec lui dans la course, il n'est pas dit que j'aurais gagné. »

Puis, sur le ton de la confidence :

« Mon frère Giuseppe, ma mère et le président de mon club amateur de Sédrina, il signor Guisalberti, décédé depuis, sont venus me voir à Lyon à la sortie des Alpes. Paris approchait, la victoire aussi, j'étais ému, heureux de me sentir entouré par des êtres aussi chers.

C'est le 14 juillet que le Tour allait défiler au Parc des Princes. De la veille au soir, Felice Gimondi possède un souvenir tendre et frais malgré la chaleur moite :

« Nous couchions à Versailles, avant l'ultime étape contre la montre de 40 km. Sous ma fenêtre, un bal ! Loin de protester, je me suis endormi comme un Jésus bercé par les flonflons de l'orchestre, des airs d'accordéon. J'étais aux anges. Le lendemain, je gagnais le Tour mais aussi le contre la montre devant Motta et Poulidor. Je ne réalisais pas ! Le Parc des Princes, une foule énorme, une foule formidable avec moi. Quelle ovation ! Quelle joie ! Quel souvenir ! »

Encore battu mais toujours content Raymond Poulidor félicita spontanément avec une louable sportivité son cadet de six ans. En 1964, Poulidor avait été précédé par un Jacques Anquetil qui réalisait la première passe de cinq de l'histoire avant de s'incliner devant le plus jeune vainqueur de l'après-guerre : Felice Gimondi n'avait pas 23 ans le 14 juillet 65, puisqu'il les célébra le 29 septembre. La France entière s'interrogeait sur le sort qui figeait son cher Poupou sur la marche intermédiaire du podium. Qu'aurait-elle dit la France si elle avait pu savoir que neuf ans plus tard, en 1974 donc, le même Raymond Poulidor allait, à 38 ans, encore finir en 2e position, derrière Merckx cette fois, avant d'accéder une ultime fois au podium, sur la moins élevée des marches, 3e en 1976, en quadragénaire exemplaire.

FELICE GIMONDI

S'il ne fut pas un mathusalem de l'asphalte comme Poulidor, Felice Gimondi lui aussi s'est rugueusement frotté au Cannibale Eddy Merckx. En 1972 notamment où il finit... 2e à la place de Poulidor mais juste devant lui !

Gimondi compte parmi le nombre restreint des coursiers qui peuvent émettre un avis autorisé sur les deux grands envahisseurs du Tour de France, Anquetil et Merckx :

« En montagne on ne voyait jamais Anquetil mais il était toujours là, affirme-t-il, je l'ai vérifié sur le Giro. Anquetil représente à mes yeux plus qu'un champion du cyclisme; c'était un monsieur. Un homme de qualité rare que j'ai découvert dans les tournées d'après-Tour. J'ai plus couru avec Merckx, paradoxalement je l'ai moins connu. Un sujet d'une trempe à part, obsédé par la victoire. Elle seule l'intéressait. A mon sens, le Tour exige plus que le Giro, la course y étant plus ouverte. La bagarre éclate plus souvent sur le Tour. »

Quand nous évoquons avec l'affable Felice ces autres participations à la grande boucle, il insiste sur le verre d'eau de Toulouse en 1967 :

« Un Tour que j'étais de taille à remporter. Mais j'ai commis la bêtise d'engloutir de l'eau glacée en arrivant à l'hôtel à Toulouse, ce qui m'a déclenché une dysenterie carabinée. Le lendemain soir à Luchon – Ville d'eau la bien nommée car je faisais effectivement de l'eau ! – j'ai failli abandonner. Exténué, vidé, les intestins en capilotade, ma volonté en avait pris un sacré coup.

« Dans Luchon-Pau, sur les pentes de l'Aubisque et du Tourmalet, j'inspirais certainement pitié. Je me souviens du coup de Mastrotto qui avait piégé tout le monde pour gagner chez lui. »

S'il domine notre langue moins nettement que du temps où il passait une large partie de son temps dans l'hexagone, Felice Gimondi conserve le goût du Français. Il se trouve aujourd'hui à la tête d'un cabinet d'assurances à Bergame et s'occupe des relations publiques du groupe Bianchi.

– Je fais également office de conseiller technique des cadres Columbus. Mais j'avoue que je suis avant tout un homme au foyer qui adore sa femme et ses deux fillettes.

Un dernier point de détail :

– Le mince cordon blanc que je portais aux chevilles n'avait rien à voir avec la superstition, plutôt avec la religion. Les bouts de ficelle étaient bénis ce qui leur conférait un pouvoir qui, j'en suis persuadé, m'a été utile.

Gimondi croit en Dieu et Dieu a semble-t-il, cru en lui !

1966

LUCIEN AIMAR

Le Renard

Aimar-le-Renard, c'est ainsi que l'a surnommé Jan Janssen. Finaud notre Méditerranéen, toujours à l'affut du bon coup. Pas super-rouleur, pas escaladeur-ailé, pas sprinter, impressionnant descendeur certes, mais toujours là, en embuscade.

Il fallait qu'il soit doué de qualités certaines pour s'attirer l'estime d'un être aussi exigeant que l'était, en matière vélocipédique, Maître-Jacques-Anquetil. C'est d'ailleurs en partie grâce à ses liens avec le Normand que Lucien Aimar a réussi à atteindre la plus haute marche du podium.

Et pourtant, rappelle le docteur Dumas, il faillit être interdit de carrière :

« C'était à l'occasion de la visite médicale de l'I.N.S. dans le Bois de Vincennes, visite qui précédait le Tour de l'Avenir 1962. Aimar était capitaine de l'équipe de France. Il passe donc, comme les copains, un électrocardiogramme. Verdict : souffle au cœur ! Drame... »

C'est ainsi que Lucien Aimar, recalé à l'examen de passage physiologique, se vit interdire le départ.

« Comme j'étais sous les drapeaux, on a pris mon cas au sérieux et j'ai passé trois semaines à l'hôpital Begin, à Vincennes, pour me soumettre à toute une série d'examens, rappelle-t-il. Pour finalement constater que mon cœur fonctionnait très bien et que je pouvais reprendre la compétition. J'ai eu bigrement peur car je me suis vu dans une chaise longue à attendre la vieillesse. C'est pourtant vrai le coup de la chaise longue : on me l'avait promise...

Lucien Aimar put enfourcher de nouveau son vélo et poursuivre une carrière amateur particulièrement bien remplie. Déjà il lui était reproché de humer trop souvent les bons coups, en un mot d'être roublard, sinon combinard !

Ainsi durant les Jeux de Tokyo, en 1964, il crève, Bernard Guyot s'arrête pour lui donner sa roue. Controverse. « On a sacrifié Nanard à Aimar ! » fut-il répété, alors que Lulu le Varois n'a jamais rien demandé du tout. Il le jure encore.

Donc notre Lulu national est débarqué chez les « pros » précédé d'une réputation de coquin. Réputation qui le suivra jusqu'au tombeau.

Coquin peut-être, mais aussi impulsif. Et malheureusement pour lui c'est l'impulsivité qui domina sur le Tour de l'Avenir en 1964 lorsqu'il envoya au tapis d'une droite magistrale celui qui allait devenir un des gars de la bande à Merckx, le Flamand Joseph Spruyt.

Avant « la pigne », Lucien Aimar avait « Petit-Tour » gagné, après il eut « Petit-Tour » perdu ! Le réglement étant passé par là et lui ayant asséné une minute de pénalisation, ce dont profita, ravi, Felice Gimondi pour remporter à la place d'Aimar-le-prétendu-renard, le Tour de l'Avenir avec 41 s d'avance.

Un Tour de l'Avenir qui porte bien son nom puisque l'année suivante le grand Tour revenait à Gimondi et deux ans après à Aimar. Lequel explique :

« Je voulais effacer mon échec du Tour précédent où j'avais été contraint à l'abandon dans les Pyrénées victime d'une insolation. Et je n'étais pas seul à m'être fait piéger par le soleil. Nous devions être 27 ! Et avec moi du beau linge : Bahamontès, Adorni, le maillot jaune Van de Kerckove mais aussi Den Hertog, Wolfshohl... Quel coup de balai. »

« C'était dans l'Aubisque. Nous avions attaqué les Pyrénées sous la pluie. Le peloton grelotait. Nous étions imprégnés d'une pommade chauffante. Puis d'un seul coup, dans l'ascension de l'Aubisque, changement de décor : le cagnard qui se met à bastonner. La reverbération, la condensation, cette saleté de graisse qui nous brûlait. Nous cramions littéralement dans cette fournaise. Impossible de ne pas abandonner. »

Vis-à-vis de ses employeurs, du public, de lui-même, Lucien Aimar se devait de prouver qu'il possédait effectivement les qualités d'un coureur de fond, d'un marathonien du cyclisme :

« Gimondi ayant remporté le Tour précédent j'étais en droit de penser : pourquoi pas moi ? Puisque ce Gimondi, je l'avais tout de même battu deux ans avant sur le Tour de l'Avenir. Car pour moi, sur le terrain, je lui avais été supérieur. Et, autant que je vous le dise, ce Gimondi n'a jamais été mon ami. Je peux même vous préciser que s'il n'est pas devenu champion du Monde au Nurburgring, en Allemagne, après ce Tour 66, c'est ma faute car j'ai roulé sur lui comme une brute alors qu'il avait déjà réalisé la cassure ! »

Après avoir descendu un pastis (il reste fidèle au jaune, Lulu !) en compagnie de la gloire du rugby locale André Herrero avec qui il taquine les boules lors d'acharnées parties de pétanque, notre marchand de cycles d'Hyères, Varois enraciné, décrit « son Tour » :

« Le chef de file c'était au départ Anquetil. Rien de plus normal à ce qu'il me semble. Deux leaders de rechange : Julio Jimenez et moi. En fait, aux yeux de notre directeur sportif Raphaël Géminiani, Julio devait viser le Grand Prix de la Montagne. Anquetil supporterait le poids de la course. Il servirait de point de mire. Et moi j'aurais carte blanche pour "rentrer dans la moulure". »

» Gem était un battant et il avait le don de communiquer son feu aux autres. Pas toujours avec le sourire d'ailleurs. Avant le départ de Pau, il me prend bille en tête, méchamment : « Toi Lulu ! Si tu n'attaques pas aujourd'hui, je te signale que tu peux rentrer chez toi car on se demandera alors ce que diable t'es venu faire ici... »

» Son savon me fait l'impression d'un lavage de cerveau ! Je ne demande pas mon reste, je me lance à l'assaut. Résultat : le petit Allemand Kunde se retrouve en jaune à Luchon et moi je comptabilise 7 mn d'avance sur Anquetil et Poulidor. Sacrée journée ! Du même coup me voilà l'homme de pointe de l'équipe. Gem ravi, Anquetil tout autant et moi ? Devinez ! Aux anges !

» Ce coup de mistral sur le classement permet aux choses de se décanter. Tout devient plus net. Devant Lulu-le-Méditerranéen plus qu'une douzaine de coursiers à Luchon alors que nous n'en sommes qu'à moitié Tour.

» Parmi les douze, Jan Janssen dont je savais qu'il allait me donner du fil à retordre, précise notre homme. Mais chaque chose en son temps.

Avec Gem et Jacques nous faisions le bilan. A force de vouloir tenter le diable avec sa tactique du « sabre au clair » Gem avait formidablement réussi à m'avancer sur l'échiquier de la course. Avec le plein accord de Jacques Anquetil qui m'avait assuré de son appui.

» Il est évident qu'un Anquetil qui se serait donné pour but de remporter un 6e Tour, n'aurait jamais laissé Gem imposer sa tactique du coup-de-grisou où il fallait tout faire péter, car lui, Jacques, du temps où il courait pour gagner, neutralisait la course, bloquant tout. L'opposé donc.

» Enfin ! Je me sentais à l'aise. Jacques Anquetil m'avait assuré de son appui et cela comptait énormément car c'était un seigneur et il valait mieux l'avoir avec soi que contre soi.

» Des adeptes de la montée du Faron, les rugbymen Carrère, Gruarin, Bos et parmi les jeunots Guilbert, Alliou et Gallion se groupent au zinc en un musculeux peloton avide d'entendre Aimar-le-renard conter sa fable :

» Gem qui me déclenche à Pau : c'est ma première opération. Voici la seconde. Nous roulons sur les routes menant à Briançon où notre coéquipier Jimenez va s'imposer. Anquetil et Poulidor se tirent la bourre dans le Galibier. Comme de juste ! Pour ma part, je crève dans ce même Galibier. Je rejoins ensuite Van Springel et Janssen. Je me tape tout le boulot traînant Janssen bloqué dans ma roue. A l'arrivée il récupère le maillot jaune. Peu importe ! Je savais que j'étais le plus costaud puisque c'est moi qui m'étais payé le boulot, sans rechigner, sans avoir vraiment peiné. Je me sentais capable de le lâcher. »

Intéressant au plus haut point son gaillard auditoire, Lulu-le-Varois en arrive au troisième point, là où il a su forcer le destin :

« Nous sommes dans Briançon-Turin. D'abord des escarmouches en montagnette. Un groupe d'une quinzaine s'enfuit avec Bitossi. Il prend 5 mn d'avance environ. Puis une cassure dans la grimpée d'un mamelon. Poulidor, parti avec six ou sept gars, possède 25 s. Janssen toujours dans ma roue. Je commence à me poser des questions. Anquetil y répond. Il prend l'affaire en mains. Une locomotive se met alors à emmener le peloton. Durant deux kilomètres Jacques soutient un train d'enfer, avec moi bien au chaud dans sa roue. Ainsi grâce à lui, j'ai pu, avec mon ombre Janssen, derrière moi, reprendre Poupou. merci Jacques !

» Puis ce fut à moi de jouer. Une ligne droite avec au bout un raidillon. On était à cinquante, cinquante-cinq bornes de l'arrivée. J'ai pigé que c'était là qu'il fallait mettre le paquet, attaquer et tenter de remonter vers Bitossi et les siens. J'ai avalé la bosse au sprint avant de foncer bille en tête dans la descente. Au revoir Janssen !

» Seul, j'étais seul, enfin seul. Je reprends le grand Anatole Novak, quelle armoire celui-là, et puis d'autres dont les noms m'échappent. A l'arrivée j'échoue à 2 mn seulement de Bitossi mais j'en reprends plus de deux à mon ennemi numéro un Jan Janssen. A moi le maillot jaune ! Rien n'est gagné mais c'est tout de même bien parti. Je me prends à y croire.

» Au soir de l'étape à Turin Jacques Anquetil insiste pour m'assurer que je pouvais compter à fond sur lui. Il était malade et j'avais peur de le perdre. Tant qu'il était dans la course, il restait le patron. Tout le monde le respectait et n'osait trop bouger. Lui parti, je savais que ça pétaraderait de partout, que les attaques gicleraient en rafales. Et c'est là que Jacques Anquetil a été extraordinaire.

» Malade, au lieu de renoncer, lui qui n'avait plus rien à prouver, il s'est battu jusqu'au bout de ses forces pour son métier, pour l'équipe et en fait pour moi. Pour m'épauler le plus loin possible. Sûr que j'ai reçu un coup au moral quand j'ai appris qu'il avait abandonné dans le col de la République, près de Saint-Etienne. Je tire un vaste coup de casquette à Jacques qui fut pour moi plus qu'un copain. Il l'a prouvé. »

Comme il fallait s'y attendre, Anquetil parti, chacun se sentit visité par les démons de l'attaque.

« Eh oui, ça flinguait de partout. J'ai bien lu à l'époque que Janssen et Poulidor allaient unir leurs efforts pour détrôner les Ford-France. Il y eut sûrement coalition contre les Ford, donc contre moi. Mais ce ne fut pas la grande entente annoncée dans l'autre camp, Janssen reprochant à Poupou de ne pas attaquer. Finalement l'étape Saint-Étienne-Mont-Luçon sans Anquetil s'est achevée sans dégât. Si ce n'est que j'ai frôlé le pire en fin de parcours ! J'ai roulé en effet à plat durant les cinq derniers kilomètres, entouré par Jimenez, Stablinski, Grain et Den Hertog. Je talonnais mais en dépit du rythme dingue j'ai tenu. Il n'était pas question de perdre du temps à changer de roue. »

Puis, ulcéré :

« J'y repense ! il a même été dit que Rudi Altig était dans la combine avec moi. Mais Altig est-ce que vous savez au juste ce qu'il a fabriqué dès le départ ? Et bien il a attaqué, Rudi ! Alors ? Ils ne tiennent pas debout ces boniments... »

Et Aimar-le-renard de révéler :

« En fait, celui qui m'a été utile c'est Franco Bitossi. Janssen et Poulidor se montraient tellement acharnés à ma perte, avec tous leurs équipiers, que quand l'un me prenait quelques longueurs, Bitossi passait et me ramenait. Je n'ai jamais parlé de cela avec Franco. Peut-être était-il écœuré de voir les autres me harceler sans répit et avait-il décidé de rétablir l'équilibre en me donnant un coup de main. Cela n'a jamais été dit combien les autres désiraient ma perte.

» Ils m'en voulaient tellement qu'un baroudeur comme Jean Stablinski, m'avoua : " C'est la première fois depuis que je cours que je vois des coureurs s'acharner autant après un leader. " C'était vraiment de la haine.

» Au soir de l'arrivée à Montluçon Jacques Anquetil m'a téléphoné pour m'avertir qu'il serait à mes côtés avant l'étape contre la montre, finale Rambouillet-Paris. J'avais 1 mn 32 s d'avance sur Janssen et plus de 2 mn sur Poulidor. Ce qui n'était pas énorme car il pouvait s'en passer des choses en 51 km. C'est là qu'une fois de plus la présence de Jacques Anquetil me fut d'un précieux secours. Elle allait me rassurer. Quand on est leader, on a trop tendance à écouter les conseils de tout le monde, ce qui vous embrouille les idées. Tandis qu'avec Jacques tout devenait simple : je n'écoutais plus que lui. Que lui et Gem.

» Jacques et Gem décidèrent que, tous les 5 km, un pointage entre Janssen et moi serait effectué et qu'il me serait crié au passage. Ainsi je saurais ma position avec précision.

» J'étais remonté pour battre Janssen. J'ai calqué ma course sur la sienne puisque je partais derrière lui. Tellement parfaitement qu'au dernier pointage, à cinq bornes de l'arrivée, nous étions à égalité. C'était le moment de se libérer. J'abandonnais mon 55 X 15 pour enclencher le 55 X 13. Me sentant puissant, je terminais à fond de pédales. Résultat, j'ai perdu 25 s en 5 km, la distance d'une poursuite sur Janssen ! Invraisemblable. Je crois sincèrement qu'en conservant le 55 X 15 jusqu'au bout j'aurais battu Janssen. Cette histoire m'autorise à dire que parfois on va plus vite avec un braquet plus petit. »

Nos rugbymen se délectent : boivent du petit lait sans oublier de téter leur pastis, autour de Lulu ravi :

« En 1967, relance-t-il, j'étais vraisemblablement plus costaud qu'en 66 mais j'ai croisé le fer avec « mon copain » Gimondi et c'est un troisième larron Roger Pingeon qui a su profiter de la situation. Au départ de ce Tour 67, Roger se trouvait dans la situation qui avait été la mienne l'année d'avant, celle de leader de rechange. On revenait aux équipes nationales et les leaders de l'équipe de France avaient pour noms, au départ, Poulidor et Aimar.

» Ce tour 67 je l'ai tout de même terminé sur une note inédite : 5e ex aequo avec mon grand rival Jan Janssen. Se tenir dans la même seconde après 4 700 bornes, il faut le faire ! »

Cet ancien ébéniste qui a su montrer aux plus grands de quel bois il se chauffait, gère désormais son magasin d'articles de sport à Hyères, à deux pas de la Méditerranée, où l'accent se promène toujours.

« Allez Lucien ! un jaune, le dernier, pour ton maillot... » conclut André Herrero.

1967

ROGER PINGEON

Pingeon-la-guigne

Pin-geon ! Pin-geon ! Pin-geon !

Son nom a retenti comme un appel au secours. Une sirène de détresse, cri du cœur, cri du corps.

Personne n'est venu...

« Pingeon-la-guigne », rarement coureur fut aussi malchanceux, poissard, couvé comme un canard noir par la sorcière aux dents vertes. La guigne, elle revient comme un leitmotiv, elle participe, fait partie intégrante de sa vie.

Parmi la foule d'exemples, celui de Paris-Nice 1966. Tout le monde est polarisé sur l'affrontement des monstres sacrés Anquetil et Poulidor. On oublie qu'en Corse, un coureur a été plastiqué sur la route et dans son amour propre par cette satanée sorcière aux 13 dents vertes, pas par un autonomiste.

Le passage de la Méditerranée fut fatal à Roger-la-guigne. Son coéquipier de chez Peugeot, Désiré Letort, portait le maillot blanc de leader. Son autre coéquipier Eddy Merckx (eh oui !) se tenait en position d'attente tout comme lui-même.

Dans les reliefs de l'Ile de Beauté, Pingeon se sent d'humeur gaillarde. Il part, lâche son monde et crève une première fois. Il est repris. Il crève une seconde fois, personne pour le dépanner et il est irrémédiablement dépassé... archi-battu alors qu'il fonçait vers une possible victoire dans ce Paris-Nice.

La double crevaison, coup sur coup, dans les moments où il est interdit de connaître ce genre d'avatar fut le lot, le destin de Pingeon. S'il avait été joueur, il aurait fait fortune à « qui perd-gagne ».

Après ce revers corse, il décida de tout abandonner sur place, la course, ce qu'il fit, mais aussi le vélo pour reprendre son autre métier, celui de plombier. Heureusement, la nuit fut bonne conseillère...

– Allo Roger !

– Non monsieur, ici vous êtes à son ancien café à Maubeuge. Roger Pingeon est fleuriste à Valenciennes.

– Allo Roger !

– Ah non, monsieur, je vous passe sa femme, Roger n'est pas là, il est à la ferme où il s'occupe de ses chevaux de course...

Rendez-vous pris, ce n'est pas du tout sur un cheval de retour que nous tombons mais sur un fringant Roger, sensible, plein de souvenirs, qui, depuis qu'il a rangé son outil de travail, cherche à équilibrer son temps, sa vie.

« Les gens se souviennent du Tour que j'ai gagné, car celui-là, rien ni personne, n'est parvenu à me le faucher. Tout le monde se rappelle que j'ai remporté en 1967 le premier Tour de « l'après-Anquetil », comme il se disait à l'époque. Mon échappée dans Roubaix-Jambes où je prends dès le début du Tour une option sur la victoire finale, on s'en souvient. La mort de Simpson dans le Ventoux personne ne l'a oubliée. Si vous voulez bien, sur tout ça, on y reviendra. Moi ce qui m'a tout autant marqué, c'est de ne pas avoir gagné les Tours suivants, ceux de 68 et 69 ! »

Notre échassier aux interminables manivelles, des fémurs à la Coppi, décortique :

« D'abord 1969 ! L'explication sera la plus brève. C'est Merckx qui s'impose. Sans aucune discussion possible. Moi je termine 2e en dominant nettement le 3e qui n'est autre que Raymond Poulidor. Alors ? Eh bien Merckx n'aurait pas dû prendre le départ puisqu'il était suspendu. Souvenez-vous : il avait été éliminé du Giro pour dopage et sa peine ne s'achevait qu'après le départ du Tour. C'est dans la coulisse qu'il a été récupéré. Tant mieux pour lui mais moi, lorsque plus tard je me suis fait « piquer » à mon tour pour « charge irrégulière », on n'a pas allégé ma peine pour autant ! Deux poids deux mesures. C'est donc parce que le règlement de l'U.C.I. n'a pas été appliqué que j'ai perdu ce Tour 69. Logique, non ? »

Satisfait de sa démonstration le fils du Bugey enchaîne avec le Tour 68 :

« Cette année-là j'étais au-dessus du lot, je l'ai prouvé dans Font-Romeu-Albi où je réalise un raid qui me place en position de favori. Le lendemain, je me retrouve avec près de 10 mn dans la vue. Déduction de tout le monde : « Le pauvre vieux a payé ses efforts de la veille ! » Chacun en remettait. Vous allez constater que la vérité est bien différente. Pour bien piger il faut revenir à la course de la veille. Alors que je flingue en tête, Raymond Poulidor est renversé par une moto. Il termine loin. C'est là qu'à mon avis notre directeur sportif, Marcel Bidot, commet une erreur. Erreur qui m'a été fatale. Entre le gars qui marche, moi, et l'handicapé qu'est devenu Poulidor, il choisit d'entourer Poulidor ce qui s'est avéré catastrophique pour moi... J'ai, en effet, eu la malchance de crever 1 km après le ravitaillement de Decazeville. On venait d'essuyer un orage et je commets la faute de me laisser glisser en queue de peloton. C'est donc en mauvaise position que je prends ma musette. Puis cette crevaison me coûte 2 mn environ. Cela à cause du « ravito » bien sûr, où Marcel Bidot est resté à son poste, attendant, ce qui est normal, ses coureurs jusqu'au dernier. Dans le désordre qui suit toujours les ravitos, il est compréhensible que j'aie dû attendre pour être secouru.

» Je me relance à fond sur les routes sinueuses et alors que j'ai lucien Aimar, le dernier du groupe de tête, en point de mire, crac, voilà que je crève encore ! Cinq kilomètres venaient à peine de se dérouler depuis ma première crevaison et c'est à l'instant où je rejoignais ceux de devant que tout s'écroule. Marcel Bidot était coincé derrière, dans les voitures suiveuses et le temps filait. Et moi je rongeais mon frein, presque dans le vrai sens du terme ! Accablé, j'étais vraiment accablé ! La guigne, toujours cette saleté de guigne... Je repars avec encore 2 mn dans la vue. Malgré l'effort effectué pour tenter de revenir le coup d'avant, je baisse la tête et j'y vais à fond, décidé à tenter l'impossible. Un seul coéquipier à mes côtés : Bernard Guyot que Marcel Bidot avait fait décrocher du groupe d'avant-garde pour me prêter main-forte. Il m'aidait comme il pouvait mais il faut comprendre un gars à qui l'on gâche une possibilité de succès d'étape pour lui demander de dépanner un copain. Il a pas trop le moral. Donc c'est moi qui m'appuie le gros du travail. J'ai ainsi approché les autres à 1 mn 30 s, renseigné que j'étais par l'ardoisier. Je traînais tout le peloton. Dur, crispant. J'ai reperdu du terrain, pendant une heure je me suis maintenu à 4 mn, puis, écœuré, j'ai craqué pour terminer à 9 mn ! A la réflexion, j'ai eu tort de ne pas me battre jusqu'au bout car avec seulement 4 mn de retard, rien n'était perdu. Les 3 mn que je reprends en m'imposant à Grenoble en apportent la meilleure preuve. Mais que voulez-vous ? Crever deux fois après un ravito quand la course bat son plein, avouez que c'est un manque de bol affreux ! Je n'en remettrai pas sur le fait que Marcel Bidot m'ait laissé me dépatouiller avec un seul équipier, mais je l'ai toujours en travers ! Résultat de l'opération : Poulidor qui ne pouvait pas respirer le matin à Albi, a abandonné et moi j'ai perdu mes chances. Bien calculé Marcel ! Voilà ! Vous comprenez mieux maintenant pourquoi je me sens lésé. »

Alain Delon, présent sur le Tour dans cette brûlante étape Font-Romeu-Albi, passa totalement inaperçu. Tout comme Pingeon, il fut victime de la chute de Poulidor qui capta toute l'attention. Une fois de plus, Poupou eut la vedette. Delon fit un bide ce jour-là. 7 ! Chiffre magique, est considéré comme porte-bonheur par Pingeon-la-guigne. C'est en effet, avec le numéro 7, le 7e mois de l'an 1967, que Roger Pingeon s'est départi de sa cuirasse de poisse pour enfin donner sa pleine mesure.

« Mon ambition avant ce Tour 67 était de finir dans les cinq premiers. Je venais de prouver dans le Midi-Libre que je marchais le tonnerre de Zeus. Et pourtant il s'en est fallu d'un poil que je ne sois pas dans l'échappée où se dessina ma victoire, dans Roubaix-Jambes, la 5e étape. Van Looy, Riotte, Wolfshol, Cadiou... et quelques autres, filaient devant. Une douzaine en tout. C'est Jean Stablinski qui m'a déclenché dans le mur de Thuin. « Mais vas-y bon Dieu ! Vas-y ! » qu'il hurlait, le père Stab. A mon avis, cela partait de trop loin et j'hésitais à me lancer dans l'aventure. Puis d'un seul coup, comme piqué par une abeille, la gueulante de Stab a servi de déclic et c'est au sprint que j'ai récupéré les fuyards.

Au train, sans forcer, je les ai décramponnés, ensuite, après le ravito de Charleroi. C'était mon jour. Je voltigeais. Tout me semblait merveilleusement facile.

» Un seul autre jour, j'ai été aussi costaud, peut-être encore plus, dans Font-Romeu-Albi en 68. Là, à Jambes, en Belgique, je mettais le peloton à 6 mn 30 s. Tout le monde à plat ventre et moi en jaune. Quel souvenir !

» Dans les Pyrénées, j'ai connu un jour sans, dans le Portillon surtout j'ai peiné. Je me méfiais de l'Espagnol Julio Jimenez, un sacré grimpeur, qui me talonnait au classement général. J'ai heureusement pu limiter la casse. »

Le Ventoux se profile ! C'est la fin tragique de l'Anglais Tom Simpson.

« Ce fut une énorme journée de chaleur, rappelle Roger, la plus grosse que j'ai connue. Pas d'ombre, pas d'air dans l'ascension du Ventoux. Moi qui adorais lorsque le soleil « allumait », je n'ai connu aucun problème de carburation. Jimenez, toujours lui, fut incapable de me prendre plus de 10 à 15 s. Le soir, à Carpentras, nous étions tous marqués par la mort de Tom. Bien sûr, il m'a fait quelques petites vacheries comme à tout le monde, mais c'était un tel personnage, avec ses histoires, ses mimiques irrésistibles, qu'il n'était pas question de lui en vouloir. Quant à moi, j'allais fort bien après le Ventoux. A l'hôtel Marcel Bidot a dit à Lucien Aimar : « Maintenant, Lucien, il te faut bosser pour Roger. » Un point positif pour moi, une marque de confiance. Justifiée... »

Quittons notre échassier en jaune et retrouvons un homme plus conforme à sa légende d'éternel brimé par le sort. Abordons le chapitre « Pingeon et son genou droit ».

« C'est un problème héréditaire, précise-t-il. Ma mère est arthritique. Rien à faire ! C'est pour ça que j'avais une trouille terrible du froid car il réveillait mon mal. D'ailleurs, chaque matin, au saut du lit, mon premier réflexe était de regarder par la fenêtre quelle mine avait le ciel. S'il faisait beau, je me frottais les mains, je sifflotais. S'il pleuvait, j'avais le masque. Je commençais à grimacer sachant que je pouvais me préparer à souffrir. Pour atténuer la souffrance, je forçais sur la jambe gauche et à force de tenir cette position anormale je me suis créé des problèmes de vertèbres. Reprenons mes Tours vous allez voir : 1970, temps frais, mon genou droit refuse de me laisser en paix. 71, pas de Tour, je suis suspendu. 72, problème de colonne vertébrale. 73, bassin fêlé, je souffre le martyre : tendon d'Achille foutu. On me pique, un truc fou ! A hurler !

» Je sais, mes maux n'étant pas apparents, on avait trop tendance à penser que j'en remettais. Evidemment, une chute spectaculaire avec du sang, des bandages, du mercurochrome, ça en jette, ça force les gens à vous plaindre, alors que moi, avec mes trucs cachés, j'avais plutôt l'air de jouer les empêcheurs de tourner en rond. S'ils n'étaient pas visibles mes maux étaient bigrement présents. »

Un peu d'amertume chez Roger Pingeon qui a le sentiment d'être passé à côté d'une carrière plus étoffée. Aujourd'hui, il s'adonne à sa nouvelle passion : les chevaux : « Juridiction », la femelle, et « Honorian », le mâle.

« Si je mesure toujours 184 cm je suis, par contre, passé de 72 kg à 80, ce qui m'interdit de monter en compétition. Donc pas de galop. N'ayant pas le poids jockey, je me suis donc rabattu sur le trot. Ce qui est plus compliqué. C'est l'ancien champion cycliste Emile Idée qui m'a donné... l'idée de me lancer dans cette coûteuse aventure. Puisque je ne cours plus moi-même, j'ai l'impression, d'une certaine manière, de rester dans le coup en drivant Juridiction et Honorian. Entre le magasin de fleurs où je vais donner un coup de main à ma femme quand c'est nécessaire, le bricolage à la ferme et les chevaux, mon emploi du temps est bien rempli. Ce qui ne m'empêche pas, quand le Tour commence, de ne pas en perdre une miette. »

Pingeon-la-guigne n'est pas rancunier !

1968

JAN JANSSEN

Le Puncheur - Myope

A l'âge de 16 ans, Jan Janssen faillit commettre une énorme erreur de vocation. Avec sa vue de myope et ses jambes arquées, il jouait au football dans l'équipe de son village hollandais de Nootdorp près de la frontière belge.

Quelle folie de vouloir maîtriser un ballon lorsque l'on est pareillement handicapé au départ ! Ses coéquipiers appréciaient sa pointe de vitesse, son souffle inépuisable qui en faisait un ailier qui « rendait service ». Hélas, « Jan-le-myope » ne pouvait jouer sans ses lunettes et quand il se trouvait en position de frapper le ballon de la tête ce n'était pas l'idéal... Il comprit à temps que sa voie était ailleurs et se tourna vers les compétitions cyclistes.

Avec quelques paires de lunettes de secours dans les poches de maillot, il prouva qu'il n'y voyait pas si mal que ça en se faufilant régulièrement dans les bonnes échappées. A tel point qu'il fut convié à participer au Tour de l'Avenir en 1962 où il fut remarqué par Maurice de Muer avec lequel il allait effectuer toute sa carrière. Les deux hommes se voyant encore régulièrement et se vouant une solide amitié.

En 1963 donc, engagé par le groupe Pelforth-Sauvage-Lejeune, Jan solide, clairvoyant, bon sur tous les terrains, sans briller sur aucun en particulier, se construit un joli palmarés. Championnat du monde 1964 à Sallanches, Tour de Hollande 65, Bordeaux-Paris 66, Tour d'Espagne 67. Mais lui, l'obstiné Batave, il ne pense qu'au Tour de France. C'est son obsession : il veut le gagner.

Il connaît son point faible, la montagne mais se répète : « Ce que Walkowiak a réussi en 1956, pourquoi ne le réussirais-je pas ? »

En 1968, il a 28 ans et pense se situer à son summum. Comme en 1967, le Tour est couru par équipes nationales. Le directeur technique des Hollandais Wout Wagtmans lui est favorable, tout comme les équipiers.

La course démarre sur les chapeaux de roue, un départ tonitruant. Puis elle se bloque au bénéfice d'un modeste maillot jaune, le sprinter belge Georges Vandenberghe.

Dans toute cette aventure, les Français restaient favoris avec Roger Pingeon, vainqueur 1967, que l'on sentait fringant, prêt à se déchaîner et Raymond Poulidor pour lequel Marcel Bidot penchait secrètement. Et c'est l'étape Font-Romeu-Albi.

Pingeon attaque, superbe et généreux. Derrière avec un bref moment de panique, on s'organise et l'on tente de répliquer. Et c'est la chute fatale de Raymond Poulidor :

« Au classement général, devant moi, seulement Van Springel et Janssen et je venais de les lâcher dans les bordures, avec un vent de trois quarts face ! Nous roulons sur la droite en file indienne. Un motard de la T.V. arrive sur notre gauche. Pour relever les numéros de dossards, il tenait le guidon d'une main, il se retourne, sa roue avant s'est engagée dans une saignée d'écoulement des eaux. La moto est partie dans les airs réalisant un véritable saut périlleux et elle m'est retombée dessus ! »

Poulidor écrasé au sol est K.O. le visage meurtri, ensanglanté.

« J'ai fini l'étape dans un cauchemar affreux. Tout s'écroulait. Je l'affirme, c'est la seule fois de ma carrière où j'étais persuadé que j'allais gagner le Tour. »

La suite, Tour ouvert avant la dernière étape contre la montre Melun-Paris, avec les positions suivantes :

1er Van Springel, 2e Janssen à 16 s, 3e Bracke à 1mn 56s de Van Springel, donc 1mn 40s de Janssen. Un fantastique finish en perspective où tout pouvait survenir, notamment la victoire de Ferdinand Bracke, le rouleur belge. Le recordman de l'heure ne manquait pas de partisants.

Janssen ne tient plus en place. Nerfs à fleur de peau il gamberge. Il veut gagner. Et tous les moyens seraient bons. Seulement voilà, depuis

1966 le contrôle anti-dopage est en place et avec lui pas question de « changer la mule ». Ne sachant, quelle décision prendre, il appelle le docteur Pierre Dumas, médecin chef du Tour qui lui rend visite dans sa chambre. Il lui montre tous les produits que contient sa valise. Réponse de Dumas : « Prends ce que tu veux, mais je te certifie que tu passeras au contrôle comme tout le monde. »

Ce qui fut fait évidemment avec même une vigilance accrue de la part du Dr Dumas. Et cela devrait faire justice de toutes les rumeurs tendancieuses qui allaient circuler par la suite.

Tous les pronostics étaient bouleversés : Janssen l'emportait avec 54 s d'avance sur Van Springel et 1 mn 23 s sur Bracke qui avait affiché des signes de fatigue dans cette dernière semaine de course. Au classement général Jan Janssen gagnait le Tour avec 38 s sur Van Springel et 3 mn 3 s sur Bracke. Il réalisait son rêve et devenait le premier Hollandais à inscrire son nom au palmarès du Tour.

Contrairement à Walkowiak, en 1956, qui n'en avait gagné aucune, il avait remporté l'étape Seo de Urgel-Canet plage, avant le test final contre la montre ; mais à l'image de Robic en 1947, il n'avait jamais porté le maillot jaune en cours de route.

Ce Tour était le sixième disputé par notre Batave myope et musclé. En 1963, il avait été éliminé sur une chute après avoir gagné l'étape de Limoges. Il s'était classé ensuite 24e en 1964, 9e en 1965, 2e en 1966 et 5e en 1967 avant de l'emporter en 1968.

Il gardait un souvenir amer du Tour 1966 (disputé par équipes de marque).

« C'est en 1966 sur le Tour que j'ai marché le plus fort de ma carrière, attaque Jan Janssen. Sans une maudite panne de radio c'est moi qui m'impose ! Oui, je dis bien une panne de radio. J'étais en jaune à Briançon où j'avais passé une journée de repos à commencer à y croire. Mes forces, je les sentais intactes. J'ai commis une erreur, celle de quitter la tête ce dont a profité « Aimar-le-Renard » pour s'enfuir vers Turin. Mais moi, et j'insiste bien là-dessus, j'ignorais totalement son échappée. Personne ne m'ayant prévenu. Moi n'ayant rien vu. Maurice de Muer, mon directeur sportif de Perforth-Sauvage-Lejeune, pas plus.

» Puis tout d'un coup, Félix Lévitan, codirecteur du Tour, a annoncé un écart de 2 mn 40 s sur radio Tour entre Aimar et nous. Jusqu'alors j'avais cherché Aimar partout, persuadé qu'il se planquait quelque part. Effectivement mais c'était devant, loin devant ! Vous comprenez que cette panne de radio est survenue inopinément. Quand je pense que dans le peloton, il y en avait qui répétaient que Lucien Aimar était parti et moi qui refusais de leur accorder la moindre crédibilité... C'était pourtant vrai. Pourtant, les routes qui tournicotaient et changeaient de relief, tout cela donnait raison à ceux qui affirmaient que « Aimar-le-Renard » avait bel et bien filé.

» Quand Maurice de Muer entendit le communiqué, il gicla comme un obus vers l'avant... et constata les faits : « il » était devant. Sûr que par la suite, je ne l'ai pas laissé en paix, le renard. J'en avais gros sur le cœur de m'être laissé berner par la faute de cette absence d'information. »

Devenu marchand de cycles à son nom, Jan Janssen s'occupe d'un petit club de sa région entre Rotterdam et La Haye. Evoquant ce Tour 1966, il ne parvient pas encore à cacher sa rancœur :

« Le lendemain, entre Ivréa en Italie et Chamonix, il en a eu de la chance Aimar, d'avoir à ses côtés des tuteurs aussi solides que l'étaient Anquetil et Jimenez. Sans eux, c'est par la fenêtre qu'il passait. Car il ne parvenait pas à suivre et régulièrement, il y en avait un pour le ramener. Moi je vous le dis, il peut les remercier... »

Suit un coup de casquette au mécanicien Robert Ryckenbusch :

« Avec lui, mon matériel était toujours parfait. Je roulais dessus sans me poser l'ombre d'une question à son sujet. C'est important sur un Tour de n'avoir aucune inquiétude à se faire pour son matériel. Dès l'instant où j'enfourchais mon cadre, je ne pensais plus à ma bécane. »

Et Jan Janssen reconnaissant acceptait, en 1967, de devenir le parrain du fils de son ami Ryckenbusch, prénommé Jan naturellement.

Notre estimé marchand de cycles ne manque jamais de suivre une ou deux étapes sur le Tour. Il se remémore :

« Quand je suis devenu champion du Monde pros. à Sallanches, je n'avais pas porté une attention particulière à celui qui avait enlevé le titre amateur la veille, un belge de 19 ans du nom d'Eddy Merckx.

Nous savons tous que les champions amateurs ne font généralement pas de grandes carrières chez les « pros ».

Qui se souvient, en effet, du Britannique Graham Webb, champion en 1967, ou de l'Italien Vittorio Marcelli, lauréat en 1968 ?

Or, en 1967, Jan Janssen retrouvait ce jeune homme sur sa route dans le championnat du Monde professionnel disputé à Heerlen, celui qu'il aurait voulu gagner précisément devant ses compatriotes. Eddy Merckx brisait ses espérances en le devançant d'un quart de roue sur la ligne et ce n'était pas fini : en 1969, Merckx devenait le dictateur des pelotons. Heureux Janssen, finalement, qui avait déjà construit son palmarès avant ce régne absolu.

1969 – 1970 – 1971 – 1972 – 1974

EDDY MERCKX

Le Cannibale

Ce fut une bien belle étape que Chamonix-l'Alpe-d'Huez, le mardi 19 juillet 1977, dans la tradition des grands affrontements en montagne. Henni Kuiper l'emportait grâce à un contre habile, dans le dernier kilomètre, mais Bernard Thévenet, 2e à 41 s, sauvant son maillot jaune, gagnait sans doute le Tour... tandis que parmi les vaincus, loin derrière, arrivait Eddy Merckx...

Au début de cette saison 1977, Eddy Merckx avait signé, avec sa « cuadrilla », pour le nouveau groupe Fiat-France dont le directeur sportif était Raphaël Geminiani. Bobet-Geminiani, Anquetil-Geminiani, cela n'avait jamais été banal. Que n'allait-on pas voir avec Merckx-Geminiani ! Manque de chance pour le malin Raphaël, il prenait livraison d'un super-champion au moment où s'amorçait son déclin. Eddy n'écrasait plus le peloton, il n'était plus le « Cannibale » insatiable mais restait cependant à hauteur des meilleurs. On pouvait encore espérer quelques sursauts victorieux. Gem qui aime tant emboucher les trompettes prenait son mal, et celui d'Eddy, en patience. Et il s'était efforcé, dans ce Tour, de donner le change : « Patience, les gars, vous verrez dans la traversée de Bruxelles... Dans le final sur Charleroi... » Mais Patrick Sercu, le lieutenant, intervenait où l'on attendait Eddy. Gem, sans se décourager, annonçait encore après l'épreuve contre la montre de Morzine-Avoriaz gagnée par Zoetemelk, Merckx 10e seulement : « Bon, la position d'Eddy est idéale... Il les lâchera tous dans les descentes du col de la Madeleine et du Glandon. » Or Eddy, lâché dans la montée de la Forclaz, au cours de la 16ᵉ étape Morzine-Chamonix, avait encore perdu 2 mn 37 s sur Thurau vainqueur. Et c'était maintenant, à l'Alpe-d'Huez, l'effondrement total qui ne laissait apparemment plus de place à l'espérance. C'était du moins l'opinion de Raphaël et de la majorité des suiveurs. Or il entendait avec stupéfaction, le lendemain à Saint-Etienne, Eddy déclarer dans les micros : « Je ne peux quitter le Tour sur une défaite aussi nette. Je n'étais pas en bonne santé. Je reviendrai l'an prochain, non plus pour gagner, je ne me fais pas d'illusion, mais pour faire quelque chose et laisser une meilleure impression. J'ai beaucoup réfléchi cette nuit, je ne prends pas cette décision à la légère. Je tiendrai parole. »

Cela sur un ton attristé mais d'une sincérité absolue.

En 1978, il attaque la saison sous des nouvelles couleurs encore, celles du groupe C & A, firme de prêt-à-porter, avec tous ses fidèles auxquels est venu se joindre Lucien Van Impe. Il participe au Tour du Haut-Var, à Draguignan, fin février, souffre terriblement dans la montée de la côte de la Tuilière et termine 5ᵉ derrière Freddy Maertens, Zoetemelk, Vandenbroucke et Van Springel.

Ce modeste résultat le rend presque heureux cependant et le confirme dans ses résolutions : « Oui, je reviendrai dans le Tour, dit-il encore, sans ambitions personnelles, uniquement pour aider Van Impe à gagner. » Sincère toujours. Et puis de nouveaux ennuis de santé se déclarent et il doit se prêter à de nouveaux examens médicaux. Jeudi 18 mai 1978, au Centre international de presse de Bruxelles, Eddy Merckx annonce sa décision irrévocable : il se retire des compétitions. La carrière du champion au palmarès le plus prestigieux de toute l'histoire du cyclisme est terminée. Certains se sont étonnés qu'il ait mis si longtemps à se rendre à l'évidence. Depuis deux saisons ses activités étaient perturbées par des maux divers : sinusite chronique, affection sanguine à virus, séquelles de chutes anciennes. L'incomparable mécaque à pédaler était détraquée. Il fallait bien le reconnaître un jour. Mais comment un gagneur de la trempe de Merckx pouvait-il accepter défaite après victoires d'un même cœur ? Cela n'existe que dans les poèmes, pas dans les pelotons. Et la chute fut en proportion des sommets. Le Tour de France, Eddy l'a fait en 1978, mais à titre de suiveur, triste, l'esprit absent. Il a mis très longtemps à retrouver son équilibre moral et à réaliser qu'il devait recommencer une nouvelle existence, se recycler, comme l'on dit. C'est chose faite désormais, Eddy Merckx est devenu homme d'affaires dans l'immobilier et les produits pharmaceutiques. Il peut jeter un regard sur son exceptionnelle carrière cycliste avec plus de sénérité. Notre propos n'a pas été de la retracer dans son intégralité, un livre y suffirait à peine (un de plus !). Nous nous sommes limités au Tour de France et le sujet était suffisamment vaste pour justifier plusieurs entretiens. Eddy est resté, dans ses déclarations, fidèle à lui-même : un gagneur qui ne se renie pas.

Lorsqu'il débute dans le Tour, en 1969, il a 25 ans. Champion du Monde en 1967, vainqueur de maintes classiques, il a gagné son premier Giro en 1968. Il était en passe de gagner le second lorsqu'il fut déclaré positif à un contrôle anti-dopage le 2 juin 1969. Il devait en être terriblement affecté.

Il nous a paru intéressant de donner, sur ce point, l'opinion du docteur Philippe Miserez, chef du service médical du Tour de France :

« Merckx a été profondément marqué par cette affaire du Giro, dit-il. Il a toujours protesté de son innocence et je crois à sa sincérité. Il était devenu très méfiant, super-méticuleux pour tout ce qui concernait les soins et les médicaments. Il s'est penché sur le problème et il est devenu une véritable encyclopédie des produits pharmaceutiques. Il connaît non seulement leurs noms, ce qui n'est déjà pas si facile, mais aussi leur composition chimique. Je dois même avouer qu'il en savait, sur ce plan, plus que moi qui suis en priorité cardiologue. Il a étonné le professeur Ruff, physiologue à l'Hôpital Necker, par ses connaissances sur la préparation biologique. Il savait les avantages et les inconvénients de chaque produit. S'il le voulait vraiment, il pourrait aujourd'hui préparer ses examens en pharmacie. Je ne dis pas cela péjorativement mais pour rendre hommage, au contraire, à un champion qui ne voulait surtout pas enfreindre la loi et se faire piéger pour avoir usé d'un produit interdit. Et c'est pour cela que cette affaire du Giro 1969, lorsque j'ai connu Merckx, m'a énormément surpris. »

Et l'on comprendra mieux quel était l'état d'esprit du champion bruxellois abordant après cela son premier Tour de France :

« Je voulais, sur le Tour, effacer cette cruelle désillusion, nous confirme-t-il. Je ne pouvais comprendre – aujourd'hui encore je ne l'ai pas compris –, comment avait-on pu me trouver positif à un contrôle anti-dopage. A mes yeux, je n'avais rien à me reprocher et c'est avec une idée bien ancrée de revanche que j'ai pris le départ de mon premier Tour à Roubaix alors que ma suspension par l'Union cycliste internationale venait d'être levée par une mesure spéciale qui faisait état de ma bonne foi... sans d'ailleurs m'innocenter officiellement. En fait, ce Tour je l'ai remporté beaucoup plus facilement que je ne pensais. Mon équipe Faema était au point. Je la préparais depuis deux ans sur le Giro. Elle était très complète. Elle l'a prouvé dès la première étape contre la montre par équipes courue dans mon quartier de Woluwe-Saint-Pierre, à Bruxelles et tous savaient l'importance sentimentale que j'attachais à cette victoire. J'ai porté mon premier coup sérieux le sixième jour dans la montée du Ballon d'Alsace au cours de l'étape Mulhouse-Belfort. Ce fut mon meilleur jour, je crois, avec celui de Luchon-Mourenx, 17e étape. A ce moment, j'avais course gagnée assez largement mais je me sentais poussé en avant presque malgré moi. Je me suis détaché dans la descente du Tourmalet, à 70 km de l'arrivée. Je pédalais avec un tel entrain que j'en oubliai de manger et de boire. Et j'ai pris un sérieux coup de dingue, pas une défaillance proprement dite, non, un vrai coup de dingue sous le soleil, mais heureusement mes adversaires n'ont pu s'en apercevoir car j'étais seul avec 8 mn d'avance. J'ai eu ainsi tout le temps pour me reprendre. Roger Pingeon, second, a terminé à 17 mn 54 s. Il n'empêche qu'il était costaud, très costaud même. Il se tenait constamment à l'affût et j'aurais été imprudent de lui laisser prendre du champ. A vrai dire, j'ai remporté là ma plus belle et ma plus facile victoire. Celle qui m'a fait le plus plaisir. Elle me vengeait de mon humiliation du Giro et j'étais le premier belge à gagner le Tour de France depuis Sylvère Maës en 1939, depuis 30 ans. Et j'ajoutais au maillot jaune, le vert par points, le blanc du combiné, le Grand Prix de la montagne, le prix du plus combatif... Quelle réception en Belgique ! J'aurais pu me contenter de faire de la figuration dans les critériums. je n'en aurais pas été moins applaudi. Mais pour bien montrer que ce qui importait pour moi, c'était de vaincre, je mettais autant d'application à remporter des critériums ou des kermesses que des grandes classiques. Enfin tout ! Il m'a été reproché alors de ne rien laisser aux autres, mais quand on est fort, on utilise sa force. C'est ce que je faisais. Le Français Christian Raymond m'a baptisé le « Cannibale », un surnom qui m'est resté, mais cela ne me gênait pas du tout. Ne dites-vous pas, en France, qu'il vaut mieux faire envie que pitié ? »

En 1970, Eddy a gagné Gand-Wevelgem, Paris-Roubaix, la Flèche Wallonne, le Tour de Belgique, le championnat de Belgique et le Giro d'Italie avant de s'aligner dans le Tour de France !

« Mon état d'esprit au départ était celui d'un coureur décidé à confirmer, explique-t-il. Je ne voulais surtout pas échouer. Je ne suis pas du genre à me reposer sur mes lauriers et je voulais le prouver, même si cela devait déplaire à certains. Les choses devenaient moins faciles pour moi. Les adversaires m'ayant vu à l'œuvre l'année précédente changeaient de tactique. Ils se sont tous mis sur la défensive, à la manière de Joop Zoetemelk qui débutait dans le Tour après avoir gagné celui de l'Avenir l'année précédente. On a souvent reproché à Zoetemelk de ne pas m'avoir attaqué, mais les autres l'ont-ils fait davantage ? Ils attendaient que je commette une faute. En vain. Sans avoir la forme explosive de l'année précédente, j'étais toujours plein de ressources. J'avais gagné le prologue à Limoges pour annoncer la couleur d'entrée. Ensuite Italo Zilioli, mon lieutenant dans l'équipe « Faema », a pris le maillot jaune en gagnant la 2e étape La Rochelle-Angers. A l'époque, il a été écrit que cela m'avait déplu parce que j'aurais voulu, comme Anquetil en 1961 et mon compatriote Romain Maës en 1935, garder le maillot jaune de bout en bout. C'est faux. Zilioli était plus que mon équipier, c'était mon ami. J'avais envisagé autre chose pour lui, j'espérais qu'il profiterait de ma protection pour terminer 2e au classement général. Nous avions réussi cette opération, en 1968 dans le Giro, avec Vittorio Adorni. Mais Zilioli s'est beaucoup dépensé dans cette étape La Rochelle-Angers et il a faibli ensuite au point de terminer 13e à Paris. Je reste persuadé que Zoetemelk, 2e à 12mn 41 s et Gosta Pettersson, 3e à 15 mn 54 s étaient à sa portée. Je sais que mon résultat dans l'épreuve contre la montre de 7,200 km à Forest, le huitième jour, a déçu en Belgique où l'on s'attendait à me voir vainqueur. Mais l'Espagnol

Gonzalès Linarès a gagné pour une raison précise. Il a effectué son parcours, en début d'après-midi, par beau temps et il a pu se livrer à fond. Moi, beaucoup plus tard dans l'après-midi, j'ai dû rouler sur une chaussée rendue glissante par la pluie et je me suis interdit de prendre trop de risques. Il valait tout de même mieux assurer le coup et rester en position de gagner le Tour plutôt que de risquer la chute pour une poignée de secondes. Par la suite, j'ai eu une pénible montée du Ventoux. Sur cette route rocailleuse et dénudée on cherche l'oxygène pour grimper. J'ai fini vainqueur mais sous la tente oxygène et on a beaucoup épilogué sur cet accident pourtant banal : comme disent les Méridionnaux, j'avais manqué d'air ! Ce fut le cas aussi de Vandenbossche. »

En 1971, Eddy a délaissé le Giro pour courir en France le Critérium du « Dauphiné Libéré » et le Grand Prix « du Midi Libre ». Il gagne ces deux épreuves mais on a cru discerner de légers ratés. Il a été un moment distancé dans le col du Cucheron, au cours du Dauphiné. Dans une étape du Midi Libre courue sous la pluie, il s'est plaint de souffrir du genou.

« Je ne m'étais guère ménagé depuis que j'étais professionnel, analyse Eddy. Sans m'en rendre compte, j'étais peut-être arrivé à un certain degré de saturation. Mais ce sont des choses que l'on se refuse à admettre tant que l'on gagne. Nous avons été premiers, les Molteni, du prologue contre la montre par équipes à Mulhouse. A l'arrivée de la 2e étape Mulhouse-Strasbourg, j'ai débordé mon vieil ennemi Roger De Vlaeminck, par l'extérieur, sur une piste en cendrée sans virages relevés, il fallait le faire. Tout allait pour le mieux et puis je n'ai pas été aussi « saignant » dans l'étape du Puy-de-Dôme. Luis Ocana, vainqueur, a fait mieux encore, trois jours plus tard, dans la 11e étape Grenoble-Orcières-Merlette. Un grand festival et je n'ai aucune excuse à invoquer : il était au-dessus de tout le monde. En revanche, je voudrais insister sur ce qui s'est passé le surlendemain, après la journée de repos. La veille au soir, à table, j'ai décidé de contre-attaquer. Et cela sans attendre. Instantanément, pour harceler Ocana et l'empêcher de prendre l'ascendant sur le peloton. Le Hollandais Rini Wagtmans était le descendeur numéro 1 de notre équipe Molteni et, sans doute, le numéro 1 du Tour. C'est donc lui qui a été chargé de lancer l'offensive dès le départ en attaquant à bloc la descente. Je devais le suivre avec deux ou trois coéquipiers... ceux qui pourraient. Les autres auraient mission de mettre le frein au peloton de façon à ce que je reprenne le plus de terrain possible à Ocana jusqu'à Marseille. La première partie du plan s'est déroulée comme prévu. Rini a basculé dans la descente comme un kamikaze. Huysmans, Stevens et moi dans sa roue. Et nous y sommes allés de bon cœur.

» Ce que je ne pouvais prévoir, c'est la crevaison de Joseph Bruyère derrière. Giorgio Albani, notre directeur sportif de la Molteni, a fait alors décrocher deux ou trois équipiers pour attendre Bruyère et le ramener. Ce qui a mis la moitié de mon plan en l'air ! Les Molteni n'étant plus assez nombreux pour casser l'allure du peloton, celui-ci a pu reprendre un train plus régulier et plus rapide et le déroulement de la course a changé. A l'arrivée à Marseille, je n'étais qu'à moitié payé de mes efforts. »

Eddy avait, apparemment, oublié une scène dont nous avions été témoins : le terrible savon qu'il passa à Giorgio Albani dans les douches, lieu tout indiqué pour cela, du vélodrome municipal de Marseille. Il lui reprochait violemment d'avoir fait attendre Bruyère alors qu'Albani avait pensé faire son devoir en lui portant assistance. Bruyère, formidable rouleur, n'était-il pas l'un des hommes de base de l'équipe ? Mais non, Eddy insistait. En la circonstance, mieux eût valu sacrifier Bruyère pour garder plus de monde à l'avant du peloton et couper les tentatives de démarrage. Ce rappel a arraché un sourire à Eddy :

« Il y a bien longtemps que je ne tiens plus rigueur à Albani, a-t-il assuré, de cette manœuvre évidemment classique ; on ne doit pas, dans la mesure du possible, laisser un homme seul à l'arrière car il risque l'élimination. Mais moi, j'étais remonté à bloc, je ne voyais qu'une chose sur le moment. Disons que j'en voulais aux circonstances, et à Albani, de ne pas m'avoir permis de reprendre plus de temps à Ocana. Dans le feu de l'action, les coureurs ne se contrôlent pas toujours. Tenez, Ocana, je crois qu'il me haïssait à l'époque, ou plutôt qu'il se forçait à me haïr pour se stimuler. C'est une question de tempérament, du jour où nous n'avons plus été rivaux nous sommes devenus d'excellents copains. C'est très humain. Pour en revenir au cas de Bruyère,

Albani ne pouvait savoir qu'il aurait été récupéré avec les coureurs espagnols du groupe Kas, victimes de plusieurs crevaisons, rentrés après les délais mais repêchés par les commissaires, compte tenu de la formidable moyenne de l'étape. Quoi qu'il en soit, j'étais décidé à harceler Ocana jusqu'à Paris, sans répit. Je regrette sincèrement qu'il soit tombé dans la descente du col de Mente avant Luchon. Dans l'orage de montagne qui s'est abattu sur la route, nous sommes tous tombés, mais avec plus ou moins de bonheur. Luis a été le plus malchanceux. J'aurais préféré perdre ce Tour à la régulière plutôt que de le gagner de cette façon qui a laissé planer un doute. J'ai horreur des choses qui restent en suspens. Je suis pour la netteté. Je voulais reprendre le maillot jaune à Luis Ocana. Je ne prétends pas que j'y serais parvenu mais j'aurais refusé, jusqu'au bout, de m'avouer battu. »

Eddy, dans ce Tour, fit plus ample connaissance avec Cyrille Guimard :

« Un coureur très malin, juge-t-il. Il avait pris le prétexte qu'il visait le maillot vert du classement par points pour rouler à fond sur moi, dans cette étape Orcières-Marseille, et il avait ainsi donné un solide coup de main à Ocana. Dans le sprint de la 17e étape, Mont-de-Marsan-Bordeaux, je l'ai battu et je lui ai pris son maillot vert. Je n'étais pas mécontent du tout.

» J'ai retrouvé Guimard l'année suivante, en 1972 encore plus entreprenant en début de Tour, vainqueur de la 2e étape, Angers-Saint-Brieuc, et de la 4e, Merlin-Plage-Royan. C'était un batailleur et il en voulait, mais je ne marchais pas mal non plus. Il n'a pas représenté pour moi, jusqu'à son abandon en fin de Tour, dans l'étape de Pontarlier, un réel danger. J'étais sûr de prendre régulièrement le pas sur lui dans les épreuves contre la montre, ce qui s'est produit dans le prologue d'Angers, et sur le circuit du Lac à Bordeaux. Pour l'épreuve finale de Versailles... il n'était plus là ! Il ne pouvait guère m'inquiéter non plus dans les étapes de haute montagne. Non, j'ai toujours considéré Gimondi comme étant dangereux, bien plus dangereux que Guimard. Il était meilleur grimpeur et d'un rendement plus régulier. Gimondi ne s'avouait jamais battu, il est celui qui m'a le plus souvent inquiété sur l'ensemble de ma carrière et j'ai beaucoup d'estime pour lui. Il n'a pas eu des sommets à la Ocana, mais il représentait une valeur constante.

Comme Poulidor, mais un ton au-dessus. Je me souviens de mes victoires d'étape Pau-Luchon (la 8e) et Orcières-Merlette-Briançon (13e) qui ont démontré que je pouvais être aussi le meilleur grimpeur quand cela devenait nécessaire. Bernard Thévenet, vainqueur aux sommets du Ventoux et du Ballon d'Alsace, commençait à s'affirmer, mais il avait eu encore quelques trous. Et si l'on a coutume de demander, pour juger un vainqueur, devant qui ? Je peux estimer avoir gagné un grand Tour de France 1972 puisque mon second a été Felice Gimondi à 10 mn 41 s et Raymond Poulidor 3e à 11 mn 34 s. »

Cependant Eddy estime que sa victoire en 1974, la cinquième, eut plus de mérite, sinon plus de valeur :

« 1974, ce fut ma grosse année sur le plan du prestige, fait-il observer. J'ai gagné les trois tours nationaux de France, d'Italie et de Suisse et conquis le maillot arc-en-ciel de champion du Monde à Montréal. Je ne me ressentais pas du tout, au départ du Tour, de mes fatigues du Giro. J'ai constaté d'ailleurs que mes meilleurs Tours de France ont coïncidé avec les années où j'avais couru le Giro auparavant. Ce sont les mystères du réflexe conditionné chez le coureur cycliste : plus on pédale, mieux on pédale ! La forme était là, mais pas seule; elle était accompagnée d'une fâcheuse induration à la selle : le mal du cycle ! Je m'étais fais opérer avant le départ mais la plaie n'avait pas eu le temps de cicatriser totalement. Vainqueur du prologue contre la montre à Brest, j'ai terminé avec un cuissard ensanglanté. Et tout le long de ce Tour, j'ai souffert le martyre sans rien en laisser paraître. Surtout dans les cols. Je grimpais, en raison de mon poids, rivé sur ma selle et vous imaginez ce que j'ai pu déguster ! J'essayais bien, le plus souvent possible, de me dresser sur les pédales, comme les grimpeurs de poche genre Van Impe, mais ce n'était pas très réussi. Monter « en danseuse » est pour eux une grande économie d'énergie, pour moi, c'était exactement le contraire. C'est pour cette raison que j'ai été si mal dans l'ascension du col du Chat au cours de l'étape Aspro-Gaillard-Aix-les-Bains; je trimais pour trouver la position la moins inconfortable possible et... elle se dérobait sans cesse sous moi. Poulidor, en revanche, était superbe. Je dois avouer qu'il m'a fait peur. Je me suis demandé s'il n'allait pas forcer le sort et je me suis lancé à sa poursuite comme un fou dans la descente. Ce pouvait être la journée décisive du Tour, il faillait que ça passe ou que ça casse. Je les ai rejoints, heureusement, Poulidor et Mariano Martinez, et battus au sprint. L'honneur était sauf et ils n'ont pas eu l'air de s'apercevoir combien j'avais souffert. Ce qui les aurait incités, sans doute, à remettre cela le lendemain et les jours suivants. Et c'est pourquoi il faut imposer sa loi, même en bluffant, pour étouffer les volontés de révolte. Le même scénario s'est reproduit dans le Plat d'Adet où ma plaie s'est rouverte et Poulidor, cette fois, a gagné à Saint-Lary-Soulan. Et il était prêt à attaquer encore le lendemain ! Je me soignais méticuleusement : des bains, des pommades mais je commençais à trouver le temps long. J'étais en grande forme et tout me fut compliqué, dans ce Tour, par cette blessure malencontreuse. Poulidor terminait glorieux second à 8 mn 4 s et... pétant de santé à 38 ans. Moi, je dus interrompre toute activité cycliste durant un certain temps. Pas de contrats d'après-Tour. Impasse sur les critériums. La santé d'abord. »

Malgré la présence de Gimondi, Francesco Moser, Zoetemelk, Van Impe, Thévenet, Poulidor, Eddy Merckx n'était pas du tout certain que sa brillante série soit terminée au départ du Tour 1975. Il abordait l'épreuve avec la même confiance et la même conviction. Certes Bernard Thévenet l'avait battu dans le Critérium du « Dauphiné Libéré » mais n'a-t-on pas coutume de dire que le Tour de France, c'est tout autre chose ? Il pense pouvoir se reposer sur sa supériorité dans les épreuves contre la montre. Il gagne, en effet, le prologue à Charleroi ; l'épreuve de 16 km sur le circuit de Merlin-Plage le sixième jour, ce qui lui permet de reprendre le maillot jaune au fringant Francesco Moser et encore l'épreuve Fleurance-Auch sur 37 km (9e étape). Mais il éprouve de plus en plus de difficultés à tenir tête aux grimpeurs : Zoetemelk (vainqueur de Pau-Saint-Lary-Soulan), Van Impe (vainqueur d'Aurillac- Clermont-Ferrand-Puy-de-Dôme) enfin Thévenet qui lui porte l'estocade dans Nice-Pra-Loup, (15e étape) et confirme le lendemain dans Pra-Loup-Serre-Chevalier. Thévenet détient le maillot jaune. Et pourtant...

« J'avais encore mes chances, maintient Eddy. Je les ai perdues la veille de l'étape contre la montre Morzine-Chatel, sur 40 km, qui pouvait tout changer. Avant que ne soit donné le départ réel à Valloire, le Danois Ole Ritter se porte à ma hauteur en trombe, Dieu seul sait pourquoi, et accroche mon guidon avec le sien. Je ne l'avais pas vu arriver. C'est la chute. Inévitable, dans laquelle je me fracture la mâchoire. Le soir même, les médecins m'ont conseillé de subir une intervention chirurgicale. J'ai commis l'erreur de m'obstiner à vouloir continuer. Tout le monde voulait que j'arrête. Seuls mes équipiers du groupe Molteni ne disaient rien, se raccrochant à l'espoir que je pouvais encore gagner ce Tour. En fait, mes possibilités avaient été réduites à néant par cette chute. De toute ma carrière de coureur, je n'ai souffert autant que dans cette étape contre la montre de Chatel. Comme un fou, comme un damné... Jamais je n'ai pris autant sur moi pour forcer la mécanique humaine, pour me dépasser. Si c'était à refaire, j'abandonnerais. Et pourtant, j'ai encore trouvé le moyen ce jour-là de limiter les dégâts ! Cela prouve que j'étais encore en droit d'y croire malgré ma défaillance de Pra-Loup où Thévenet avait réussi un coup magnifique. Depuis cette chute, je n'ai plus été le même. Un ressort était cassé. Une soupape a sauté. Mon coup de pédale avait perdu son efficacité. »

Peut-être aussi Eddy Merckx, après tant d'efforts et tant de combats, était-il sur le point de boucler la boucle ? Mais cela, il ne l'admettrait pas, même aujourd'hui avec le recul du temps.

« On a oublié la chute dont j'avais été victime sur la piste du vélodrome de Blois en septembre 1970, dit-il. Or elle a changé énormément de choses dans la suite de ma carrière. Et dans ma vie. Des médecins spécialisés m'ont affirmé qu'ils n'avaient jamais vu un bassin aussi déplacé qui ait résisté au choc et qui ne soit pas brisé. Ce déplacement du bassin a provoqué un tassement des disques vertébraux au niveau des lombaires. Et cela me gêne toujours et provoque des douleurs. Depuis cet accident, je n'ai plus couru comme avant. Je changeais régulièrement ma position en course, je montais ou j'avançais ma selle, je changeais de vélo. On prenait cela pour une manie ou des caprices alors que j'étais bien obligé, éprouvant une gêne constante, de rechercher la meilleure position possible. »

Ainsi Eddy Merckx a récolté sur les routes et les pistes autant de blessures qu'un guerrier de Napoléon sur les champs de bataille. En fait, il a bien été un champion de combat. On n'évoque pas, à son propos, une « allure fluide », un « style harmonieux », un « coup de pédale aérien ». Ses coups de pédales rageurs étaient autant de coups de masse d'arme qui démantelaient le peloton. Et quand Merckx avait battu tout le monde, il voulait encore battre Merckx en surpassant son exploit précédent. Il eût duré bien plus longtemps, dit-on, s'il s'était ménagé davantage, mais eût-il alors été Eddy Merckx ? Et n'a-t-il tout de même pas été à la pointe des pelotons pendant plus d'une décade ? Quel champion peut en dire autant ? Mais il se refuse à comparer les époques, à établir des parallèles :

« Du temps d'Anquetil, dit-il cependant, dix coureurs étaient capables de rouler durant toute une étape à 45 de moyenne. Aujourd'hui, ils sont cent à pouvoir le faire. Il y a des époques. Anquetil a marqué la sienne et moi j'ai marqué la mienne, chacun à notre manière, un point, c'est tout. Sur le plan de l'anecdote, je dis bien de l'anecdote car il ne faut surtout pas en tirer des déductions puisque lui, Anquetil terminait sa carrière alors que je commençais la mienne, nous nous sommes retrouvés au coude-à-coude dans la montée du col d'Eze, lors du final de Paris-Nice 1969. J'étais parti 1mn 30 s derrière lui, dans cette épreuve contre la montre, et je l'ai dépassé juste avant l'arrivée. Moi, cela m'a fait tout drôle. Jamais je n'aurais cru cela possible, dans mon esprit, Anquetil c'était encore Anquetil... A lui aussi, cela a dû faire drôle car je pense être le seul coureur à l'avoir jamais repris dans une épreuve contre la montre. Mais, je le répète, il était dans sa dernière saison de compétition, à 35 ans, et moi j'avais 25 ans... »

Ce fut, en quelque sorte une passation de pouvoirs symbolique. La roue a continué de tourner et nous voici maintenant dans la période Hinault.

1973

LUIS OCANA

Luis d'Orcières

Luis Ocana est un personnage hors du commun par ses envolées follement lyriques, qui s'achevaient dans les cimes, le plus près possible de ce soleil qui fut son symbole.

Il y a du mysticisme chez l'enfant de Priego, village castillan situé non loin de Guadalajara. Elevé chez les frères dans le culte de la religion, il connut durant son enfance une ambiance de méditation qui succéda aux atrocités de la guerre d'Espagne.

En passant la frontière, à l'âge de la communion solennelle, pour suivre ses parents qui s'installèrent dans le Gers d'abord et dans les Landes ensuite, il se métamorphosa dans cette terre du Sud-Ouest où l'on aime à rire, à boire et à se bien remplir la panse. Mais il conserva à fleur d'âme sa sensibilité d'Ibère ; son œil de braise voyant toujours les choses de la vie avec un relief à vif.

Les étapes du Tour s'achèvent à l'heure où les Anglaises prennent le thé et où les corridas commencent. Ocana aurait pu être toréador et se mesurer aux monstres andalous. Le sort en a voulu autrement et c'est en fait avec une bête de race rarissime qu'il eut à se battre : Eddy Merckx !

Il ne faut surtout pas croire que le Cannibale était un adversaire moins dangereux qu'un toro de Miura. Car c'est en le suivant que Luis Ocana a percuté la montagne de plein fouet et s'est retrouvé, gisant, sa tunique d'or rivée à sa chair, comme un pantin désarticulé.

En ce 11 juillet 1971, les Pyrénées grondent, les éclairs, le tonnerre : le décor est prêt pour la tragédie.

« J'avais Merckx en point de mire, commente Ocana. Pas une seconde je ne l'ai quitté des yeux dans cette satanée descente où nous nous trouvions dans l'impossibilité de freiner. La pluie, les alluvions, des feuilles, de la terre, tout cela avait rendu la route incroyablement glissante. J'avais beau broyer les freins, *nada* ! A croire que les câbles étaient coupés. Un phénomène anormal, unique dans ma carrière. Dans un virage à gauche, je vois Merckx filer tout droit, percuter un muret et disparaître Dieu sait où ! Dans la fraction de seconde qui suivit je me suis dit : « Attention Luis ! tant qu'à te panner aussi, il vaut mieux que tu choisisses ton endroit. Par la *ostia*, que pouvait-il y avoir de l'autre côté d'un tel muret si ce n'est le vide d'un précipice ! Comment aurai-je pu deviner que Merckx avait eu l'énorme *suerte* de se retrouver dans une prairie, sur un véritable tapis vert en pente douce ! C'est là le nœud de l'histoire.

» Etant, je le répète, dans l'impossibilité la plus absolue de freiner, j'ai opté pour le bas-côté droit, la pierraille, le flanc de montagne plutôt que l'inconnu qui se cachait derrière le muret. La *mala suerte* a voulu que ma roue se coince dans une rigole, pour être dans l'impossibilité de maîtriser ma chute. Ce fut le trou noir. Le reste, je l'ai appris par la suite : que j'avais voulu remonter sur mon vélo, qu'à ce moment-là Zoetemelk et Agostinho sont arrivés, qu'ils me sont rentrés dedans ne pouvant pas m'éviter. Tout cela, je le sais parce qu'on me l'a raconté. J'étais au plus profond de la vape. Donc ce n'est pas le fait que Joop Zoetemelk m'ait percuté bille en tête qui a changé quoi que ce soit : j'étais K.O. Même si j'étais reparti, je n'aurais pas tardé à m'effondrer car le fait d'être remonté sur mon vélo tenait uniquement du réflexe et pas du tout d'une volonté dirigée. »

C'est un être inconscient que l'hélicoptère enleva pour le transporter, avec son maillot jaune déchiqueté, taché de sang, vers l'hôpital de Saint-Gaudens. Pas de fracture, une sérieuse commotion mais des séquelles au niveau des vertèbres lombaires qui se coincent encore parfois provoquant de vives douleurs.

Devant une paëlla dorée à souhait, un verre de vin *clarete*, aux côtés du truculent Breton Gégène Letendre, Luis Ocana est loin, chez son ami le Basque Moïse Uranga, à la Casa Alcalde de Paris, de la catastrophe du col de Mente. Régulièrement, il quitte sa propriété de Campenne d'Armagnac et sa femme, la discrète et jolie Josiane, pour monter à la capitale placer son alcool régional, l'Armagnac comme de bien entendu. C'est l'occasion de revoir les copains, de raviver des souvenirs. Emporté par sa fougue, le Castillan de Gascogne libère :

» Ceux qui se permettent de dire que j'ai eu tort de suivre Merckx dans une plongée aussi périlleuse que celle du col de Mente m'agacent prodigieusement. Ils me mettent les nerfs à vif. A ce que je sache, je portais bien le maillot jaune depuis Orcières-Merlette. Un maillot jaune, cela s'assume. Ce n'est pas en se planquant dans les roues ou en ménageant sa petite santé que l'on y fait honneur, c'est en se bagarrant en première ligne ! De plus, je me sentais parfaitement à l'aise. Je ne prenais pas plus de risques que Merckx. Remettons les choses dans leur cadre : Merckx me courait après au classement général, alors qu'il soit descendu en tête cherchant par tous les moyens à me lâcher, c'était de bonne guerre. Après tout nous nous sommes plantés tous les deux ! »

Certains analystes de comptoir ont pu en déduire que la grande vision en course d'Eddy Merckx lui a permis de choisir son terrain pour se répandre alors que ce pauvre Ocana, lui, il est tout bêtement rentré dans la montagne ! La vérité vous la connaissez maintenant et ni Dieu ni personne ne pourra la modifier.

Une lampée de *clarete*, une bourrade à l'ami Gégène, et Luis relance avec véhémence :

« Ceux qui pensent que Merckx pouvait encore me battre dans ce Tour se fourvoient complètement. Ils me feraient presque rire. Certes, Merckx était un grand guerrier mais moi qu'est ce que j'étais : une bille, un toutou, un guignol ? Non ! jamais au grand jamais, Merckx ne m'aurait repris les 7 mn et des poussières que j'avais d'avance sur lui. Qu'il eût grignoté une parcelle de terrain je veux bien, mais de là à me passer devant... Je conserve une immense estime pour Eddy Merckx qui démontra « qu'il en avait dans le cuissard » quand, après mon coup d'Orcières-Merlette, il prit un départ en bascule avec Rini Wagtmans pour foncer comme un branque vers Marseille. A l'arrivée, il ne m'avait pas repris tellement de temps et il ne lui restait plus beaucoup d'occasions pour se rapprocher. »

Déchaîné, lancé à fond, Luis Ocana n'admettra jamais que Merckx possédait une chance, aussi minuscule fût-elle, de lui arracher la victoire :

« Mais enfin ! souvenez-vous de l'étape suivante, Luchon-Super Bagnères, sans moi évidemment. Merckx y concède 2 mn sur José Maria Fuente, déjà vainqueur la veille. Certes Fuente marchait mais pas aussi fort que moi. Alors, il n'est pas besoin de sortir de Polytechnique pour comprendre que ce n'est surtout pas là que Merckx aurait effectué un bond en avant. C'est plutôt moi qui l'aurais une nouvelle fois précédé. Ce Tour 1971, je l'avais gagné. Une évidence. N'en déplaise à ceux qui sont de parti pris. »

Boom ! Ocana a vidé sa musette. Soulagé, il nous conte par le menu ce morceau d'anthologie que fut son envolée vers Orcières-Merlette :

« Entre Saint-Etienne et Grenoble où gagne Bernard Thévenet, la veille donc, j'avais constaté que Merckx n'était pas au mieux. Dans la Chartreuse, il en avait pris un coup. Après avoir crevé dans la descente du Cucheron, il tarda à revenir dans le Granier. Au soir de l'étape je me suis dit « Battons le fer pendant qu'il est chaud, j'attaque demain. » Et c'est ainsi qu'à mon rythme je suis parti dans la côte de Laffrey en début d'étape. C'est le Portugais Agostinho qui avait lancé l'affaire. Mais il n'avait fait que me devancer, car moi aussi j'étais décidé à partir de loin. Seuls avec nous, Zoetemelk et Van Impe. Dans le col du Noyer je me sentais merveilleusement bien, seul, car les autres avaient disparu de mon sillage. A dire vrai, je marchais encore plus fort que je ne le pensais. Je jubilais car mon plaisir à moi, c'était de mettre la pagaille. »

Le mot est tombé, un grand sourire le relève :

« Oui, la pagaille ! quelle jubilation pour moi de la semer ! Au lieu de penser : « Tu es en train de gagner le Tour », je me délectais à l'idée du dynamitage que j'étais en train de réussir. Je faisais éclater le classement, quel pied ! »

Il écrasait tout bonnement le Tour : Lucien Van Impe, « le premier des autres », finissait cette 11e étape, courte, 134 km seulement, à 8 mn 43 s, avec non loin de lui Eddy Merckx qui surmonta une défaillance. Voici les écarts au classement général : 1er Ocana 58 h 53 mn, 2e Zoetemelk à 8 mn 43 s, 3e Van Impe à 9 mn 20 s, 4e G. Petterson à 9 mn 26 s, 5e Merckx à 9 mn 46 s. Fantastique !

« J'étais bien obligé de commencer à y croire ! s'exclame Ocana. En me prouvant que j'étais le plus fort, j'avais affirmé ma suprématie auprès des autres. Je commençais à voir la vie en jaune... »

Mais le sort devait en décider autrement.

Puis cet aveu :

« Il m'a manqué de l'ambition pour meubler plus solidement mon palmarès. Par exemple les sprints ! Je ne les faisais jamais. J'aurais très bien pu remporter les sprints de costauds, ceux de groupes d'une quinzaine. Non ! Je laissais aller, pensant, vraisemblablement à tort, que ce n'était pas mon truc. Ce qui m'excitait dans le vélo, c'était la bagarre, être dans tous les coups. La victoire, finalité normale pour les autres, n'était pas pour moi prioritaire. Par tempérament, j'étais l'opposé d'un calculateur. L'idée de doser mes efforts ne m'est jamais venue. En fait, je courais comme un amateur, avec la même fougue débridée. Quel enivrement que de faire exploser un peloton ! je sais, je l'ai déjà dit, mais c'était ça la course pour moi. Les bouquets de l'arrivée, c'était le superflu, la parade. Il fallait s'y soumettre mais sans plaisir.

» Si mon tempérament me dominait sur la route, en revanche le soir, à l'heure du bilan, l'autre Ocana celui qui pense plus rationnellement, dirons-nous, reprenait le dessus et engueulait le coureur. Mais l'on ne se refait pas. Rien ni personne n'aurait pu modifier mon comportement en course. C'est pour cela que je n'ai aucun regret. Tout ce qui m'est arrivé sur un vélo c'est moi, c'est Ocana ; y changer quoi que ce soit serait fabriquer un autre coureur. Je n'y tiens pas ! »

Lié avec les rugbymen de Mont-de-Marsan, les Dauga, Boniface, Darrouy... le *dinamitero* de Castille a toujours eu un goût prononcé pour les combats virils, engagés, à la loyale. C'est pour cela qu'il aurait voulu que Merckx soit présent au rendez-vous de 1973 pour mettre une bonne fois pour toutes les choses au point. Mais il refuse d'en parler.

« Je n'ai pas à juger les raisons de son absence, dit-il simplement. Il restera pour moi qu'après mes malheurs de 1971 et la maladie qui en 72 m'a forcé à abandonner dans les Alpes, j'ai enfin terminé en vainqueur. C'est dans la 8e étape Méribel-les-Orres que j'ai fait la décision. Dans les Pyrénées, je n'ai fait ensuite que consolider ma position. »

Gentiment un basset s'approche pour mendier quelque relief de paëlla, ce qui a le don d'évoquer un nouveau souvenir dans l'esprit de Luis Ocana :

« Si ce chien-là est adorable, en revanche celui qui m'a coupé la route sur la première étape en Hollande et qui a provoqué ma chute je l'ai maudit. Contusionné, pelé, je me suis dit : « Mon pauvre Luis, décidément, le sort s'obstine contre toi. Ce diable de cabot avait mis le doute dans mon esprit. Il fut mon seul véritable ennemi sur ce Tour que j'ai maîtrisé de bout en bout. Depuis 1971, je savais que j'avais la dimension d'un vainqueur. »

Puis celui qui est devenu un bon vivant dans le Sud-Ouest rugbystique se montre philosophe :

« Les grands du cinéma ont un job qui les porte toute une vie. Ils vieillissent face à la caméra. Je pense à John Wayne et Jean Gabin. Nous les cyclards, notre gagne-pain n'est pas éternel, alors bien sûr il faut se serrer la vis parfois. Mais moi, même du temps où je faisais le métier, j'ai refusé de devenir l'esclave de ma machine. J'aimais trop les plaisirs de la vie pour tirer un trait radical dessus. »

Puis ce parallèle avec Merckx :

« Merckx était un obsédé de la victoire. Pas moi. Animer me suffisait. Le Merckx du début était un robot. L'aspect humain n'avait pas sa place. C'est le Merckx de la fin que j'ai apprécié car précisément le côté humain prenait le dessus. Il devenait enfin accessible. Les gens avaient la fâcheuse tendance d'établir des comparaisons avec Merckx. Nous avions chacun notre façon de courir, chacun notre personnalité. Cela m'agaçait d'entendre que je ne savais pas courir. Faux ! la tactique, la musique, tout le bataclan, le flair, la concentration et j'en passe, je connaissais mais ces mots ne s'appliquaient pas à moi. C'est tout ! »

Après cette nouvelle affirmation d'une personnalité fière, altière d'hidalgo racé, Luis Ocana parle avec admiration et chaleur de Jacques Anquetil :

« Anquetil c'était la perfection, un champion unique et un homme rare. C'est à Augrefeuilles, près de la Rochelle, que nous avons sympathisé chez Kiki Favreau, durant la tournée des critériums de l'automne 68. Il y avait là mes compatriotes Aranzabal et Balagué ainsi que Jean-Pierre Danguillaume. Un noyau d'amitié s'était créé et Jacques Anquetil y était pour beaucoup. »

Quand il lui est rappelé que sa santé ne fut pas toujours insolente, il réagit avec superbe :

« Et alors ! Elle fût même un handicap sérieux. J'ai effectivement été touché aux poumons mais le fait que j'ai réalisé des trucs marquants avec une santé flageolante me rehausse encore. Moi qui connut, gamin, des problèmes de tuberculose, il m'a fallu prendre sur moi et parfois me faire très mal. Je suis dur au mal. J'aime les sports où l'on se rentre dedans, les sports de mâle, de macho, qui m'attirent. Ceux où l'on peut se dépasser. Si en Belgique on naît sur un vélo, en Gascogne c'est avec un ballon ovale à la main. Qui dit rugby dit 3e mi-temps. Peut-être la plus importante des trois. C'est peut-être pour cela que je me sens profondément Gascon ! »

Il suffit de goûter l'armagnac « Ocana », pour comprendre que la Gascogne possède, si ce n'est un nouveau cadet, tout du moins un nouveau vétéran qui vieillit aussi bien que son alcool.

1975-1977

BERNARD THÉVENET

Nanard-le-Brave

S'il possède un caractère fortement trempé quand il doit affronter un rival, Bernard Thévenet ne parvint jamais à frapper sur la table pour secouer ses propres hommes.

Cette constatation provient de son directeur sportif du groupe Peugeot-Esso, Maurice de Muer. Elle montre l'homme à deux faces qu'est le double vainqueur du Tour.

Capable d'un courage insensé quand il faut se battre, rivé sur son cheval à deux roues, Nanard-le-Brave ne sait plus comment s'y prendre lorsque ses compagnons abusent de sa gentillesse et ne donnent pas leur pleine mesure pour l'épauler.

Ce qui a d'ailleurs plusieurs fois valu à Maurice de Muer de pousser sa gueulante afin que les Peugeot embrayent la vitesse supérieure.

L'affable et dodu Maurice, qui dirigea Jan Janssen en 1968 (en dehors du Tour couru par équipes nationales) et Luis Ocana en 1973, avant d'accompagner par deux fois Bernard Thévenet en jaune jusqu'aux Champs-Elysées révèle :

« Janssen et Ocana étaient des patrons, personne ne bronchait, chacun savait quel était son job et l'éxécutait du mieux qu'il pouvait, alors qu'effectivement Bernard manque d'esprit de décision et de sévérité pour imposer son point de vue. A part cela, cet être plutôt secret reste un grand coureur, remarquable grimpeur. Toujours là quand la bagarre fait rage. C'est un garçon en or. Mais il faut dans un premier temps gagner sa confiance. Bernard Thévenet a été la premier à avoir, sur le Tour, coupé le chemin de la victoire à Eddy Merckx. En 1975 où le « bis-roi des Belges » dut se contenter de la 2e place. Certes, Merckx n'était plus à son zénith mais cela Thévenet ne l'admet qu'à moitié.

« En 1975, Merckx était encore lui-même. Que l'on me dise qu'en 1977, lors de ma seconde victoire, j'ai battu un Merckx sur le déclin, d'accord, mais pas en 75 ! Longtemps j'ai cru que je serais obligé de me contenter de la 2e place. »

Après avoir ébroué son vélo, couvert par la neige de mai, après une sortie frileuse et courageuse, Nanard pour les intimes, décrit le moment où ce Tour a basculé :

« C'était dans Nice-Pra-Loup, l'attaque des Alpes donc. Merckx est parti comme une bombe dans la descente du col d'Allos. Il jouait un palpitant quitte ou double. Je n'ai pas pu suivre son train d'enfer dans la descente. Mais moi, plongeant moins vite, j'ai pu lâcher le guidon pour m'alimenter ce qu'il s'est interdit. Cela a causé sa perte. C'est vraisemblablement parce qu'il avait le ventre vide qu'Eddy Merckx a manqué de force dans l'ascension de Pra-Loup. Quant à moi, je n'étais pas fringant dans la descente d'Allos. Gimondi m'y a lâché également. Jamais, à ce moment, je ne pensais prendre le maillot jaune à l'arrivée. Puis tout s'est précipité. Quand j'ai vu Merckx un peu plus haut, moins loin que je ne le pensais, je me suis subitement mis à y croire. Cela m'a fouetté le moral. J'ai d'abord passé Merckx qui tanguait puis je suis revenu sur Gimondi à l'approche de la banderole et j'ai gagné. Quand « la Galoche », mon mécano Jean Claude Vincent si vous préférez, m'a annoncé que j'avais 58 s d'avance sur Merckx, j'ai cru que c'était à l'étape, pas au classement général ! »

C'est donc là, à Pra-Loup, dans le refuge du Napoléon du ski, alias Honoré Bonnet, que Bernard Thévenet prit une option sérieuse sur la victoire finale.

« J'ai remarquablement dormi cette nuit-là, précise-t-il. D'ailleurs, j'ai constaté que chaque fois que tout allait bien pour moi je dormais comme un ange. Par contre, quand ça ne tournait pas rond, mon sommeil était agité. Dans ma tête, je n'étais surtout pas sûr d'avoir gagné. J'avais une trouille bleue de Merckx. Il passait toujours à mes yeux pour un épouvantail. Car moi, je vous le dis, en 1975, Merckx c'était encore un drôle de loustic.

» Ce qui n'empêche que je faisais rebelotte le lendemain à Serre Chevallier. J'étais alors en droit de me dire : « Pourquoi pas ? » Puis Eddy connut sa chute au départ à Valloire et c'est principalement sur les routes conduisant à Morzine-Avoriaz qu'il souffrit du visage.

Dans le contre la montre Morzine-Châtel, je n'avais qu'une préoccupation : préserver mon maillot jaune. Le succès d'étape m'importait peu. J'avais roulé le matin à l'échauffement avec Lucien Van Impe. Il marchait le tonnerre. Mais celui dont je continuais à me méfier c'était Merckx. Uniquement Merckx. La foule me renseignait. Je savais grâce à elle où j'en étais par rapport à lui. Vous savez, la foule ne se trompe pas, on peut lui accorder sa confiance. Un peu derrière, un peu devant, puis finalement un peu derrière Eddy, à 15 s, je finissais 4ᵉ derrière Van Impe, Ritter et Merckx mais cela suffisait à mon bonheur. Mon maillot prenait de la consistance à quatre étapes de la fin.

Pour la première fois, le Tour arrivait sur les Champs-Elysées et c'est le Président de la République, Giscard d'Estaing, en personne qui m'a remis le maillot jaune. Cela marque dans la vie d'un homme.

Bernard enclenche avec le Tour 1977 qui lui a valu le doublé :

« Dans l'Alpe-d'Huez, j'ai bien cru que tout était perdu pour moi, rappelle le Bourguignon. Van Impe avait flingué dans le Glandon, le mal nommé, car lui il y avait fait tout sauf glander ! Je me défonçais pour aller le chercher avec, bien au chaud dans ma roue, Kuiper et Zoetemelk. Mon directeur sportif Maurice de Muer rendu fou de rage par l'attitude des deux Hollandais me hurla de laisser filer. Je me suis donc relevé. Un bref instant. Car n'y tenant plus, comprenant parfaitement que le Tour se jouait à mon détriment, je ne voyais qu'une seule solution si je voulais l'emporter : me défoncer. Alors je me suis lancé farouchement dans la bataille. Je traînais les Bataves mais je m'en moquais. J'étais obsédé par l'envie de rouler plus fort, le plus vite possible. Entre le Glandon et l'Alpe-d'Huez, du faux plat, de la montagne russe. J'étais costaud. J'ai connu l'ivresse du gars fort qui s'offre le boulot toute volonté dehors, avec plaisir. A la vérité, ne sachant pas trop où cela allait me mener. Je m'en fichais. J'allais au bout de moi-même, le reste n'existait pas.

69. Les trois du podium 1974 en action, dans l'ordre : 1er Merckx, 2e Poulidor, 3e Lopez Carril.

70

70. « Après-Tour », l'émission de télévision 1re chaine avec Daniel Pautrat (de dos). Le maillot jaune Bernard Thévenet interviewé par Félix Lévitan. On reconnaît de g. à dr. le skieur Jean-Noël Augert, le lutteur Daniel Robin (deux champions du monde), Maurice de Muer, un P. D. G., Roger Pingeon et Jacques Anquetil.
71. Rare : Merckx, blessé à la selle, en danseuse dans le Tour 74.
72. Mano à mano Thévenet - Merckx dans le Tour 75. Merckx encore en jaune...
73. Chute de Merckx après Valloire : machoire fracturée !

72

73

74. Le crépuscule d'un Dieu : Merckx à l'Alpe d'Huez en 1977.

75. Van Impe impose sa loi en 1976 ici devant Zoetemelk, Galdos (à g.) et Thévenet.

76. L'espace d'un jour Delisle a vu la vie en jaune dans le Tour 76 entre Font-Romeu et Saint-Gaudens.

74

75

76

MIKO

77

77. Thurau remporte le sprint à Pau devant Villemiane, Merckx et Thévenet (5e).

78. Thévenet en première ligne, Zoetemelk et Kuiper derrière, entre Chamonix et l'Alpe d'Huez : une fin de Tour serrée en 1977 entre le Bourguignon et Kuiper.

79. Hinault farouche combattant contre la montre.

80. Hinault avec, rivé à ses basques, les Hollandais Zoetemelk et Kuiper.

78

79

80

81. « Bien Bernard ! continue comme ça » : conseil d'un ancien Breton à un jeune, de Bobet à Hinault.

82. Bernard Hinault en famille, avec sa femme Martine et son fils Mickael.

» Bien sûr, là-haut au sommet Hennie Kuiper m'a ajusté mais cela ne lui a pas suffi. Zoetemelk a été relégué. Quant à Van Impe, il a explosé. J'étais bien le gagnant du jour.

» Avec le recul je pense que j'ai connu là la journée la plus accomplie de ma carrière. « La tête et les jambes ». J'ai prouvé que je savais défendre le maillot jaune. J'en ai assumé les responsabilités. Heureuse initiative que de ne pas me plier aux ordres de Maurice de Muer qui consistaient à abandonner une lutte qui lui semblait déséquilibrée. J'ai fait preuve de sang froid, de lucidité, d'expérience. C'est un coureur mûr qui domine son sujet qui a su sauver une situation délicate, désespérée même à un moment. Pendant deux heures de course environ j'ai connu mon propre sommet. Kuiper me talonnait de 8 s, certes, mais je me sentais solide, confiant, serein, après cette journée qui fut, je le répète, la plus belle de ma carrière.

» Dans la montée de l'Alpe-d'Huez, le public me portait. Une foule énorme qui m'ovationnait. C'est en partie à lui, le public, que revient ma victoire finale, car je me demande, seul sur la route, si je serais parvenu à me surpasser comme ce fut le cas dans l'ascension vers l'Alpe-d'Huez. J'avais l'impression de souffrir pour eux, ces milliers de Français qui voulaient que je gagne. Je sentais que s'ils le pouvaient, ils souffriraient à ma place.

» Ensuite, ce fut le contre la montre Saint Trivier-Dijon, où j'ai libéré tout ce qui me restait dans le ventre et j'ai gagné mon duel avec Kuiper, coriace et ardent. Mais aussi Thurau qui montra tout du long de ce Tour bien des qualités. »

Ces stations alpestres qui lui ont valu de la joie et du bonheur, il leur porte une telle affection Bernard Thévenet qu'il envisage de s'installer, quand le vélo sera mis au clou, dans l'une d'elles pour y ouvrir un hôtel. Il y eut enfin la dernière étape en ligne :

« Habituellement, c'est de la bricole. On plaisante, on roule au ralenti. Or, sur les Champs, je me suis trouvé piégé dans une chute collective. Kuiper s'est planté aussi. Il est tombé après moi et il a pu repartir le premier. Bruyère est resté au sol. Je me suis tâté, rien de cassé, les deux roues tournent, O.K. je fonce ! Dans ma précipitation, dans mon inquiétude de voir Kuiper me larguer, je n'ai pas vu que mon guidon était tordu. Tant pis ! Pas question de m'arrêter pour le redresser autrement Kuiper en aurait profité. Alors, c'est le guidon en travers, la peur de perdre au ventre, que j'ai achevé mon parcours. Il pleuvait, ça glissait. C'était affreux, dans ma tête, des idées noires et jaunes s'entremêlaient, me tapaient les tempes. Tenir jusqu'au bout ! Ce serait trop stupide de laisser filer la victoire après tant d'efforts... J'ai tenu ! Nous n'étions plus que 53 mais en file indienne cela faisait long. Je ne perdais pas de vue le maillot de Kuiper. Je ne voyais que lui. Ainsi ai-je pu jusqu'au bout préserver mes 48 s. Ce n'est qu'à la flamme rouge du dernier kilomètre, lorsque Jean Pierre Danguillaume m'a annoncé avec un sourire large comme ça : « C'est gagné ! » que je me suis décontracté. Quand Jacques Chirac m'a remis ensuite le maillot, il m'a demandé comment s'était passée cette fin de Tour.

« Avec cette pluie nous risquions de tomber à chaque instant, que j'avais répondu. Et lui avait cru bon de relancer : « Très bon pour le suspense ! »

» Je me suis abstenu de lui avouer ce que je pensais mais, dans mon for intérieur, je me suis dit : « Celui-là, il n'a jamais dû rouler sous la flotte ! »

» Il m'a carrément assis.

» Je me suis mis alors à repenser à ce radio reporter qui était venu me voir la veille et qui m'avait baratiné, comme il l'avait déjà fait deux ans auparavant lors de ma première victoire, pour m'interviewer, faire comme si le Tour était fini et que je l'aie gagné. En 1975, j'avais refusé de dire la veille que j'étais victorieux. Là, plus sûr de moi, j'ai accepté. Cela a failli me porter la poisse ! J'ai d'ailleurs horreur de parler de chute ou de crevaison durant les courses. Par superstition. »

Bernard Thévenet ne peut s'empêcher d'ouvrir les guillemets sur celui à qui il voue la plus ardente des admirations : Eddy Merckx.

« Au début, en 1970 et 71, je faisais mes classes sur le Tour, tout en remportant un succès d'étape à chaque fois à la Mongie en 1970, année où je finis 4e et à Grenoble en 71. Merckx n'avait aucune raison de s'intéresser à moi. En 1972, je suis de la chute Ocana, avec Van Impe et l'infortuné Alain Santy, dans la descente de l'Aubisque à Arthez-d'Asson. Je rallie Pau dans le brouillard, sans savoir sur quelle épreuve j'étais. Ce qui ne m'a pas empêché de m'imposer au Ventoux, trois jours après, et de récidiver au Ballon d'Alsace, en fin de Tour, pour terminer en 9e position, juste derrière ce baroudeur de Joaquim Agostinho. Durant ces trois Tours, j'ai effectué mon apprentissage. En 1973, je suis absent, et en 74 malade. Merckx a toujours été un adversaire loyal, régulier. Je le fus tout autant. Quand il a chuté après Valloire, je n'ai pas bougé alors que l'occasion aurait paru belle à d'autres de l'attaquer. Tout comme lui, je pense que l'on n'attaque pas un homme à terre. Il m'est arrivé de crever, jamais Merckx n'a profité de la situation. Le mercredi suivant ce Tour 1975, avant le critérium de Woluwe-St-Pierre, près de Bruxelles, il m'a invité à dîner en famille chez lui. Nos liens se sont consolidés ce soir-là.

» Pour la course contre la montre de Châtel, avant le départ, il vint me voir et, constatant que je montais un plateau de 13 dents normal, il me conseilla de prendre un 12 dents. Comme je n'en possédais pas, il m'en a donné un ! Beau geste, non ?

» A la vérité, je lui dois beaucoup à Merckx. Car ma victoire dans le Tour 1975 m'a libéré. Je suis devenu un autre homme. Quand on a battu Merckx plus personne ne saurait vous faire peur. J'ai donc pris de l'assurance. Beaucoup d'assurance... »

Puis, Bernard prit d'autres choses moins permises que l'assurance. Il ne dit surtout pas avoir toujours dit non à « des fruits défendus ». Il regrette :

« Il y a trop de choses à savoir sur tous ces produits, qu'ils soient permis ou interdits. Des trucs à y perdre son latin quand on le parle. Comme moi je l'ai jamais appris, le latin, c'est pas fait pour favoriser les choses. D'un morceau de vérité il a été dit des choses qui m'ont peiné car elles ont été exagérées. Nous sommes en 1979 et je refuse d'abdiquer. Ce que je veux : participer, pas suivre. »

Depuis sa victoire dans le Tour 77, Bernard Thévenet a changé de vie. Sa nouvelle compagne, la blonde Monique, mieux qu'une supportrice, lui accorde une confiance absolue, elle croit en lui.

Et lui Bernard Thévenet a besoin, un besoin vital, de cette confiance, comme d'un second souffle, qu'il cherche inconsciemment. Sensible, fier, Bourguignon de sang, il est né dans un hameau qui portait un nom à moitié populaire, « le Pou » ! Le bourg au bout du chemin, lui, avait un nom carrément prédestiné « Le Guidon ». Après avoir musclé sa tête et ses bras à la ferme, Nanard, de chez Thévenet, mit le nez à la fenêtre. Et se fit sa place au soleil.

Aujourd'hui, en attendant de s'installer dans une station de sports d'hiver et de se détendre en jouant au dévaleur de pentes à skis, il refait sa vie à Nogaret, près de Grenoble. Il est au pied de ces Alpes où il fut si souvent dominateur. Il a donc décidé d'y remonter pour y vivre.

1976

LUCIEN VAN IMPE

Le Mini-Flamand Jaune

Alors que les épaules s'élargissent, que les tailles grandissent, que l'ère du musculaire, des athlètes complets, des décathloniens de l'asphalte, approche à grande vitesse, celle où le peloton sera composé de coureurs du type Thurau, Moser, Braun, de Wolf, il reste un petit gars, au sourire éternellement épanoui, Lucien Van Impe, pour défendre une race en voie de disparition, celle des purs grimpeurs.

Tout comme Gaul, Bahamontès, Fuente ou Jimenez, le Belge de poche grimpe comme le commun des mortels respire. 57 kg de volonté, de hargne, donnent des coups d'accélération, qui sont autant de coups au moral de l'adversaire. Des coups qui asphyxient, qui décrochent les tireurs de langue qui tentent de suivre.

Avec ses traits fins et réguliers Lucien Van Impe ressemble peu à ses compatriotes flamands aux rudes faciès souvent cabossés par les chutes. Chaque début de saison, nous le retrouvons bien dodu, bien rose, joli poulet de grain. Rien d'un forçat de la route. On dirait un poulbot, un titi parisien, un gars de la butte, le verbe facile, le mot pour plaisanter et par-dessus tout ça son légendaire sourire, qui ensoleille son visage, comme le maillot jaune ensoleille son corps.

Quand Jean Stablinski l'a découvert en 1969, il ne parlait pas le français. Maintenant, il s'exprime fort correctement dans notre langue, possédant de plus en plus celle de Cervantès, et de Bahamontès depuis qu'il a signé chez Kas.

Sa faculté d'adaptation fait que notre escaladeur, considéré durant toute la première partie de sa carrière comme « une petite cylindrée », s'est bonifié en retenant beaucoup. A tel point qu'il est devenu capable sur un marathon comme celui du Tour de battre les « formules 1 ».

Il y eut le temps où Van Impe se contentait du maillot à petits pois, emblème du leader du Grand Prix de la Montagne. Jusqu'au jour où il décida de changer de maladie ! Quand il en eut assez d'avoir la rougeole, il décida de contracter la jaunisse. Comme un grand.

« Il est exact que l'on me taquinait avec mon maillot à petits pois qui, paraît-il, m'allait comme un gant. J'ai voulu prouver que je pouvais m'attaquer à l'autre maillot, celui des vainqueurs du Tour, le jaune, révèle Lucien Van Impe, qui nous précise le jour où il a compris qu'il pouvait viser la plus haute marche du podium : Dans le contre la montre du Châtel, en fin de Tour 1975, tout a changé pour moi. Je m'étais mis dans la tête de réussir un truc. Mais de là à battre des rouleurs comme Merckx et Thévenet... Ma victoire a servi de déclic. Je m'étais cru uniquement un grimpeur, je devenais un véritable rouleur. Dans ma tête quelque chose changeait. En grand bien. Je devenais un coureur d'une dimension nouvelle. Jusque-là, je ne m'étais jamais donné à fond dans un contre la montre, n'ayant pas l'ambition d'accéder à la victoire finale. Le moral entre à 80 % dans la performance d'un coureur contre la montre. C'est pour cette raison que le porteur du maillot jaune est rarement battu dans les matches avec le chrono. Cela, je l'ai compris à Châtel. C'est là que l'idée que je pouvais gagner le Tour s'est dessinée.

C'est donc un Van Impe nouvelle formule – intimement persuadé qu'il pouvait rivaliser avec les gabarits tous terrains – qui prit le départ de son 8e Tour. Avec pour directeur sportif Cyrille Guimard.

« Tactiquement, Guimard voyait très juste. Il possède une part importante dans ma victoire. D'abord, il avait un sens aigu de la course. Nous étions donc complémentaires. Je l'écoutais car je savais qu'il en allait de mon intérêt. Il me simplifiait les choses.

Lucien Van Impe pose sur le rétro de sa carrière un œil qui se fixe sur le dimanche 4 juillet 1976 :

« Après avoir fait le forcing dans les rampes menant à l'Alpe-d'Huez, où Joop Zoetemelk est venu me souffler le succès d'étape sous le nez, j'endosse mon premier maillot jaune. C'était le dimanche 4 juillet. Le lendemain, la 2e étape alpestre conduisait à Montgenèvre. Nous sommes restés à trois avec Thévenet, qui a gagné, Zoetemelk qui a terminé 2e et moi qui ai dû me contenter de la 3e place. »

Ce soir-là, Cyrille Guimard a reproché à son protégé d'en avoir trop fait et ainsi d'avoir tiré les marrons du feu pour les autres. Avant que le chevronné et ardent Raymond Delisle ne se lance dans un énergique raid qui fera de lui, non seulement un vainqueur d'étape, mais encore le porteur du maillot jaune. Là précisément à Pyrénées 2000, où trois ans plus tôt le gavroche belge s'était imposé en solitaire ! Le monde à l'envers quoi.

A la vérité, il tirait une drôle de mine Lucien Van Impe là-haut dans le vent des cimes. Il semblait contrarié. Se demandait-il s'il n'avait pas commis une énorme bourde en laissant filer aussi loin devant le lieutenant de Bernard Thévenet ?

« Evidemment, je n'étais pas trop sûr de moi, avoue Lucien. Je venais pourtant de suivre au pied de la lettre les consignes de mon directeur sportif. Lui débordait d'optimisme, ne croyant pas une seconde que Delisle puisse gagner le Tour, mais moi je ne pouvais m'empêcher de douter, de gamberger. Je m'attirais des critiques, ma manière passive n'ayant pas plu. Donc il me restait à mettre la pendule à l'heure, à mon heure, au Pla d'Adet, après l'impasse réalisée sur ordres de Guimard. »

C'est le maître tacticien Cyrille Guimard qui, après avoir tenu par la bride son fringant poulain, décidait à 3 km du sommet du Portillon de le lâcher. Au top de Guimard, notre aérien Flandrien s'en fut, lâchant le trio Zoetemelk, Pollentier et l'homme-de-la-veille Raymond Delisle. Dans Peyresourde, Van Impe rejoint Ocana qui avait décidé de tirer un baroud d'honneur. Et ce fut l'envolée finale, somptueuse, dans l'ascension du Pla d'Adet où Lucien a rendez-vous avec la victoire. Zoetemelk, encore son adversaire le plus coriace, achevait son périple avec 3 mn 12 s de retard.

Là où les autres trimaient, piochaient, lui « le fils de Mère », donnait l'impression de pédaler dans du velours, baignant dans une douce facilité. En ce jour béni du 10 juillet 1976, Lucien Van Impe fut « le Flahute enchanté ».

« J'avais repris 9 mn à Delisle en 80 km dans l'étape du Pla d'Adet – St-Lary-Soulan ! s'exclame-t-il. Enorme, hein ! Une fois de plus Guimard avait vu juste. Dès lors, moi j'ai vu la vie en jaune, contrôlant la course le lendemain dans le Tourmalet avant de finir 4e du contre la montre Fleurance-Auch, derrière Bracke, Knudsen et Maertens mais devant Zoetemelk. J'aurais bien aimé gagner au Puy-de-Dôme mais il ne faut pas être trop gourmand, ce qui importait c'était la victoire finale. »

Quand il a débarqué chez lui à Mère, près d'Alost, sa maison était peinte en jaune et une foule monstre l'attendait :

« Ils étaient 30 000, 40 000, venus pour moi. C'est là seulement que j'ai réalisé ce que représentait une victoire dans le Tour de France. On voulait me toucher, m'arracher un mot, un autographe. J'étais devenu quelqu'un. Mais surtout pas quelqu'un d'autre car je n'ai pas changé. »

Effectivement rien de modifié dans le comportement simple et charmant du gavroche d'outre-Quiévrain. Chaque soir, sur les courses à étapes, il téléphone à sa femme, Rita. C'est un rituel :

« Nous sommes mariés depuis 1970. Elle m'apporte énormément. Elle est mon moral. Je suis d'un tempérament nerveux, pas anxieux mais vraiment nerveux. Le soir, je lui dis tout. Elle n'ignore rien de mes faits et gestes et de mes pensées. Le téléphone me coûte une fortune mais ce n'est pas grave, ce qui compte c'est de sentir la présence de Rita au bout du fil. Sans elle, j'aurais abandonné en 1973 au terme de l'étape Méribel-les Orres. J'étais liquéfié, j'avais perdu 5 ou 6 kg, vous voyez ce qui pouvait rester ! Une dysentrie m'avait mis à plat. Je pensais à Rita durant les 237 km de cette interminable étape. Elle me donnait du courage. Pour mes coéquipiers je n'avais pas le droit d'abandonner. Plutôt mourir sur le vélo. L'année d'après aussi, ce fut pénible. J'étais tombé dans le « Midi-Libre » avec Joop Zoetemelk. Lui, devait déclarer forfait pour le Tour. Moi, avec un poignet fracturé, je décidai de forcer le sort et de prendre le départ. J'avais la trouille dans les descentes. En dépit d'une enveloppe de mousse, mon poignet me faisait souffrir le martyre. Enfin ! ma fierté est de n'avoir jamais abandonné depuis 1969. Je pense que finir dix Tours de France d'affilée, cela représente une performance qui n'a pas été assez soulignée. Et ce n'est pas fini car je n'ai que 32 ans et je compte bien courir le Tour jusqu'à 35 ans. Parfois, je suis gêné pour certains coureurs qui abandonnent alors qu'ils pourraient, vraisemblablement, continuer s'ils le voulaient vraiment. Nous sommes les professionnels d'un sport très dur, il faut être digne de son métier. »

Celui qui faillit dans un premier temps devenir électrien, qui préféra, à l'âge de sa première communion, livrer des journaux empilés sur son premier vélo, avant de fabriquer des cercueils, question de ramener quelque argent dans la sébille communautaire des Van Impe, céda à la demande de son père et débuta... comme coureur cycliste amateur.

C'est dans les Ardennes Wallonnes et vallonnées qu'il se découvrit des qualités d'escaladeur. Dans le Tour de l'Avenir, en 1967, il chaparda rapidement le maillot du meilleur grimpeur jusqu'au moment où...

Où un dénommé Cyrille Guimard lui coupa la route dans le col du Portet d'Aspet et qu'il plongea dans le précipice se retrouvant dans un hôpital espagnol, cassé en plusieurs endroits.

Par une assez extraordinaire ironie du sort c'est ce diable de Breton de Cyrille Guimard qui après avoir failli, bien involontairement, mettre fin à la carrière de Van Impe avant qu'elle ne commence réellement, le plaça neuf ans plus tard sur orbite pour la victoire dans le Tour !

Contrairement à son rival Joop Zoetemelk, toujours affûté très tôt dans la saison, lui, Lucien Van Impe, laisse venir. Il est merveilleusement programmé. Il ne brusque pas son gabarit léger. Ne l'use pas sur les pavés de Paris-Roubaix, ou dans les classiques où il laisse les molosses se dévorer entre eux. Il attend son heure, celle du Tour. On l'a vu, le mini-Belge est d'une résistance peu commune puisqu'il est le seul du gotha de ces dernières années à n'avoir jamais abandonné.

Un regret se dessine derrière les yeux rieurs de notre ancien porteur de journaux :

« Avec le recul, je pense quê j'aurais pu remporter le Tour 1971 ! Il est évident qu'à l'époque je voyais Merckx tellement impressionnant qu'il me complexait un peu. J'ai manqué de confiance en moi. Car j'ai été le seul le jour d'Orcières à limiter les dégats derrière Ocana. En allant plus loin dans l'effort j'aurais fini plus près de Luis Ocana et par la suite j'aurais pu lâcher Merckx dans les Pyrénées. Je me suis contenté d'assurer le maillot du meilleur grimpeur. Il me faut reconnaître avoir parfois manqué de caractère. Mais en 1971 je n'étais pas dans les dispositions d'esprit d'un vainqueur du Tour. J'allais finir 3e, cela suffisait, tous comptes faits, à mon bonheur. »

Van Impe possède une qualité de base : l'optimisme.

« Cette qualité-là, je la possède même au plus haut point, insiste-t-il. Quand je prends un coup de buis, je ne me laisse jamais aller à broyer du noir. Je me dis toujours : « Ça ira mieux demain. Ce n'est qu'un mauvais moment à passer. » Mon bidon est toujours à moitié plein, pas à moitié vide. Cette manière de voir m'a sauvé souvent la mise, car des moments pénibles, j'en ai connu comme les copains. Mon optimisme m'a permis de les surmonter. »

Avec Rita, qui s'occupe avec efficacité de l'intendance et des affaires, Lucien Van Impe songe déjà à sa reconversion.

« Nous envisageons de monter un magasin de cycles, à Alost, une plus grande ville que Mère. Je continue à faire le métier sérieusement. Je me prive. En 1983, quand le cyclisme sera pour moi du passé, je m'offrirai des petites fêtes avec Rita. Pas trop mais l'on goûtera aux plaisirs de la vie. Nous l'aurons mérité.

Lucien Van Impe, cet escaladeur qui sait garder les pieds sur terre, qui voit plus loin que le boyau de sa roue avant, restera comme un grand « pro » de 166 cm.

Rappelons l'étonnante constance de Lucien Van Impe sur le Tour : 1969 : 12e à 56 mn de Merckx; 1970 : 6e; 1971 : 3e; 1972 : 4e; 1973 : 5e; 1974 : 18e; 1975 : 3e; 1976 : 1er; 1977 : 3e; 1978 : 9e

1978

BERNARD HINAULT

« Guimarinault and co... »

Il restait une bonne heure avant l'appel des coureurs et le départ de ce Liège-Bastogne-Liège 1979. Nous étions entrés, en compagnie du rond Abel Michea de *L'Humanité* et du svelte Patrick Mahé du *Figaro,* deux bons amis – et c'est l'œcuménisme des caravanes cyclistes – dans cet estaminet de la Plage de la Sauvenière pour y discuter des qualités comparées des excellentes bières belges.

Dans l'arrière-salle étaient réunis, portant encore leurs survêtements, Bernard Hinault et ses équipiers du groupe Renault-Gitane. Ils étaient conviés, à tour de rôle, à s'installer sur deux chaises, le séant posé sur l'une et les jambes allongées sur l'autre, offertes aux mains des soigneurs, Patrick Lemonnier dit « Lucky Luke », un visage de chérubin au regard énergique, et Roland Mignot le vétéran à peine grisonnant qui tritura les muscles de Charles Pélissier dans un Tour de France d'avant-guerre avant ceux de Bernard Hinault ! Tous paraissaient très détendus.

Nous avons feint de nous étonner :

– Mais où donc est passé Guimard ? Aurait-il adopté la méthode de Robert Herbin avec les Verts ? Vous laisserait-il seul pour que vous décidiez vous-même de votre tactique ?

– Exact, a relevé Bernard Hinault. Et ce n'est pas plus mal comme cela.

Et nous n'avons plus su très bien si la plaisanterie, légère, n'entrait pas dans le domaine du sérieux. Guimard n'a fait qu'une ou deux brèves apparitions, visiblement.

Pendant une heure, Cyrille plus préoccupé par les détails matériels que par les consignes à donner à ses coureurs. Il nous a semblé alors qu'il n'avait pas de grandes illusions sur la solidité des tactiques, mais qu'il accordait toute son attention, en revanche, à l'état d'esprit.

Quelques heures plus tard, sur le Boulevard de la Sauvenière, Bernard Hinault se classait 2e de Liège-Bastogne-Liège gagné par l'Allemand Dietrich Thurau. On s'est livré alors à un examen de situation :

« Nous avons été bien près de rejoindre Thureau seul en tête depuis plus de 150 km, analysait Bernard. Dans la dernière côte des Forges, nous n'étions plus qu'à 150 m, 100 peut-être. Je pouvais y aller, mais en même temps je ramenais les cinq pèlerins collés à ma roue et je m'exposais au contre de Daniel Willems, équipiers Ijsboerke de Thurau qui, naturellement, n'avait pas relayé. Comment faire ? J'étais second de toute façon. Mais ce qui m'a fait plaisir, c'est de les avoir fait souffrir avec mon démarrage dans la côte de la Redoute.

Guimard a approuvé :

– Il faut reconnaître, a-t-il complété, que Thurau n'a pas volé sa victoire.

Il court, il court très bien « Le Blaireau », alias Bernard Hinault. Cyrille n'en disconvient pas. Ce qui laisserait parfois à désirer, en revanche, c'est l'assiduité à l'entraînement. N'est-ce point une rançon de la facilité naturelle ?

A Yffiniac, Bernard a pour voisins Georges Talbourdet et Maurice Le Guilloux. Ils vont souvent rouler ensemble. « Mais Bernard peut nous faire faux-bond pendant quatre ou cinq jours, raconte Le Guilloux, alors que nous faisons régulièrement et consciencieusement une longue sortie. Le cinquième jour il réapparaît, et nous sort de la roue en rigolant. C'est à vous dégoûter de vous entraîner. »

Au début de l'année Bernard s'installait, avec Martine son épouse et Michael leur fils, dans une nouvelle villa aux environs d'Yffiniac. Cela prit quelque temps. Ajoutez un début de bronchite qui accentua le relâchement dans la préparation. Défaite dans Paris-Nice et défaite encore dans le Criterium national. Joop Zoetemelk deux fois vainqueur. Les rumeurs commencent à circuler : « Alors, Hinault est déjà sur la pente fatale... Il n'a pas su résister à sa victoire dans le Tour... Il a la tête enflée ou bien alors il ne tient pas la distance... Il est râpé », chacun choisissant selon ses préférences.

C'est dans ces moments que Guimard croit devoir user de son autorité : « Il était temps pour lui de reprendre le guidon par en-dessous. Je lui ai rappelé, une fois de plus, les vertus de l'entraînement, mais je crois qu'il avait déjà réagi car rien ne l'agace autant que ces ragots ».

Résultat, mardi 10 avril 1979, Bernard Hinault gagne où on ne l'attendait pas, en Belgique, la Flèche Wallonne, en manœuvrant avec une habilité consommée. A 7 km de l'arrivée, le bouillant italien Giuseppe Saronni et le Suédois Bert Johansson se détachent.

« Je leur ai laissé prendre une distance suffisante, explique Bernard, et puis, comme personne ne bougeait plus dans le groupe de poursuite, j'ai bondi à mon tour et je les ai rejoints 2 km plus loin. Saronni ne se ménageait pas, ce qui me faisait bien plaisir. Et puis j'ai remarqué qu'il surveillait surtout Johansson. Normal, ils se connaissent bien puisqu'ils appartiennent tous deux à des groupes italiens. Je n'ai plus eu qu'à démarrer en force de la troisième position, aux 200 m, pour déborder Saronni qui y croyait déjà. L'idéal en somme. »

Et Cyrille complétait :

« Bernard a bien couru parce qu'il était encore un peu juste comme condition physique. Cela incite à devenir plus imaginatif car l'on n'a rien à gaspiller. Il n'a pas trop appris à être économe chez les amateurs car il avait confiance dans sa supériorité, mais il a vite compris chez les professionnels et il progresse rapidement sur tous les points, en tactique et en métier, ce qui implique l'adresse, l'opportunisme et... le vice.

Eh oui, il court, il court bien Le Blaireau. Et il sait aussi courir pour les autres. Dans le Tour du Tarn, il attaque dès la première étape, Gaillac-Albi, mais c'est pour offrir la victoire à son coéquipier Yvon Bertin. Et il le protège, dans les étapes suivantes, des entreprises de Jacques Bossis, un ancien de Renault-Gitane passé chez Peugeot-Esso. Lui se contente de la troisième place. Dans le Tour de l'Oise, sitôt assurée sa position de leader dans le prologue contre la montre, il emmène le sprint pour Yvon Bertin encore, vainqueur à Beauvais et à Creil. Classement final : 1er Hinault, 2e Bertin, 3e Chassang, tous trois du groupe Renault-Gitane.

Le champion de France ne tombe donc pas pour autant dans un excès d'humilité qui serait bien fâcheux dans son cas. Et dans les minutes de vérité, au cours de l'étape des quatre cols, Grenoble-Chambéry du Critérium du « Dauphiné Libéré », par exemple, il s'impose avec une autorité qui provoque de sérieux complexes chez ses adversaires. Mais il n'oublie jamais la part due à ses équipiers : « Ils se dévouent entièrement pour moi, souligne-t-il, je me dois, en retour, d'obtenir les meilleurs résultats possibles pour remplir la caisse commune. Ce n'est pas du " cannibalisme " à la Merckx, c'est de la conscience professionnelle. »

On n'est pas un simple numéro de dossard chez Renault-Gitane, mais un coureur dont la personnalité est respectée.

André Chalmel, vainqueur de Bordeaux-Paris 1979 entrait sur le circuit de Fontenay-sous-Bois pendant que s'y déroulait un critérium auquel participaient Bernard Hinault et la plupart des autres équipiers Renault-Gitane. On vit ainsi passer successivement le peloton puis le vainqueur du Derby derrière son entraîneur à moto qui donnaient l'impression de se livrer un match-poursuite. Quand Chalmel eut franchi la ligne, quand Daniel Mangeas le speaker officiel eut enfin annoncé sa victoire au micro, tous les Renault-Gitane dans le peloton, Hinault en tête, levèrent aussi les bras en signe de victoire.

Bernard a fait ses débuts officiels en compétitions à 17 ans, licencié au Club Olympique Briochin où il eut la chance d'être conseillé par un éducateur-animateur clairvoyant, M. Robert Le Roux.

En 1972, il remporte la finale du Premier Pas Dunlop considérée comme le championnat de France officieux des cadets.

Il n'a pas été tenté, ensuite, par les sélections nationales chez les animateurs qui exigent beaucoup de leurs appelés et il est arrivé tout neuf chez les professionnels en 1975, engagé par le groupe Gitane (pas encore Renault) dans lequel Cyrille Guimard allait succéder, en 1976, à Jean Stablinski comme directeur sportif. Une association venait de naître : la « Guimarinault and co ».

Bernard a suivi une progression d'une étonnante régularité. Victoires dans les épreuves de seconde zone, du type Circuit de la Sarthe, Tour d'Indre-et-Loire, Paris-Vimoutiers en 1975 et 1976. Entrée dans les grandes classique internationales dès 1977 et victoires en territoire belge avec Gand-Wevelgem et Liège-Bastogne-Liège, puis le Grand Prix des Nations.

Suite logique et complète en 1978 avec l'éclatante consécration du Tour de France gagné à sa première participation, comme Jean Robic, Fausto Coppi, Hugo Koblet, Jacques Anquetil, Felice Gimondi, Eddy Merckx.

Le voici entré en vedettariat, placé sous les feux croisés de la grande curiosité populaire.

Papa et Maman ? Joseph Hinault, natif d'Yffiniac (Côtes-du-Nord) a d'abord été cultivateur. Puis, la terre ne nourrissant pas la famille, il est devenu fonctionnaire, à la S.N.C.F., poseur de rails à Yffiniac, naturellement. Et Lucie Garnion son épouse est elle aussi native d'Yffiniac, comme il se doit. Tous deux font du vélo. Beaucoup de vélo.

Des frères, des sœurs ?

– Gilbert, est mon aîné d'un an et demi. Puis viennent Josiane, la seule fille et Pierre. Mes grand-parents ont eu quarante-deux petits-enfants. Chez les Garnion, du côté de ma mère, nous comptons sept cousins et trois cousines.

Quel enfant étiez-vous Bernard ?

– Turbulent. J'ai été un élève exécrable, le cancre buissonnier par excellence, mais je me distinguais déjà à vélo dans les courses entre frères et cousins.

Profession ?

– J'ai obtenu mon C.A.P. d'ajusteur. J'ai travaillé dans une station service pour me faire de l'argent de poche, et j'ai bientôt bifurqué vers le vélo.

Marié ?

– Oui, avec Martine à la fin de l'année 1974.

Des enfants ?

– Un fils Michaël, né au début de 1975.

Comment avez-vous fait la connaissance de votre épouse ?

– Au cours d'une noce chez des copains. Mais en quoi cela vous regarde-t-il ? c'est la vie privée.

Bon, ajoutons quand même, si vous le permettez, que l'on constate à l'œil nu que Martine et Bernard sont en parfait accord. Cela a donné de bonne heure à ce jeune homme qui exerce une profession en culottes courtes, une maturité d'homme.

Si l'on parlait maintenant de ce Tour de France 1978 ? Si l'on demandait, par exemple, quelle fut pour Bernard Hinault la journée la plus pénible ? Nous doutons d'obtenir une réponse d'un premier jet. Bernard pourrait prétendre que ce fut celle de la 14e étape Besse-en-Candesses-Puy de Dôme. Alors, tout à fait en confidence, la ligne d'arrivée que Bernard Hinault eût souhaité ne jamais franchir en premier a été celles de Valence d'Agen, le 12 juillet. Voilà quelle fut l'épreuve la plus éprouvante. La grève des coureurs décrétée, Hinault était solidaire sans doute, mais, porteur du maillot de champion de France, il a été poussé à l'avant et catalogué, malgré lui, comme meneur. Comme un Breton ne se dérobe pas, il a assumé et pris à son compte plus qu'il ne convenait. Résultat : le Puy-de-Dôme.

– Au bout de 500 m d'ascension, j'ai compris que je n'étais pas dans un bon jour, a-t-il avoué.

– On a bien essayé de lui cacher les journaux qui écrivaient des choses pas très gentilles sur lui, nous a confié quelqu'un de son entourage, mais ce n'était guère facile. Il a fini par les lire et il a gambergé pendant 48 heures. Oh, il ne disait rien, c'était tout intérieur. Cyrille l'a laissé mijoter dans son jus. Lui seul, Bernard, avait la solution de son problème. Cette solution, il l'aura trouvée dès le lendemain sur le Cours Fauriel, à Saint-Etienne.

– Vous êtes-vous appliqué, Bernard à gagner l'étape pour vous rassurer après le Puy-de-Dôme, ou pour impressionner l'adversaire qui pouvait croire à un fléchissement de votre part ?

– Mais non, rien de tout cela, a-t-il protesté d'un ton désinvolte. J'ai eu une occasion de gagner parce que le sprint se présentait favorablement, et je l'ai saisie au passage. C'est toujours bon pour le moral de l'équipe, de gagner une étape. Ça fait plaisir à tout le monde.

– Mais ne gambergez-vous pas un petit peu, rien qu'un petit peu quand les choses ne vont pas comme vous le désirez ? Après une défaite par exemple ?

– Moi ? Non, jamais, a-t-il assuré d'un ton tranchant. Je prends la vie comme elle vient et les courses comme elles se présentent.

Allons, Le Blaireau, ce n'est pas très sérieux de prétendre cela ! Je crois savoir que tu tiens à un petit rite mystérieux avant chaque course (rassure-toi, nous ne le dévoilerons pas). Cela c'est de la superstition, et la superstition, c'est de la gamberge, non ? Il n'y a pas de déshonneur à cela, d'ailleurs, la plupart des Bretons sont superstitieux et cela les aide à faire de grandes choses.

Sacré Bernard, il n'aime guère que l'on pénètre dans son jardin, n'est-ce-pas ? Le nouveau terrain dont il a fait l'acquisition pour construire sa maison est situé à l'orée d'un bois, dans un hameau, les Poteries, près de Quessoy, à quelques kilomètres d'Yffiniac. Loin des foules et des indiscrétions. Et s'il est une chose dont il se passerait volontiers, c'est bien le téléphone...

– Bernard, n'es-tu pas un tantinet fanfaron, parfois ? Pour piquer l'adversaire, ou pour le démoraliser ? Avant l'étape contre la montre Metz-Nancy, par exemple, tu t'es écrié à l'intention de Zoetemelk : « Je ne vais tout de même pas me laisser battre par un vieillard ! » Ce n'était pas très gentil, comment penses-tu que Joop ait pris cela ?

Cette fois, il rigole franchement Bernard.

– Il y a peut-être eu des interprétations de journalistes, dit-il, mais tout était dans le ton et il n'y avait aucune méchanceté. Et Joop a été le premier à en rigoler avec moi.

– Tu n'as jamais défié un adversaire, pour l'énerver ou lui faire perdre confiance ?

Là, il a semblé être un brin excédé :

– Les défis, cela n'existe pas dans les pelotons !

Allons, Bernard, tu as bien eu, parfois, quelques propos acidulés, ou belliqueux, en prenant soin d'ajouter : « Je suis comme je suis, j'ai mon franc-parler ».

Eh oui ! Il est comme il est, Bernard Hinault et il ne fait pas bon le frotter, parfois. Franc, direct, têtu, Breton.

Avec cette formule qui revient souvent : « Je fais mon boulot ! »

Et il le fait tellement bien qu'on serait vraiment sot de lui tenir rigueur de quelques peccadilles verbales.

On ne sait s'il gagnera chaque année le Tour de France, mais il est en train de faire carrière et de se bâtir un fameux palmarès. Avec sa caboche et son rire de blaireau.

Un sacré bonhomme.

PALMARÈS

Jean Robic, né le 10 juin 1921 à Condé-les-Vouziers (Ardennes).

Gino Bartali, né le 18 juillet 1914 à Ponte a Ema, près de Florence.

Fausto Coppi, né le 15 septembre 1919 à Castellania, Province d'Alessandria. Décédé le 2 janvier 1960.

Ferdinand Kubler, né le 24 juillet 1919 à Adliswil (Suisse).

Hugo Koblet, né le 21 mars 1925 à Zurich. Décédé le 6 novembre 1964.

Louison Bobet, né le 12 mars 1925 à Saint-Méen-le-Grand (Ille et Vilaine).

Roger Walkowiak, né le 2 mars 1927 à Montluçon (Allier).

Jacques Anquetil, né le 8 janvier 1934 à Mont-Saint-Aignan (Seine Maritime).

Charly Gaul, né le 18 décembre 1932 à Asch (Luxembourg).

Federico Martin Bahamontès, né le 9 juillet 1928 à Santo Domingo (Province de Tolède).

Gastone Nencini, né le 1er mars 1930 à Bilancino (près de Florence).

Felice Gimondi, né le 29 septembre 1942 à Sedrina (Province de Bergame).

Lucien Aimar, né le 28 avril 1941 à Hyères (Var).

Roger Pingeon, né le 28 août 1940 à Hauteville (Ain).

Jan Janssen, né le 19 mai 1940 à Nootdorp (Hollande).

Eddy Merckx, né le 17 juin 1945 à Meensel Klezegem près de Bruxelles.

Luis Ocana, né le 9 juin 1945 à Priego (Province de Cuenca).

Bernard Thévenet, né le 10 janvier 1948 à Saint-Julien-de-Civry (Haute Loire).

Lucien Van Impe, né le 20 octobre 1946 à Mere (Belgique).

Bernard Hinault, né le 14 novembre 1954 à Yffiniac (Côtes-du-Nord).

1947

CLASSEMENT GENERAL

1. **Jean Robic** (ouest), sur bic. Génial-Lucifer, pn. Hutchinson, en 148 h. 11'25"; 2. Fachleitner (Fr.), 148 h.15'3"; 3. Brambilla (It.) 148 h. 21'32"; 4. Ronconi (It.), 148 h. 22'25"; 5. Vietto (Fr.), 148 h. 26'48"; 6. Impanis (B.), 148 h. 29'39"; 7. Camellini (Etr. de Fr.), 148 h. 35'33"; 8. Cottur (It.), 149 h. 17'28"; 9. Goasmat (Ouest), 149 h. 21'28"; 10. Lazaridès (Sud-Est), 149 h. 30'9"

LES VAINQUEURS D'ETAPES

1. Paris-Lille : **Kubler;** 2. Lille-Bruxelles : **Vietto;** 3. Bruxelles-Luxembourg : **Ronconi;** 4. Luxembourg-Strasbourg : **Robic;** 5. Strasbourg-Besançon : **Kubler;** 6. Besançon-Lyon : **Teisseire;** 7. Lyon-Grenoble : **Robic;** 8. Grenoble-Briançon : **Camellini;** 9. Briançon-Digne : **Vietto;** 10. Digne-Nice : **Camellini;** 11. Nice-Marseille : **Fachleitner;** 12. Marseille-Montpellier : **Massal;** 13. Montpellier-Carcassonne : **Teisseire;** 14. Carcassonne-Luchon : **Bourlon;** 15. Luchon-Pau : **Robic;** 16. Pau-Bordeaux : **Tacca;** 17. Bordeaux-les Sables : **Tassin;** 18. Les Sables-Vannes : **Torchini;** 19. Vannes-Saint-Brieuc (contre la montre) : **Impanis;** 20. Saint-Brieuc-Caen : **Diot;** 21. Caen-Paris : **Schotte.**

1948

CLASSEMENT GENERAL

1. **Gino Bartali** (Italie), bic. Legnano, en 147 h. 10'36"; 2. Schotte (Bel.), 147 h. 36'52"; 3. Lapébie (Sud-Ouest), 147 h. 30'24"; 4.

Bobet (Fr.), 147 h. 42'35"; 5. Kirchen (Lux.), 147 h. 48'29"; 6. Teisseire (Fr.), 147 h. 51'23"; 7. Lambrecht (Inter.), 148 h. 32"; 8. Camellini (Inter.), 148 h. 2'12"; 9. Thiétard (Paris), 148 h. 5'59"; 10. Impanis (Bel.), 148 h. 10'39";

LES VAINQUEURS D'ETAPES

1. Paris-Trouville : **Bartali**; 2. Trouville-Dinard : **Rossello**; 3. Dinard-Nantes : **Guy Lapébie**; 4. Nantes-La Rochelle : **Prax**; 5. La Rochelle-Bordeaux : **Rémy**; 6. Bordeaux-Biarritz : **Bobet**; 7. Biarritz-Lourdes : **Bartali**; 8. Lourdes-Toulouse : **Bartali**; 9. Toulouse-Montpellier : **Impanis**; 10. Montpellier-Marseille : **Impanis**; 11. Marseille-San-Remo : **Sciardis**; 12. San-Remo-Cannes : **Bobet**; 13. Cannes-Briançon : **Bartali**; 14. Briançon-Aix-les-Bains : **Bartali**; 15. Aix-les-Bains-Lausanne : **Bartali**; 16. Lausanne-Mulhouse : **Van Dyck**; 17. Mulhouse-Strasbourg : **Lambrecht**; 18. Strasbourg-Metz : **Corrieri**; 19. Metz-Liège : **Bartali**; 20. Liége-Roubaix : **B. Gauthier**; 21. Roubaix-Paris : **Corrieri.**

1949

CLASSEMENT GENERAL

1. Fausto Coppi (It.), bic, Bianchi, pn Ursus, 149 h. 40'49"; 2. Bartali (It.), 149 h. 51'44"; 3. Marinelli (Ile-de-France), 150 h. 6'2"; 4. Robic (Ouest), 150 h. 15'17"; 5. Dupont (Aiglons belges), 150 h. 19'48"; 6. Magni (Cadets Ital.), 150 h. 22'59"; 7. Ockers (Bel.), 150 h. 25'24"; 8. Goldschmidt (Lux.), 150 h. 28'13"; 9. A. Lazaridès (Fr.), 150 h. 33'17"; 10. Cogan (Ouest), 150 h. 49'44"

LES VAINQUEURS D'ETAPES

1. Paris-Reims : **Dussault**; 2. Reims-Bruxelles : **Lambrecht**; 3. Bruxelles-Boulogne : **Callens**; 4. Boulogne-Rouen : **Teisseire**; 5. Rouen-Saint-Malo : **Kubler**; 6. Saint-Malo-Les Sables : **Deledda**; 7. Les Sables-La Rochelle (contre la montre) : **Coppi**; 8. La Rochelle-Bordeaux : **Lapébie**; 9. Bordeaux-Saint-Sébastien : **Caput**; 10. Saint-Sébastien-Pau : **Magni**; 11. Pau-Luchon : **Robic**; 12. Luchon-Toulouse : **Van Steenbergen**; 13. Toulouse-Nimes : **Idée**; 14. Nimes-Marseille : **Goldschmidt**; 15. Marseille-Cannes : **Keteleer**; 16. Cannes-Briançon : **Bartali**; 17. Briançon-Aoste : **Coppi**; 18. Aoste- Lausanne : **Rossello**; 19. Lausanne-Colmar : **Géminiani**; 20. Colmar-Nancy (contre la montre) : **Coppi**; 21. Nancy-Paris : **Van Steenbergen.**

1950

CLASSEMENT GENERAL

1. **Ferdi Kubler** (Suisse), bic. Fréjus, 145 h. 36'56"; 2. Ockers (Belg.), 145 h. 46'26"; 3. Bobet (Fr.), 145 h. 59'15"; 4. Geminiani (Fr.), 146 h. 8'10"; 5. Kirchen (Lux.), 146 h. 11'17"; 6. Piot (Ile de France), 146 h. 18'31"; 7. Cogan (Sud-Ouest), 146 h. 29'18"; 8. Impanis (Belg.), 146 h. 30'30"; 9. Meunier (Sud-Ouest), 146 h. 31'25"; 10. Goldschmidt (Lux.), 146 h. 32'17";

LES VAINQUEURS D'ETAPES

1. Paris-Metz : **Goldschmidt;** 2. Metz-Liège : **Léoni;** 3. Liège-Lille : **Pasotti;** 4. Lille-Rouen : **Ockers;** 5. Rouen-Dinard : **Corriéri;** 6. Dinard-Saint-Brieuc (contre la montre) : **Kubler;** 7. Saint-Brieuc-Angers : **Lauredi;** 8. Angers-Niort : **Magni;** 9. Niort-Bordeaux : **Pasotti;** 10. Bordeaux-Pau : **Dussault;** 11. Pau-Saint Gaudens : **Bartali;** 12. Saint-Gaudens-Perpignan : **Blomme;** 13. Perpignan-Nîmes; **Molines;** 14. Nîmes-Toulon : **Dos Reis;** 15. Toulon-Menton : **Diederich;** 16. Menton-Nice : **Kubler;** 17. Nice-Gap : **Geminiani;** 18. Gap-Briançon : **Bobet;** 19. Briançon-Saint-Etienne : **Geminiani;** 20. Saint-Etienne-Lyon (contre la montre) : **Kubler;** 21. Lyon-Dijon : **Sciardis;** 22. Dijon-Paris : **Baffert.**

1951

CLASSEMENT GENERAL

1. **Hugo Koblet** (Suisse), bic. La Perle, pn. Hutchinson, 142 h. 20'14"; 2. Geminiani (Fr.), 142 h. 42'14"; 3. Lazaridès (Fr.), 142 h. 44'30"; 4. Bartali (Ita.), 142 h. 49'23"; 5. Ockers (Bel.), 142 h. 53'7"; 6. Barbotin (Fr,), 142 h. 56'54"; 7. Magni (It.), 142 h. 59'28"; Bauvin (Est-Sud-Est), 143 h. 6'7"; 9. Ruiz (Esp.), 143 h. 6'9"; 10. Coppi (Ita.), 143 h. 7'5"

LES VAINQUEURS D'ETAPES

1. Metz-Reims : **Rossi;** 2. Reims-Gand : **Diéderich;** 3. Gand-Le Tréport : **Meunier;** 4. Le Tréport-Paris : **Levêque;** 5. Paris-Caen : **Biagioni;** 6. Caen-Rennes : **Muller;** 7. Rennes-Angers (contre la montre) : **Koblet;** 8. Angers-Limoges : **Rosseel;** 9. Limoges-Clermont-Ferrand : **Géminiani;** 10. Clermont-Ferrand-Brive : **Ruiz;** 11. Brive-Agen : **Koblet;** 12. Agen-Dax : **Van Est;** 13. Dax-Tarbes : **Biagioni;** 14. Tarbes-Luchon : **Koblet;** 15. Luchon-Carcassonne : **Rosseel;** 16. Carcassonne-Montpellier : **Koblet;** 17. Montpellier-Avignon : **Bobet;** 18. Avignon-Marseille : **Magni;** 19. Marseille-Gap : **Baeyens;** 20. Gap-Briançon : **Coppi;** 21. Briançon-Aix-les-Bains : **Ruiz;** 22. Aix-les-Bains-Genève : **Koblet;** 23. Genève-Dijon : **Derijcke;** 24. Dijon-Paris : **Deledda;**

1952

CLASSEMENT GENERAL
1. **Fausto Coppi** (Italie), bic, Bianchi, pn. Pirelli, 151 h. 57'20"; 2. Ockers (Bel.), 152 h. 25'37"; 3. Ruiz (Esp.), 152 h. 31'58"; 4. Bartali (Ital.), 152 h. 32'45"; 5. Robic (Fr.), 152 h. 32'56"; 6. Magni (Ital.), 152 h. 35'45"; 7. Close (Bel.), 152 h. 35'52"; 8. Dotto (Fr.), 152 h. 45'21"; 9. Carrea (Ital.), 152 h. 47'40"; 10. Gelabert (Esp.), 152 h. 55'36";

LES VAINQUEURS D'ETAPES
1. Brest-Rennes : **Van Steenbergen;** 2. Rennes-Le Mans : **Rosseel;** 3. Le Mans-Rouen : **Laurédi;** 4. Rouen-Roubaix : **Molinéris;** 5. Roubaix-Namur : **Diéderich;** 6. Namur-Metz : **Magni;** 7. Metz-Nancy (contre la montre) : **Coppi;** 8. Nancy-Mulhouse : **Géminiani;** 9. Mulhouse-Lausanne : **Diggelmann;** 10. Lausanne-Alpe d'Huez : **Coppi;** 11. Alpe d'Huez-Sestrières : **Coppi;** 12. Sestrières-Monaco : **Nolten;** 13. Monaco-Aix-en-Provence : **Rémy;** 14. Aix-en-Provence-Avignon : **Robic;** 15. Avignon-Perpignan : **Decaux;** 16. Perpignan-Toulouse : **Rosseel;** 17. Toulouse-Bagnères de Bigorre : **Géminiani;** 18. Bagnères-Pau : **Coppi;** 19. Pau-Bordeaux : **Dekkers;** 20. Bordeaux-Limoges : **Vivier;** 21. Limoges-Clermont-Ferrand : **Coppi;** 22. Clermont-Ferrand-Vichy (contre la montre) : **Magni;** 23. Vichy-Paris : **Rolland.**

1953

CLASSEMENT GENERAL
1. **Louison Bobet** (France) 129 h. 23'25"; -2. Mallejac (O), à 14'18"; 3. Astrua (I.), à 15'01"; 4. Close (B.), à 17'35"; 5. Wagtmans (H.), à 18'05"; 6. Schaer (S.); 7. Rolland (F.); 8. Laurédi (F.); 9. Géminiani (F.); 10. Mahé (O.).

LES VAINQUEURS D'ETAPES
1. Strasbourg-Metz : **Schaer;** 2. Metz-Liège : **Schaer;** 3. Liège-Lille : **Bobet;** 4. Lille-Dieppe : **Voorting;** 5. Dieppe-Caen : **Malléjac;** 6. Caen-Le Mans : **Van Geneugden;** 7. Le Mans-Nantes : **Isotti;** 8. Nantes-Bordeaux : **Nolten;** 9. Bordeaux-Pau : **Magni;** 10. Pau-Cauterets : **Lorono;** 11. Cauterets-Luchon : **Robic;** 12. Luchon-Albi : **Darrigade;** 13. Albi-Béziers : **Lauredi;** 14. Béziers-Nîmes : **Quennehen;** 15. Nîmes-Marseille : **Quentin;** 16. Marseille-Monaco : **Van Est;** 17. Monaco-Gap : **Wagtmans;** 18. Gap-Briançon : **Bobet;** 19. Briançon-Lyon : **Meunier;** 20. Lyon-St-Etienne : **Bobet;** 21. Saint-Etienne-Montluçon : **Wagtmans;** 22. Montluçon-Paris : **Magni.**

1954

CLASSEMENT GENERAL
1. **Louison Bobet** (France) en 140 h. 6'5"; 2. Kubler (S) à 15'49"; 3. Schaer (S) à 21'46"; 4. Dotto (SE) à 28'21"; 5. Malléjac (O) à 31'38"; 6. Ockers (B.); 7. Bergaud (SO); 8. Vitetta (SE); 9. Brankart (B); 10. Bauvin (NEC);

LES VAINQUEURS D'ETAPES
1. Amsterdam-Anvers : **Wagtmans**; 2. Anvers-Lille : **Bobet**; 3. Lille-Rouen : **Dussault**; 4. Demi-étape (Les Essarts-Caen) contre la montre par équipes : **Suisse**; demi-étape en ligne : **W. Van Est**; 5. Caen-Saint Brieuc : **Kubler**; 6. Saint-Brieuc-Brest : **Forlini**; 7. Brest-Vannes : **Vivier**; 8. Vannes-Angers : **Debruyne**; 9. Angers-Bordeaux : **Faanhof**; 10. Bordeaux-Bayonne : **Bauvin**; 11. Bayonne-Pau : **Ockers**; 12. Pau-Luchon : **Bauvin**; 13. Luchon-Toulouse : **Debruyne**; 14. Toulouse-Millau : **Kubler**; 15. Millau-le Puy : **Forlini**; 16. Le Puy-Lyon : **J. Forestier**; 17. Lyon-Grenoble : **L. Lazaridès**; 18. Grenoble-Briançon : **L. Bobet**; 19. Briançon-Aix-les-Bains : **Dotto**; 20. Aix-les-Bains-Besançon : **Teisseire**; 21. Besançon-Nancy : **F. Mahé**; 22. Nancy-Troyes : **Debruyne**; 23. Troyes-Paris : **R. Varnajo.**

1955

CLASSEMENT GENERAL
1. **Louison Bobet** (F) en 130 h. 29'26"; 2. Brankart (B) à 4'53"; 3. Gaul (LM) à 11'30"; 4. Fornara (I) à 12'44"; 5. Rolland (F) à 13'18"; 6. Géminiani (F); 7. Astrua (I); 8. Ockers (B); 9. Close (B); 10. Mahé (F);

LES VAINQUEURS D'ETAPES
1. Le Havre-Dieppe : **Poblet**; 2. Circuit à Dieppe : **Hollande**; 3. Dieppe-Roubaix : **A. Rolland**; 4. Roubaix-Namur : **L. Bobet**; 5. Namur-Metz : **Kemp**; 6. Metz-Colmar : **Hassenforder**; 7. Colmar-Zurich : **A. Darrigade**; 8. Zurich-Thonon : **Hinsen**; 9. Thonon-les-Bains-Briançon : **Gaul**; 10. Briançon-Monaco : **Géminiani**; 11. Monaco-Marseille : **L. Lazaridès**; 12. Marseille-Avignon : **L. Bobet**; 13. Avignon-Millau : **Fantini**; 14. Millau-Albi : **De Groot**; 15. Albi-Narbonne : **L. Caput**; 16. Narbonne-Ax-les-Thermes : **Pezzi**; 17. Ax les Thermes-Toulouse : **Van Steenbergen**; 18. Toulouse- Saint-Gaudens : **Gaul**; 19. Saint-Gaudens-Pau : **J. Brankart**; 20. Pau-Bordeaux : **Wagtmans**; 21. Bordeaux-Poitiers : **J. Forestier**; 22. Chatellerault-Tours (c. l. m.) . **J. Brankart**; 23. Tours-Paris : **Poblet.**

PALMARES

1956

CLASSEMENT GENERAL

1. Roger Walkowiak (NEC) en 124 h. 1'16"; 2. Bauvin (F) à 1'25"; 3. Adriaenssens (B) à 3'44"; 4. Bahamontès (E) à 10'14"; 5. Defilippis (I) à 10'25"; 6. Wagtmans (H); 7. Lauredi (SE); 8. Ockers (B); 9. Privat (F); 10. Barbosa (Portugal).

LES VAINQUEURS D'ETAPES

1. Reims-liège : **Darrigade;** 2. Liège-Lille : **Debruyne;** 3. Lille-Rouen : **Padovan;** 4. Circuit des Essarts (15 km c.l.m.) : **Gaul;** 5. Rouen-Caen : **Hassenforder;** 6. Caen-Saint-Malo : **Morvan;** 7. Saint-Malo-Lorient : **Debruyne;** 8. Lorient-Angers : **Fantini;** 9. Angers-La Rochelle : **Poblet;** 10. La Rochelle-Bordeaux : **Hassenforder;** 11. Bordeaux-Bayonne : **Debruyne;** 12. Bayonne-Pau : **Defilippis;** 13. Pau-Luchon : **Schmitz;** 14. Luchon-Toulouse : **Defilippis;** 15. Toulouse-Montpellier : **Hassenforder;** 16. Montpellier-Aix en Provence : **Thomin;** 17. Aix-en-Provence-Gap : **Forestier;** 18. Gap-Turin : **Defilippis;** 19. Turin-Grenoble : **Gaul;** 20. Grenoble-Saint-Etienne : **Ockers;** 21. St-Etienne-Lyon (c.l.m.) : **Bover;** 22. Lyon-Montluçon : **Hassenforder;** 23. Montluçon-Paris : **Nencini;**

1957

CLASSEMENT GENERAL

1. Jacques Anquetil (Fr.) en 135 h. 44'42"; 2. Janssens (B) à 14' 56"; 3. Christian (S) à 17'20"; 4. Forestier (F) à 18'2"; 5. Lorono (E) à 20'17"; 6. Nencini (I); 7. Defilippis (I); 8. W. Van Est (H.); 9. Adriaenssens (B); 10. Dotto (SE);

LES VAINQUEURS D'ETAPES

1. Nantes-Granville : **A. Darrigade;** 2. Granville-Caen : **R. Privat;** 3. Caen-Rouen : **J. Anquetil;** 4. Rouen-Roubaix : **Janssens;** 5. Roubaix-Charleroi : **G. Bauvin;** 6. Charleroi-Metz : **Trochut;** 7. Metz-Colmar : **R. Hassenforder;** 8. Colmar-Besançon : **Baffi;** 9. Besançon-Thonon-les-Bains : **Anquetil;** 10. Thonon-les-Bains-Briançon : **G. Nencini;** 11. Briançon-Cannes : **R. Privat;** 12. Cannes-Marseille : **J. Stablinski;** 13. Marseille-Alès : **Defilippis;** 14. Alès-Perpignan : **R. Hassenforder;** 15. Perpignan-Barcelone : **R. Privat;** 16. Circuit de Montjuich (9.800 km c.l.m.) : **Anquetil;** 17. Barcelone-Aix-les-Thermes : **Bourlès;** 18. Ax-les-Thermes-Saint-Gaudens : **Defilippis;** 19. Saint-Gaudens-Pau : **Nencini;** 20. Pau-Bordeaux : **Baffi;** 21. Bordeaux-Libourne (66. 200 km c.l.m.) : **J. Anquetil;** 22. Libourne-Tours : **A. Darrigade;** 23. Tours-Paris : **A. Darrigade.**

1958

CLASSEMENT GENERAL

1. **Charly Gaul (Hl) en 116 h 59'5"**; 2. Favero (I) à 3'10"; 3. Géminiani (CM) à 3'41"; 4. Adriaenssens (B) à 7'16"; 5. Nencini (I) à 13'32"; 6. Planckaert (B); 7. Louison Bobet (F); 8. Bahamontès (E); 9. Bergaud (F); 10. Hoevenaers (B)

LES VAINQUEURS D'ETAPES

1. Bruxelles-Gand : **Darrigade**; 2. Gand-Dunkerque : **Voorting**; 3. Dunkerque-Eu-Le Tréport : **Bauvin**; 4. Eu-Le Tréport-Versailles : **Gainche**; 5. Versailles-Caen : **Sabbadini**; 6. Caen-St-Brieuc : **Van Geneugden**; 7. Saint-Brieuc-Brest : **Robinson**; 8. Circuit de Châteaulin (46 km c.l.m.) : **Gaul**; 9. Quimper-Saint-Nazaire : **Darrigade**; 10. St Nazaire-Royan : **Baffi**; 11. Royan-Bordeaux : **Padovan**; 12. Bordeaux-Dax : **Van Geneugden**; 13. Dax-Pau : **Bergaud**; 14. Pau-Luchon : **Bahamontès**; 15. Toulouse-Béziers : **Baffi**; 16. Béziers-Nîmes : **Darrigade**; 17. Mont-Ventoux (21. 500 km c.l.m.) : **Gaul**; 18. Carpentras-Gap : **Nencini**; 19. Gap-Briançon : **Bahamontès**; 20. Briançon-Aix-les-Bains : **Gaul**; 21. Aix-les-Bains-Besançon : **Darrigade**; 22. Besançon-Dijon (74 km c.l.m.) : **Gaul**; 23. Dijon-Paris : **Baffi**;

1959

CLASSEMENT GENERAL

1. **Federico Bahamontès** (Esp.) en 123 h. 46'45"; 2. Anglade (CM), à 4'1"; 3. Anquetil (F), à 5'5"; 4. Rivière (F), à 5'17"; 5. Mahé (OSO), à 8'22"; 6. Baldini (I); 7. Adriaenssens (B); 9. Hoevenaers (B); 9. Saint (OSO); 10. Brankart (B)

LES VAINQUEURS D'ETAPES

1. Mulhouse-Metz : **Darrigade**; 2. Metz-Namur : **Favero**; 3. Namur-Roubaix : **Cazala**; 4. Roubaix-Rouen : **Bruni**; 5. Rouen-Rennes : **Graczyk**; 6. Blain-Nantes (45. 300 km c.l.m.) **R. Rivière**; 7. Nantes-La Rochelle : **Hassenforder**; 8. La Rochelle-Bordeaux : **Dejouhannet**; 9. Bordeaux-Bayonne : **Queheille**; 10. Bayonne-Bagnère de Luchon : **M. Janssens**; 11. Bagnères-de-Bigorre-Saint-Gaudens : **Darrigade**; 12. Saint-Gaudens-Albi : **Graf**; 13. Albi-Aurillac : **Anglade**; 14. Aurillac-Clermont-Ferrand : **Le Dissez**; 15. Le Puy de Dôme (12. 500 km c.l.m.) : **Bahamontès**; 16. Clermont-Ferrand-Saint-Etienne : **Bruni**; 17. Saint-Etienne-Grenoble : **Gaul**; 18. Grenoble-Aoste : **Baldini**; 19. Saint-Vincent-Annecy : **Graf**; 20. Annecy-Chalon sur Saône : **Robinson**; 21. Seurre-Dijon (69 km c.l.m.) : **Rivière**; 22. Dijon-Paris : **J. Groussard**.

1960

CLASSEMENT GENERAL

1er - **Gastone Nencini** (It.) en 112 h 8'42"; 2. Battistini (I) à 5'2"; 3. Adriaenssens (B) à 10'24"; 4. Junkermann (A) à 11'21"; 5. Planckaert (B) à 13'5"; 6. Mastrotto (F); 7. Pambianco (I); 8. Anglade (F); 9. Rohrbach (CM); 10. Massignan (I);

LES VAINQUEURS D'ETAPES

1. Lille-Bruxelles (Demi-étape) : **Schepens**; 2. Circuit Bruxelles-Bruxelles (27. 800 km c.l.m.) : **Rivière**; 3. Bruxelles-Dunkerque-Malo-les-Bains : **Privat**; 4. Dunkerque-Malo-les-Bains-Dieppe : **Defilippis**; 5. Dieppe-Caen : **Graczyk**; 6. Caen-Saint-Malo; **Darrigade**; 7. Saint-Malo-Lorient : **Rivière**; 8. Lorient-Angers : **Battistini**; 9. Angers-Limoges : **Defilippis**; 10. Limoges-Bordeaux : **Van Geneugden**; 11. Mont-de-Marsan-Pau : **Rivière**; 12. Pau-Luchon : **Gimmi**; 13. Luchon-Toulouse : **Graczyk**; 14. Toulouse-Millau : **Proost**; 15. Millau-Avignon : **Van Geneugden**; 16. Avignon-Gap : **Van Aerde**; 17. Gap-Briançon : **Battistini**; 18. Briançon-Aix-les-Bains : **Graczyk**; 19. Aix-les-Bains-Thonon-les-Bains : **Manzanèque**; 20. Pontarlier-Besançon (83 km c.l. m.) : **Graf**; 21. Besançon-Troyes : **Beuffeuil**; 22. Troyes-Paris : **Graczyk.**

1961

CLASSEMENT GENERAL

1. **Jacques Anquetil** (FR.) en 122 h. 1'33"; 2. Carlesi (I) à 12'14"; 3. Gaul (SL) à 12'16"; 4. Massignan (I) à 15'59"; 5. Junkermann (All.) à 16'9"; 6. Manzanèque (E); 7. Perez-Frances (E); 8. Dotto (CM); 9. Pauwels (B); 10. Adriaenssens (B).

LES VAINQUEURS D'ETAPES

1. Rouen-Versailles : **Darrigade**; 2. Circuit de Versailles (28. 500 km c.l.m.) : **Anquetil**; 3. Pontoise-Roubaix : **Darrigade**; 4. Roubaix-Charleroi : **Daems**; 5. Charleroi-Metz : **Novak**; 6. Metz-Strasbourg : **Bergaud**; 7. Strasbourg-Belfort : **Planckaert**; 8. Belfort-Chalon s/ Saône : **Stablinski**; 9: Chalon s/ Saône-Saint-Etienne : **Forestier**; 10. Saint-Etienne-Grenoble : **Gaul**; 11. Grenoble-Turin : **Ignolin**; 12. Turin-Antibes : **Carlesi**; 13. Antibes-Aix en Provence : **Van Aerde**; 14. Aix-en-Provence-Montpellier : **Darrigade**; 15. Montpellier- Perpignan : **Pauwels**; 16. Perpignan-Toulouse : **Carlesi**; 17. Toulouse-Superbagnères : **Massignan**; 18. Luchon-Pau : **Pauwels**; 19. Pau-Bordeaux : **Van Geneugden**; 20. Bergerac-Périgueux (74. 500 c. l.m.) : **Anquetil**; 21. Périgueux-Tours : **Darrigade**; 22. Tours-Paris : **Cazala.**

1962

CLASSEMENT GENERAL

1er. **Jacques Anquetil** (Fr.) en 114 h 31'54"; 2. Planckaert (F) à 4'59"; 3. Poulidor (Mer.) à 10'24"; 4. G. Desmet (Car.) à 13'1"; 5. Geldermans (Raph.) à 14'4"; 6. Simpson (GL); 7. Massignan (Leg.); 8. Baldini (Ign.); 9. Gaul (Gaz.); 10. Pauwels (Gro.)

LES VAINQUEURS D'ETAPES

1. Nancy-Spa : **R. Altig**; 2. Spa-Herentals : **A. Darrigade**; 3. A Herentals, circuit de 23 km c.l.m. par équipes : **Faema-Flandria**; 4. Bruxelles-Amiens : **R. Altig**; 5. Amiens-Le Havre : **Van der Berghe**; 6. Pont l'Évêque-St Malo : **Daems**; 7. Saint-Malo-Dinard-Brest : **R. Cazala**; 8. Quimper-St Nazaire : **Zilverberg**; 9. St Nazaire-Luçon (demi-étape en ligne) : **Minieri**; 10. Luçon-La Rochelle (43 km c.l. m.) : **J. Anquetil**; 11. La Rochelle-Bordeaux : **Bailetti**; 12. Bordeaux-Bayonne : **Vannitsen**; 13. Bayonne-Pau : **Pauwels**; 14. Pau-Saint-Gaudens : **R. Cazala**; 15. Luchon-Superbagnères (18,500 km c.l.m.) : **Bahamontès**; 16. Luchon-Carcassonne : **Stablinski**; 17. Carcassonne-Montpellier : **Vannitsen**; 18. Montpellier-Aix-en-Provence : **Daems**; 19. Aix-Antibes-Juan-les-Pins : **R. Altig**; 20. Antibes-Briançon : **Daems**; 21. **Briançon-Aix-les-Bains** : **Poulidor**; 22. Bourgoin-Lyon (68 km c.l.m.) : **Anquetil**; 23. Lyon-Nevers-Pougues-les-Eaux : **Bruni**; 24. Nevers-Paris : **Benedetti**.

1963

CLASSEMENT GENERAL

1. **Jacques Anquetil** (Fr.) en 113 h. 30'5"; 2. Bahamontès (MAP) à 3'35"; 3. Perez-Frances (FER) à 10'14"; 4. Lebaube (RAPH) à 11' 55"; 5. Desmet (FF) à 15'; 6. Soler (FF); 7. Fontana (IM); 8. Poulidor (MER); 9. Junkermann (WGL); 10. Van Looy (GL).

LES VAINQUEURS D'ETAPES

1. Paris-Nogent-Epernay : **Pauwels**; 2. Reims-Jambes : **Van Looy**; 3. Jambes-Roubaix : **Elliott**; 4. Roubaix-Rouen : **Melkenbeeck**; 5. Rouen-Rennes : **Bailetti**; 6. Rennes-Angers : **De Breuker**; Deuxième partie de la 6e étape (24,500 km c.l.m. à Angers) : **Anquetil**; 7. Angers-Limoges : **Janssen**; 8. Limoges-Bordeaux : **Van-Looy**; 9. Bordeaux-Pau : **Cerami**; 10. Pau-Bagnères de Bigorre : **Anquetil**; 11. Bagnères-de-Bigorre-Luchon : **Ignolin**; 12. Luchon-Toulouse : **Darrigade**; 13. Toulouse-Aurillac : **Van Looy**; 14. Aurillac-Saint-Etienne : **Ignolin**; 15. Saint-Etienne-Grenoble : **Bahamontès**; 16.

Grenoble-Val d'Isère : **Manzanèque;** 17. Val d'Isère-Chamonix : **Anquetil;** 18. Chamonix-Lons le Saunier : **Brands;** 19. Arbois-Besançon (54 km c.l.m.) : **Anquetil;** 20. Besançon-Troyes : **De Breuker;** 21. Troyes-Paris : **Van Looy.**

1964

CLASSEMENT GENERAL

1. **Jacques Anquetil,** (Fr.) en 127 h 9'44"; 2. Poulidor (MBP) à 55"; 3. Bahamontès (MAP) à 4'44"; 4. Anglade (PSL) à 5'42"; 5. Groussard (PSL) à 10'34"; 6. Foucher (PSL); 7. Jimenez (Kas); 8. Desmet G. (WGL); 9. Junkermann (WGL); 10. Adorni (Sal).

LES VAINQUEURS D'ETAPES

1. Rennes-Lisieux : **E. Sels;** 2. Lisieux-Amiens : **Darrigade;** 3. Amiens-Forest : **Van de Kerckove;** 4. Forest-Metz : **R. Altig;** 5. Lunéville-Fribourg : **Derboven;** 6. Fribourg-Besançon : **Nijdam;** 7. Besançon-Thonon-les-Bains : **Janssen;** 8. Thonon-Briançon : **Bahamontès;** 9. Briançon-Monaco : **Anquetil;** Monaco-Hyères : **Janssen;** 11. Hyères-Toulon (20 km c.l.m.) : **Anquetil;** 12. Toulon-Montpellier : **Sels;** 13. Montpellier-Perpignan : **De Roo;** 14. Perpignan-Andorre : **J. Jimenez;** 15. Andorre-Toulouse : **Sels;** 16. Toulouse-Luchon : **Poulidor;** 17. Luchon-Pau : **Bahamontès;** 18. Peyrehorade-Bayonne (42 km c.l.m.) : **Anquetil;** 19. Bayonne-Bordeaux : **Darrigade;** 20. Bordeaux-Brive : **E. Sels;** 21. Brive-Clermont-Ferrand : **Jimenez;** 22. Clermont-Ferrand-Orléans : **Stablinski;** 23. Orléans-Versailles : **Beheyt;** 24. Versailles-Paris (27 km c.l.m.) : **Anquetil.**

1965

CLASSEMENT GENERAL

1. **Felice Gimondi** (It.) en 116 h., 42'6"; 2. Poulidor (MBP) à 2' 40"; 3. Motta (MI) à 9'18"; 4. Anglade (PSL) à 12'43"; 5. Lebaube (FFG) à 12'56"; 6. Perez-Frances (FER); 7. De Rosso (MI); 8. Brands (FLA); 9. Janssen (PSL); 10. Gabica (KAS).

LES VAINQUEURS D'ETAPES

1. Cologne-Liège : **Van Looy;** 2. Liège-Roubaix : **Van de Kerckove;** 3. Roubaix-Rouen : **Gimondi;** 4. Caen-Saint-Brieuc : **Sorgeloos;** 5. Circuit de Châteaulin (26,700 c.l.m.) : **Poulidor;** 6. Quimper-La Baule-Pornichet : **Reybroeck;** 7. La Baule-Pornichet-La Rochelle : **Sels;** 8. La Rochelle-Bordeaux : **De Roo;** 9. Dax-Bagnères de

Bigorre : **Jimenez**; 10. Bagnères-Ax les Thermes : **Reybroeck**; 11. Ax les Thermes-Barcelone : **Perez-Frances**; 12. Barcelone-Perpignan : **Janssen**; 13. Perpignan-Montpellier : **Durante**; 14. Carpentras-Le Ventoux : **Poulidor**; 15. Carpentras-Gap : **Fezzardi**; 16. Gap-Briançon : **Galera**; 17. Briançon-Aix-les-Bains : **Jimenez**; 18. Aix les Bains-Le Revard (26,900 km c.l.m. : **Gimondi**; 19. Aix-les-Bains : **Van Looy**; 20. Lyon-Auxerre : **Wright**; 21. Auxerre-Versailles : **Karstens**; 22. Versailles-Paris (37,800 km c.l.m.) : **Gimondi**.

1966

CLASSEMENT GENERAL

1. **Lucien Aimar** en 117 h 34'21"; 2. Janssen à 1'7"; 3. Poulidor à 2'2"; 4. Momene à 5'19"; 5. Mugnaini à 5'27"; 6. Van Springel; 7. Gabica; 8. Pingeon; 9. Kunde; 10. Vandenbossche.

LES VAINQUEURS D'ETAPES

1. Nancy-Charleville : **R. Altig**; 2. Charleville-Tournai : **Reybroeck**; 3. Tournai-Dunkerque : **Karstens**; 4. Dunkerque-Dieppe : **W. Planckaert**; 5. Dieppe-Caen : **Bitossi**; 6. Caen-Angers : **E. Sels**; 7. Angers-Royan : **Van Vlierberghe**; 8. Royan-Bordeaux : **W. Planckaert**; 9. Bordeaux-Bayonne : **Karstens**; 10. Bayonne-Pau : **De Pra**; 11. Pau-Luchon : **Mugnaini**; 12. Luchon-Revel : **Altig**; 13. Revel-Sète : **Van Den Berghe**; 14. Montpellier-Aubenas : **De Roo**; 15. Circuit de Vals-les-Bains (20 km c.l.m.) : **Poulidor**; 16. Privas-Alpe d'Huez : **Otano**; 17. Briançon-Turin : **F. Bitossi**; 18. Ivrea-Chamonix : **Schutz**; 19. Chamonix-Saint-Etienne : **Bracke**; 20. Saint-Etienne-Montluçon : **Nijdam**; 21. Montluçon-Orléans : **Beuffeuil**; 22. Orléans-Rambouillet : **Sels**; 23. Rambouillet-Paris (51 km c.l.m.) : **R. Altig**.

1967

CLASSEMENT GENERAL

1. **Roger Pingeon** en 136 h 53'50"; 2. Jimenez à 3'40"; 3. Balmamion à 7'23"; 4. Letort à 8'18"; 5. Janssen à 9'47"; 6. Aimar; 7. Gimondi; 8. Huysmans; 9. Poulidor; 10. Manzanèque.

LES VAINQUEURS D'ETAPES

Prologue à Angers (5,775 km c.l.m.) : **Errandonéa**; 1. Angers-Saint-Malo : **Godefroot**; 2. Saint Malo-Caen : **Van Neste**; 3. Caen-Amiens : **Basso**; 4. Amiens-Roubaix : **Reybroeck**; 5. Roubaix-Jambes : **Pingeon**; 6. Jambes-Metz : **Van Springel**; 7. Metz-Strasbourg : **Wright**; 8.

Strasbourg-Belfort : **L. Aimar;** 9. Belfort-Divonne-les-Bains : **Reybroeck;** 10. Divonne les Bains-Briançon : **Gimondi;** 11. Briançon-Digne : **Samyn;** 12. Digne-Marseille : **R. Riotte;** 13. Marseille-Carpentras : **J. Janssen;** 14. Carpentras-Sète : **Hoban;** 15. Sète-Toulouse : **Wolfshohl;** 16. Toulouse-Luchon : **Manzanèque;** 17. Luchon-Pau : **Mastrotto;** 18. Pau-Bordeaux : **Basso;** 19. Bordeaux-Limoges : **Stablinski;** 20. Limoges-Clermont-Ferrand (Puy de Dôme) : **Gimondi;** 21. Clermont-Fontainebleau : **Leméteyer;** 22. Fontainebleau-Versailles : **Bingelli;** 23. Versailles-Paris (46,600 km c.l.m.) : **Poulidor.**

1968

CLASSEMENT GENERAL
1. **Jan Janssen** en 133 h. 49'42"; 2. Van Springel à 38"; 3. Bracke à 3'3"; 4. San Miguel à 3'17"; 5. Pingeon à 3'29"; 6. Wolfshohl; 7. Aimar; 8. Bitossi; 9. Gandarias; 10. Colombo.

LES VAINQUEURS D'ETAPES
Prologue à Vittel (6,100 km c.l.m.) : **Grosskost;** 1. Vittel-Esch-sur-Alzette : **Grosskost;** 2. Arlon-Forest : **E. De Vlaeminck;** 3. Forest-Roubaix : **Godefroot;** 4. Roubaix-Rouen : **Chappe;** 5. Rouen-Bagnoles de l'Orne : **Desvages;** 6. Bagnoles de-l'Orne-Dinard : **Dumont;** 7. Dinard-Lorient : **Gonzalès;** 8. Lorient-Nantes : **Bitossi;** 9. Nantes-Royan : **Van Ryckegem;** 10. Royan-Bordeaux : **Godefroot;** 11. Bordeaux-Bayonne : **Bellone;** 12. Bayonne-Pau : **Van Ryckegem;** 13. Pau-Saint-Gaudens : **Pintens;** 14. Saint-Gaudens-Séo de Urgel : **Van Springel;** 15. Séo-de-Urgel-Perpignan : **J. Janssen;** 16. Font Romeu-Albi : **Pingeon;** 17. Albi-Aurillac : **Bitossi;** 18. Aurillac-Saint-Etienne : **Genet;** 19. Saint-Etienne-Grenoble : **Pingeon;** 20. Grenoble-Sallanches-Cordon : **B. Hoban;** 21. Sallanches-Besançon : **Huysmans;** 22. Besançon Auxerre : **Leman;** 23. Auxerre-Melun : **Izier;** 24. Melun-Paris (54, 700 km c.l.m.) : **J. Janssen.**

1969

CLASSEMENT GENERAL
1. **Eddy Merckx** en 116 h 16'2"; 2. Pingeon à 17'54"; 3. Poulidor à 22'13"; 4. Gimondi à 29'24"; 5. Gandarias à 33'4"; 6. Wagtmans; 7. Vianelli; 8. Agostinho; 9. Letort; 10. Janssen.

LES VAINQUEURS D'ETAPES
Prologue à Roubaix (10, 400 km c.l.m.) : **R. Altig;** 1. Roubaix-

Woluwé-Saint-Pierre : **Basso**; circuit par équipes à Woluwé (15 km c.l.m.) : **Faema**; 2. Woluwé-Maastricht : **Stevens**; 3. Maastricht-Charleville : **Leman**; 4. Charleville-Nancy : **Van Looy**; 5. Nancy-Mulhouse : **Agostinho**; 6. Mulhouse-Belfort : **Merckx**; 7. Belfort-Divonne-les-Bains : **Diaz**; 8. Circuit de Divonne (8, 800 km c.l.m.) : **Merckx**; et Divonne-les-Bains Thonon-les-Bains : **Dancelli**; 9. Thonon-Chamonix : **Pingeon**; 10. Chamonix-Briançon : **Van Springel**; 11. Briançon-Digne : **Merckx**; 12. Digne-Aubagne : **Gimondi**; 13. Aubagne-La Grande Motte : **Reybroeck**; 14. La Grande Motte-Revel : **Agostinho**; 15. Circuit de Revel (18 km c.l.m.) : **Merckx**; 2e fraction 16. Revel-Castelnaudary-Luchon : **Delisle**; 17. Luchon-Mourenx : **Merckx**; 18. Mourenx-Bordeaux : **Hoban**; 19. Bordeaux-Brive : **Hoban**; 20. Brive-Clermont-Ferrand (Puy de Dôme) : **Matignon**; 21. Clermont-Montargis : **Van Springel**; 22. Montargis-Créteil : **Spruyt**; et Créteil-Paris (36, 800 km c.l.m.) : **Merckx**.

1970

CLASSEMENT GENERAL

1. Eddy Merckx en 119 h 31'49"; 2. Zoetemelk à 12'41"; 3. G. Petterson à 15'54"; 4. Van den Bossche à 18'53"; 5. Wagtmans à 19'54"; 6. Van Impe; 7. Poulidor; 8. Houbrechts; 9. Galdos; 10. Pintens.

LES VAINQUEURS D'ETAPES

Prologue à Limoges (7,400 km c.l.m.) : **Merckx**; 1. Limoges-La Rochelle : **Guimard**; 2. La Rochelle-Angers : **Zilioli**; 3. Angers-Rennes : **Basso**; 4. Rennes-Lisieux : **Godefroot**; 5. Lisieux-Rouen-Amiens en deux demi-étapes, gagnées par **Godefroot et Spruyt**; 6. Amiens-Valenciennes : **R. de Vlaeminck**; 7. Valenciennes-Forest : **Merckx**; et Circuit de Forest c.l.m. sur 7,200 km : **Gonzalès-Linarès**; 8. Ciney-Saarlouis (émetteur de Felsberg) : **A. Vasseur**; 9. Saarlouis-Mulhouse : **Mogens Frey**; 10. Mulhouse-Divonne-les-Bains : **Merckx**; 11. Circuit de Divonne-les-Bains (8, 800 km c.l.m.) : **Merckx**; et Divonne-les-Bains-Thonon-les-Bains : **Basso**; 12. Thonon-les-Bains-Grenoble : **Merckx**; 13. Grenoble-Gap : **Mori**; 14. Gap-Le Ventoux : **Merckx**; 15. Carpentras-Montpellier : **Wagtmans**; 16. Montpellier-Toulouse : **Van Vlierberghe**; 17. Toulouse-Saint-Gaudens : **Ocana**; 18. Saint-Gaudens-La Mongie : **Thévenet**; 19. Bagnères-de-Bigorre-Mourenx : **Ch. Raymond**; 20. Mourenx-Bordeaux : **Wolfshohl**; Circuit c.l.m. à Bordeaux (8, 200 km) : **Merckx**; 21. Ruffec-Tours : **Basso**; 22. Tours-Versailles : **J.P. Danguillaume**; 23. Versailles-Paris (54 km c.l.m.) : **Merckx**.

1971

CLASSEMENT GENERAL
1. **Eddy Merckx** en 96 h. 45'14"; 2. Zoetemelk à 9'51"; 3. Van Impe à 11'06"; 4. Thévenet à 14'50"; 5. Agostinho à 21"; 6. Mortensen; 7. Guimard; 8. Labourdette; 9. Aimar; 10. Lopez-Carril.

LES VAINQUEURS D'ETAPES
Prologue à Mulhouse (11 km c.l.m. par équipes) : **Molteni;** 1. Mulhouse-Bâle : **E. Leman;** Bâle-Fribourg : **Karstens;** Fribourg-Mulhouse : **Van Vlierberghe;** 2. Mulhouse-Strasbourg : **Merckx;** 3. Strasbourg-Nancy : **Wagtmans;** 4. Nancy-Marche-en-Famenne : **Genet;** 5. Dinant-Roubaix : **Guerra;** 6. Roubaix-Amiens : **E. Leman;** et Amiens-Le Touquet : **Simonetti;** 7. Rungis-Nevers : **Leman;** 8. Nevers-Clermont-Ferrand : **L. Ocana;** 9. Clermont-Ferrand-Saint-Etienne : **Godefroot;** 10. Saint-Etienne-Grenoble : **B. Thévenet;** 11. Grenoble-Orcières Merlette : **Ocana;** 12. Orcières-Marseille : **Armani;** 13. Albi-Albi (16, 300 km c.l.m.) : **Merckx;** 14. Revel-Luchon : **Fuente;** 15. Luchon-Superbagnères : **Fuente;** 16. en deux tronçons : Luchon-Gourette-Les-Eaux-Bonnes : **Labourdette;** Gourette-Les-Eaux-Bonnes-Pau : **Van Springel;** 17. Mont-de-Marsan-Bordeaux : **Merckx;** 18. Bordeaux-Poitiers : **J. P. Danguillaume;** 19. Blois-Versailles : **Krekels;** 20. Versailles-Paris (53,800 km c.l.m.) : **Merckx.**

1972

CLASSEMENT GENERAL
1. **Eddy Merckx** (Bel.) en 108 h 18'34"; 2. Gimondi à 10'41"; 3. Poulidor à 11'34"; 4. Van Impe à 16'45"; 5. Zoetemelk à 19'9"; 6. Martinez; 7. Hézard; 8. Agostinho; 9. Thévenet; 10. Janssens.

LES VAINQUEURS D'ETAPES
Prologue c.l.m. (7, 200 km) à Angers : **Merckx;** 1. Angers-Saint-Brieuc : **Guimard;** 2. Saint-Brieuc-La Baule : **Van Linden;** 3. Pornichet-St-Jean-de-Monts : **Gualazzini;** Circuit de Merlin-Plage (16,200 km c.l.m. par équipes) : **Molteni;** 4. Merlin-Plage-Royan : **Guimard;** 5. Royan-Bordeaux : **Godefroot;** Circuit du lac, à Bordeaux (12, 700 km c.l.m.) : **Merckx;** 6. Bordeaux-Bayonne : **Duyndam;** 7. Bayonne-Pau : **Y. Hézard;** 8. Pau-Luchon : **Merckx;** 9. Luchon-Colomiers : **Huysmans;** 10. Castres-La Grande Motte : **Teirlinck;** 11. Carnon-Plage-Le Ventoux : **Thévenet;** 12. Carpentras-Orcières-Merlette : **Van Impe;** 13. Orcières-Merlette-Briançon : **Merckx;** 14. Briançon-Valloire-Galibier (1/2 étape, 51 km) : **Merckx;** Valloire-Galibier-

Aix-les-Bains (1/2 étape 151 km) : **Guimard**; 15. Aix-les-Bains-Le Revard : **Guimard**; 16. Aix-les-Bains-Pontarlier : **Teirlinck**; 17. Pontarlier-Ballon d'Alsace : **Thévenet**; 18. Belfort (Vesoul)-Auxerre : **Watgmans**; 19. Auxerre-Versailles : **Bruyère**; 20. Versailles-Versailles (42 km c.l.m. ind.) : **Merckx**; Versailles-Paris (1/2 étape finale en ligne) : **Teirlinck**.

1973

CLASSEMENT GENERAL

1. **Luis Ocana** (Esp.) 122 h. 25'34"; 2. Thévenet à 15'51"; 3. Fuente à 17'51"; 4. Zoetemelk à 17'15"; 5. Van Impe à 26'22"; 6. Van Springel à 30'20"; 7. Perin; 8. Agostinho; 9. Lopez-Carril; 10. Ovion.

LES VAINQUEURS D'ETAPES

Prologue : Circuit de Scheveningen (7, 100 km c.l.m.) : **Zoetemelk**; 1. Demi-étape Scheveningen-Rotterdam : **Teirlinck**; Demi-étape Rotterdam-Saint-Nicolas : **Catieau**; 2. Circuit de Saint-Nicolas (12,470 km par équipes) : **Watney-Maes**; Saint-Nicolas-Roubaix : **Verstraeten**; 3. Roubaix-Reims : **C. Guimard**; 4. Reims-Nancy : **Zoetemelk**; 5. Nancy-Mulhouse : **Godefroot**; 6. Belfort-Divonne-les-Bains : **J. P. Danguillaume**; 7. Divonne-Les Bains-Aspro-Gaillard : **L. Ocana**; Aspro-Gaillard-Meribel les Allues : **B. Thévenet**; 8. Meribel-les Allues (Moutiers) - Les Orres : **L. Ocana**; 9. Embrun (Uvernet-Pra Loup)-Nice : **Lopez Carril**; 10. Nice-Aubagne : **Wright**; 11. Montpellier-Argelès : **Hoban**; 12. Perpignan-Thuir (28, 300 km c.l.m.) : **L. Ocana**; Thuir-Pyrénées 2.000 Bolquère : **L. Van Impe**; 13. Bourg Madame-Luchon : **L. Ocana**; 14. Luchon-Pau : **P. Torrès**; 15. Pau-Fleurance : **David**; 16. Fleurance-Bordeaux : **Godefroot**; Demi-étape sur le circuit du lac (12,400 c.l.m.) : **Agostinho**; 17. Bordeaux (Ste Foy de la Grande) - Brive-La Gaillarde : **Tollet**; 18. Brive-Clermont-Ferrand : **L. Ocana**; 19. Bourges-Versailles : **Hoban**; 20. Demi-étape Versailles-Versailles (16 km c.l.m.) : **L. Ocana**; Demi-étape Versailles-Paris La Cipale : **B. Thévenet**.

1974

CLASSEMENT GENERAL

1. **Eddy Merckx** (Belg.) en 116 h. 53'3"; 2. Poulidor à 8'4"; 3. Lopez-Carril à 8'9"; 4. Panizza à 10'59"; 5. Aja à 11'24"; 6. Agostinho; 7. Pollentier; 8. Martinez; 9. Santy; 10. Van Springel.

LES VAINQUEURS D'ETAPES
Prologue à Brest (7, 100 km c.l.m.) : **Merckx;** 1. Brest-Saint Pol de Léon-Roscoff : **Gualazzini;** 2. Circuit de Plymouth : **Poppe;** 3. Morlaix-Saint-Malo : **Sercu;** 4. Saint Malo-Caen : **Sercu;** Caen-Dieppe : **De Witte;** 6. Dieppe-Harelbeke : **J. L. Molinéris;** Circuit c.l.m. par équipe : **Molteni;** 7. Mons-Châlons-s-Marne : **Merckx;** 8. Châlons sur Marne-Chaumont : **Guimard;** Chaumont-Besançon : **Sercu;** 9. Besançon-Aspro-Gaillard : **Merckx;** 10. Aspro-Gaillard-Aix-les-Bains : **Merckx;** 11. Aix-les-Bains-Serre-Chevalier : **Lopez-Carril;** 12. Savines-le-Lac-Orange : **Spruyt;** 13. Avignon-Montpellier : **Hoban;** 14. Lodève-Colomiers : **J. P. Genet;** 15. Colomiers-Seo de Urgel : **Merckx;** 16. Seo de Urgel-Saint Lary Soulan : **Poulidor;** 17. Saint Lary Soulan Le Tourmalet-La Mongie : **J. P. Danguillaume;** 18. Bagnères-de-Bigorre-Pau : **J. P. Danguillaume;** 19. Pau-Bordeaux : **Campaner;** Circuit du Lac (12. 400 c.l.m.) : **Merckx;** 20. Saint-Gilles-Croix de Vie-Nantes : **Vianen;** 21. Vouvray-Orléans-la-Source : **Merckx;** Circuit La Source : **Pollentier;** 22. Orléans-Paris-La Cipale : **Merckx;**

1975

CLASSEMENT GENERAL
1. **Bernard Thévenet** (Fr.) en 114 h. 35'31"; 2. Merckx à 2'47"; 3. Van Impe à 5'1"; 4. Zoetemelk à 6'42"; 5. Gimondi à 13'5"; 6. Lopez-Carril; 7. Moser; 8. Fuchs; 9. Janssens; 10. Torres.

LES VAINQUEURS D'ETAPES
Prologue : circuit de Charleroi (6,250 km c.l.m.) : **Moser;** 1. Charleroi-Molenbeek : **Priem;** Molenbeek-Roubaix : **Van Linden;** 2. Roubaix-Amiens : **De Witte;** 3. Amiens-Versailles : **Rottiers;** 4. Versailles-Le Mans : **Esclassan;** 5 Sablé s/Sarthe-Merlin-Plage : **Demeyer;** 6. Circuit c.l.m. Merlin-Plage (16 km) : **Merckx;** 7. Saint-Gilles-Croix-de-Vie-Angoulême : **Moser;** 8. Angoulême-Bordeaux : **Hoban;** 9. courue en deux demi-étapes : Langon-Fleurance : **Smit;** Fleurance-Auch (37 km c.l.m.) : **Merckx;** 10. Auch-Pau : **Gimondi;** 11. Pau-Saint-Lary-Soulan : **Zoetemelk;** 12. Tarbes-Albi : **Knetemann;** 13. Albi-Super Lioran : **Pollentier;** 14. Aurillac-Clermont-Ferrand : **Van Impe;** 15. Nice-Pra Loup : **Thévenet;** 16. Pra Loup-Serre-Chevalier : **Thévenet;** 17. Valloire-Morzine-Avoriaz : **Lopez-Carril;** 18. Morzine-Chatel (40 km c.l.m.) : **Van Impe;** 19. Thonon-les-Bains-Châlon s/Saône : **Van Linden;** 20. Pouilly-en-Auxois-Melun : **Santambrogio;** 21. Melun-Senlis : **Van Linden;** 22. Circuit des Champs-Elysées : **Godefroot.**

1976

CLASSEMENT GENERAL

1. **Lucien Van Impe** (Bel.) en 109 h. 59'24"; 2. Zoetemelk à 4'21"; 3. Poulidor à 12'15"; 4. Delisle à 12'15"; 5. Riccomi à 12'27"; 6. Galdos; 7. Pollentier; 8. Maertens; 9. Bertoglio; 10. Lopez-Carril.

LES VAINQUEURS D'ETAPES

Prologue (8 km c.l.m. à St-Jean-de-Monts) : **Maertens;** 2. Angers-Caen : **Battaglin;** 3. Le Touquet-Paris-Plage (37 km c.l.m.) : **Maertens;** 4. Le Touquet-Bornem : **Kuiper;** 5. Louvain (14 km c.l.m. par équipes) : **Ti-Raleigh;** 5. Louvain-Verviers (demi-étape) : **Lasa;** 6. Bastogne-Nancy : **Parecchini;** 7. Nancy-Mulhouse : **Maertens;** 8. Beaulieu-Valentigney-Divonne-les-Bains : **Esclassan;** 9. Divonne-les-Bains-Alpe d'Huez : **Zoetemelk;** 10. Bourg d'Oisans-Montgenèvre : **Zoetemelk;** 11. Montgenèvre-Manosque : **Viejo;** 12. Port-Barcarès-Pyrénées 2000 : **Delisle;** 13. Font-Romeu (Bourg-Madame) Saint-Gaudens : **Ovion;** 14. Saint-Gaudens-Saint Lary Soulan : **Van Impe;** 15. Saint Lary Soulan-Pau : **Panizza;** 16. Pau-Fleurance : **Pollentier;** 17. Fleurance-Auch (38 km c.l.m. ind.) : **F. Bracke;** 18. demi-étape Auch-Luchon : **Maertens;** 18. Langon-Lacanau : **Maertens;** Lacanau-Bordeaux : **Karstens;** 19. Sainte-Foix-La Grande-Tulle : **Mathis;** 20. Thulle-Puy de Dôme : **Zoetemelk;** 21. Montargis-Versailles : **Maertens;** 22. Paris-Champs-Elusées (6 km c.l.m.) : **Maertens;** Champs-Elysées, épreuve finale en ligne : **Karstens.**

1977

CLASSEMENT GENERAL

1. **Bernard Thévenet** (Fr.) en 115 h. 38'30"; 2. Kuiper à 48"; 3. Van Impe à 3'32"; 4. Galdos à 7'45"; 5. Thurau à 12'24"; 6. Merckx; 7. Laurent; 8. Zoetemelk; 9. Delisle; 10. Meslet.

LES VAINQUEURS D'ETAPES

Prologue à Fleurance (5 km c.l.m.) : **Thurau;** 1. Fleurance-Auch : **Villemiane;** 2. Auch-Pau : **Thurau;** 3. Oloron-Ste-Marie-Vittoria : **Nazabal;** 4. Vittoria-Seignosse : **Délépine;** 5. Morcenx-Bordeaux : **Esclassan;** 5. Demi-étape c.l.m. 30 km : **Thurau;** 6. Bordeaux-Limoges : **Raas;** 7. Jaunay-Clan-Angers : **Sercu;** (course c.l.m. par équipes à Angers, sur 4 km) : **Merckx et Fiat;** 8. Angers-Lorient : **Santambrogio;** 9. Lorient-Rennes : **Thaler;** 10. Bagnoles-de-l'Orne-Rouen : **Den Hertog;** 11. Rouen-roubaix : **Danguillaume;** 12. Roubaix-Charleroi : **Sercu;** 13. Circuit à Fribourg : **Sercu;** Altkirch-Besançon :

Danguillaume; 14. Besançon-Thonon-les-Bains : **Quilfen**; 15. Thonon-Morzine : **Wellens**; 14 km c.l.m. Morzine-Avoriaz : **Zoetemelk**; 16. Morzine-Chamonix : **Thurau**; 17. Chamonix-L'Alpe d'Huez : **Kuiper**; 18. Voirons-Saint-Etienne : **Agostinho**; 19. Saint-Triviers-Dijon : **Knetemann**; 20. Course c.l.m. à Dijon (50 km) : **Thévenet**; 21. Monthereau-Versailles : **Knetemann**; 22. Course c.l.m. Paris (6 km) : **Thurau**; Course en ligne Paris : **Meslet.**

1978

CLASSEMENT GENERAL
1. **Hinault Bernard** (Renault-Gitane Campagnolo), 108 h. 18'00"; 2. Zoetemelk à 3'56"; 3. Agostinho, 6'54"; 4. Bruyère, 9'04"; 5. Seznec, 12'50"; 6. Wellens, 14'38"; 7. Galdos, 17'08"; 8. Lubberding, 17'26"; 9. Van Impe, 21'01"; 10. Martinez, 22'58".

LES VAINQUEURS D'ETAPES
Prologue de Leiden, **Raas**; 1. Leiden-St-Willebrord (demi-étape), **Raas**; St-Willebrord-Bruxelles (demi-étape), **Planckaert**; 2. Bruxelles-St-Amand, **Esclassan**; 3. St-Amand-St-Germain, **Thaler**; 4. Evreux-Caen par équipe, **Ti-Raleigh**; 5. Caen-Mazé-Montgeoffroy, **Maertens**; 6. Mazé-Montgeoffroy-Poitiers, **Kelly**; 7. Poitiers-Bordeaux, **Maertens**; 8. St-Emilion-Ste-Foy contre la montre, **Hinault**; 9. Bordeaux-Biarritz, **Lasa**; 10. Biarritz-Pau, **Lubberding**; 11. Pau-St-Lary, **Martinez**; 12. Tarbes-Valence d'Agen (demi-étape annulée, grève), 12. Valence-Toulouse (demi-étape), **Esclassan**; 13. Figeac-Super-Besse, **Wellens**; 14. Besse-Puy-de-Dôme contre la montre, **Zoetemelk**; 15. Chamalières-St-Etienne, **Hinault**; 16. St-Etienne-Alpe d'Huez, **Kuiper** (**Pollentier** déclassé); 17. Grenoble-Morzine, **Seznec**; 18. Morzine-Lausanne, **Knetemann**; 19. Lausanne-Belfort, **De Meyer**; 20. Metz-Nancy contre la montre, **Hinault**; 21. Epernay-Soissons-Compiègne-Senlis, **Raas**; 22. St-Germain-Paris, **Knetemann.**

Maquette intérieure : Dragès.

Documents photographiques : Agence Presse-Sports.

En couverture : Bernard Hinault et de gauche à droite, Coppi, Bobet, Anquetil, Merckx.

Cet ouvrage a été composé par
EUROCOMposition S.A. Paris
et imprimé sur les presses de
CORBIERE ET JUGAIN
à Alençon
pour le compte des Éditions Olivier ORBAN

ISBN 2- 85565-105-0

N° d'édition : 160

Dépôt légal : deuxième trimestre 1979